U0680925

中国式现代化理论与实践研究丛书

上海市哲学社会科学规划办公室
上海市习近平新时代中国特色社会主义思想研究中心
———————— 编 ————————

中国式现代化的文明贡献研究

解超 等
—— 著 ——

上海人民出版社

本市哲学社会科学相关领域的著名专家学者。丛书由上海人民出版社编辑出版。

丛书围绕新时代推进中国式现代化的重大理论和实践问题开展研究阐释，分领域涉及当代中国马克思主义新贡献，新时代坚持党的全面领导，中国式现代化的文明贡献，高质量发展，社会主义民主政治，中国式法治现代化，社会主义文化繁荣发展，当代中国治理创新，新时代实现共同富裕，新时代中国生态文明建设，新时代党史观理论创新，浦东打造社会主义现代化建设引领区等内容，涵盖马克思主义理论创新、党的领导和党的建设、经济建设、政治建设、文化建设、社会建设、生态文明建设等方面，阐释论述系统而具有说服力。

丛书的问世，离不开中共上海市委常委、宣传部部长、上海市习近平新时代中国特色社会主义思想研究中心主任、上海市中国特色社会主义理论体系研究中心主任赵嘉鸣的关心和支持，离不开市委宣传部副部长、上海市习近平新时代中国特色社会主义思想研究中心常务副主任、上海市中国特色社会主义理论体系研究中心常务副主任潘敏的具体指导。上海市哲学社会科学规划领导小组办公室李安方、吴净和徐逸伦，市委宣传部理论处和讲团办陈殷华、薛建华、俞厚未、姚东，上海市习近平新时代中国特色社会主义思想研究中心叶柏荣等具体策划、组织；上海人民出版社的同志为丛书出版付出了辛苦的劳动。

"从现在起，中国共产党的中心任务就是团结带领全国各族人民全面建成社会主义现代化强国、实现第二个百年奋斗目标，以中国式现代化全面推进中华民族伟大复兴。"新征程是充满光荣和梦想的远征。希望丛书问世，能够多使广大读者对中国式现代化的中国特色、本质要求和重大原则，对在各个领域的重点要求与战略任务，对为人类现代化理论与实践创

出版前言

中国式现代化是中国共产党领导全国各族人民在长期探索和经千辛万苦、付出巨大代价取得的重大成果。习近平总书记在党报告中指出，中国式现代化，是中国共产党领导的社会主义现代各国现代化的共同特征，更有基于自己国情的中国特色。中国式人口规模巨大的现代化，是全体人民共同富裕的现代化，是物质神文明相协调的现代化，是人与自然和谐共生的现代化，是走和路的现代化。这一崭新的现代化道路，深深植根于中华优秀传统现科学社会主义的先进本质，借鉴吸收一切人类优秀文明成果，文明进步的发展方向，展现了不同于西方现代化模式的新图景，新的人类文明形态。实践证明，中国式现代化走得通、行得稳，设、民族复兴的唯一正确道路。

为深入学习贯彻习近平总书记关于中国式现代化的重要论研究阐释中国式现代化的历史逻辑、理论逻辑、实践逻辑，在中委宣传部指导下，上海市哲学社会科学规划办公室以委托课题方海市习近平新时代中国特色社会主义思想研究中心、上海市中会主义理论体系研究中心联合组织了"中国式现代化理论与实践书"（12 种）（以下简称"丛书"）的研究和撰写。参加丛书研究撰新作出的重大原创性贡献的认识更加深入、领悟更加准确，为以更加自信自强、奋发有为的精神状态朝着全面建设社会主义现代化国家的目标勇毅前行，起到激励和鼓舞作用。

目　录

导　论

　　文明，是人类利用和改造自然界的客观成果，是对人的本质力量的对象化体现。这种对象化力量体现得越是强大，人类文明的发展就越是深入。从这个角度而言，文明不仅是实践积累的结果，也是人类认识发展的结晶。随着人类社会发展的不断深入，人类文明内部的各种矛盾开始逐渐凸显并日益尖锐，如不同文明形态之间的矛盾、文明内部不同要素之间的张力等问题。伴随着人类社会发展的历史脚步跨入 21 世纪，不同政治经济力量之间的对比发生前所未有的深刻变化，旧的国际政治经济秩序已被打破，新的国际政治经济秩序尚未形成。不同力量的对比及新旧国际秩序的交织，共同构成了"百年未有之大变局"这一当前人类社会发展的客观图景。不稳定性、不确定性明显增加，是"百年未有之大变局"的显著特征。在这样一个大变局之下，人类及人类文明发展都处在一个十字路口处，"人类向何处""人类文明向何处去"成为构成影响人类社会发展的重大时代之问。

　　文明的形成发展与人类实践活动密切相关，不同的实践活动必然会形成不同的人类文明形态。在 21 世纪的今天，若从时间之长久、空间之广阔、影响之深远的角度来看，现代化则是当前人类实践活动的鲜明主题。现代化不仅构成了人类实践活动的基本内容，也内在地规约着人类实践活动的发展方向。因此在"百年未有之大变局"这一大的宏观历史图景中来回答"人类向何处""人类文明向何处去"的重大时代之问，其实质就是探寻不同现代化与人类文明发展之间的关系。

一、现代化：人类文明发展的重要途径

当人类通过劳动实践将自身从动物群体中分离开来的时候，人类便被打上了文明的印记。在文明印记的影响下，人类实践被称为文明实践，人类社会被称为文明社会。文明不仅将人类与动物区分开来，也进一步内在地规约着整个人类实践活动的发展方向。因此在一定意义上我们可以认为，对文明的追求是人类社会发展的重要动力，人类社会不断发展的过程即是人类文明不断进步的过程。在不同的社会发展阶段，人类对文明诉求的实现方式和结果迥然不同。当资本主义将人类历史从"民族历史"带入"世界历史"之后，现代化便成为实现人类文明发展变革的重要方式和途径。

（一）人类社会发展的文明诉求

当人类从四肢爬行逐渐演变为直立行走之后，人类便通过创造性活动为自身的存在获得了一种独立性。这种独立性，一方面来源于对自然界的否定，另一方面表现为人类文明的生成和发展。如果没有对自然界的否定，那么人类既无法从自然界的一般束缚中挣脱出来，也无法从自然界获取人类自身发展所需要的各种物质产品。同样，人类在改造自然和利用自然的过程中，如果无法生成人类文明，那么人类的存在也不会长久。因此在某种意义上我们可以认为，人类社会的发展过程就是人类不断追求文明的过程，对文明的追求构成了人类社会发展的内在动力。

马克思曾经指出，"全部人类历史的第一个前提无疑是有生命的个人的存在。因此，第一个需要确认的事实就是这些个人的肉体组织以及由此产生的个人对其他自然的关系"。[①] 因此从这个角度来说，一方面，人类的生存和

---

① 《马克思恩格斯选集》第 1 卷，人民出版社 2012 年版，第 146 页。

发展得益于自然界的"馈赠"，另一方面，人类实践活动的发展也内在的受各种客观自然条件的限制和约束。作为人类实践活动的认识成果，文明的形成和发展在相当长的一段历史时期内都受到自然客观条件的限制，甚至有人认为文明就是指"有明确地理位置的人类社会"。这种观点将人类文明与地理条件联系在一起，认为客观地理条件是人类文明形成发展的首要因素。尽管这种观点没有充分认识人在人类文明形成发展过程中的重要作用，但是其所强调的地理环境因素对人类文明的限制作用确实是不言而喻的。我们今天所强调的四大文明古国，其文明的形成与发展确实与河流等自然地理因素密切相关，尼罗河流域、两河流域、印度河流域、黄河流域被认为是人类文明的四大发源地。

随着人类社会的进一步发展，人类挣脱地理环境限制的文明冲动愈发激烈。随着生产工具的改进及劳动范围的扩大，人类活动的印记也越来越广泛，越来越多的自然界被人类打上了文明的印记，进而从自然世界变成属人的自为世界。在人类社会进入近代以前，尽管人类文明挣脱自然地理条件限制的活动从未停止，但是这种文明总是在特定的地域内发展、传播。换言之，传统社会中整个人类文明的发展总是在一个循环往复的圈域中进行。实践的发展及人类生活的进步强烈呼唤文明发展新方式的出现。在这样的历史背景中，在人类文明挣脱自然地理条件限制的原始冲动中，现代化应运而生。现代化这一潮流诞生之后，以前所未有的速度和规模席卷整个人类世界，在改变着人类的生产方式、生活方式、社会结构、思维方式等内容的同时，推动着人类文明的进步发展。因此在一定意义上我们可以认为，现代化是推动人类文明进步发展的重要途径。

（二）人类文明追求的现代化回应

在当今学术界，现代化似乎成为最难定义的概念之一。人们在日常生活中经常使用现代化这一概念，但是对这一概念的内涵却处于一种模糊的状态。在对现代化这一概念的使用过程中，主要有经济学、知识与技术、社会学、政治学、心理学和行为学等五个不同的维度。[①] 我国著名现代化研究专家罗荣渠在经过研究后发现，当前现代化的概念使用主要表现为如下四大类：其一是指近代资本主义兴起之后的特定国际关系格局下，经济落后的国家通过大搞技术革命，在经济上和技术上赶上世界先进水平的历史过程；其二是指工业化，确切地说是经济落后的国家实现工业化的进程；其三是指科学革命以来人类急剧变动过程的统称；其四强调的是一种心理态度、价值观和生活方式的改变过程。[②]

我们认为，可以从人类文明发展的视角来审视人类的现代化活动，即把现代化看作是人类社会对文明追求的一种回应。前文强调，对文明的追求是人类社会发展的内在动力之一，挣脱自然地理条件的限制是人类文明发展的原始冲动。近代以来开启的现代化以前所未有的规模和速度实现着人类对文明的追求和向往。从人类文明交往的范围来看，"资产阶级，由于开拓了世界市场，使一切国家的生产和消费都成为世界性的了"[③]；从人类文明形成的物质基础来看，资产阶级所开启的现代化进程极大地促进了人类生产力水平的提高，"资产阶级在它的不到一百年的阶级统治中所创造的生产力，比过去一切世代创造的全部生产力还要多，还要大"[④]。从文明的发展内容来看，物质文明、精神文明、政治文明、社会文明、生态文明等不同的文明形式相继出现。因此在某种意义上可以认为，通过现代化的方式实现了人类文明的快速发展，现代化是人类文明追求的一种现实回应。

---

① 唐爱军：《构建中国式现代化理论体系的三重论域》，《当代世界与社会主义》2022 年第 6 期。

② 罗荣渠：《现代化新论——世界与中国的现代化进程》，商务印书馆 2004 年版，第 9—15 页。

③ 《马克思恩格斯选集》第 1 卷，人民出版社 2012 年版，第 404 页。

④ 《马克思恩格斯选集》第 1 卷，人民出版社 2012 年版，第 405 页。

但是我们也应该看到，发端于资本主义发展进程中的现代化在促进人类文明发展进步的同时，也给人类文明的发展带来一系列重大挑战和难题，如人类文明发展的方向性难题、动力性难题、协调性难题等。需要指出的是，这些现代人类文明发展的难题在现代化的进程中产生，必然也将在现代化的历史进程中予以解决。但是资本主义所强调和奉行的资本之上的逻辑就内在地决定着资本主义现代化不可能解决上述现代人类文明发展的难题，这些问题的解决寄望于新的现代化道路的开创与贡献，而中国式现代化道路为此进行了富有价值的成功探索。

二、中国式现代化：现代化的中国方案

在现代化发生后的相当长一段历史时期内，整个人类社会只有一种现代化的实践形态，西方现代化被视为人类实现现代化的唯一途径，西方现代化理论也被视为现代化的"金口玉言"而被人们广泛接受。但是当人类实践活动进一步深入发展之后，西方现代化各种内外部困境便相继出现。从内部困境来看，政治、经济、文化、社会、生态发展不协调的问题日益凸显；从外部困境来讲，广大第三世界的发展中国家按照西方现代化的模式和理论来进行本国的现代化建设，但毫无例外地都失败了。广大发展中国家的现代化实践证明了西方现代化模式和理论并不是"放之四海而皆准"的普遍真理，现代化应该有也必须有其他的实践形态和表现形式。

改革开放 40 余年的实践探索过程中，中国共产党人把马克思主义的基本原理同中国具体实际相结合，同中华优秀传统文化相结合，同时充分吸收借鉴国外现代化的经验和教训，创造性地形成了具有中国特色的现代化发展道路。习近平总书记在中国共产党成立 100 周年庆祝大会上首次正式提出"中国式现代化"这一理论命题，同年在中国共产党与世界政党领导人峰会上进一步强调，"中国共产党将团结带领中国人民深入推进中国式现代化，

为人类对现代化道路的探索作出新贡献"①。2022 年召开的党的二十大进一步强调指出，"中国式现代化为人类实现现代化提供了新的选择"。② 因此在某种意义上我们可以认为，中国式现代化即是现代化的中国方案。

（一）何为中国式现代化

当我们强调中国式现代化是现代化的中国方案这一观点时，首先必须回答一个前置性问题，即何为中国式现代化。从词源学的角度来看，中国式现代化主要还是源于马克思主义中国化和中国共产党人对现代化的追寻③。早在新民主主义革命时期，中国共产党人就开始使用"现代化"这一概念，但是基本上将其等同于工业化。在改革开放初期，邓小平提出了"中国式的现代化"这一表述。如 1979 年 3 月邓小平在理论务虚工作会议上要求"过去搞民主革命，要适合中国情况，走毛泽东同志开辟的农村包围城市的道路。现在搞建设，也要适合中国情况，走出一条中国式的现代化道路"④，同年年底在会见外宾时指出"我们要实现的四个现代化，是中国式的四个现代化"⑤，1983 年在会见外籍专家时强调"我们搞的现代化，是中国式的现代化"⑥。

改革开放以后经过 40 余年尤其是新时代十年的快速发展，中国共产党在现代化的实践领域发生巨大变化，对现代化的理论认识进一步深入。习近平总书记在党的二十大报告中强调，"中国式现代化，是中国共产党领导的社会主义现代化，既有各国现代化的共同特征，更有基于自己国情的中国特

---

① 《习近平谈治国理政》第 4 卷，外文出版社 2022 年版，第 427 页。

② 习近平：《高举中国特色社会主义伟大旗帜　为全面建设社会主义现代化国家而团结奋斗——在中国共产党第二十次全国代表大会上的报告》，人民出版社 2022 年版，第 16 页。

③ 李永杰、陈世宇：《"中国式现代化"概念的渊源考释与话语创新》，《福建师范大学学报（哲学社会科学版）》2023 年第 1 期。

④ 《邓小平文选》第 2 卷，人民出版社 1994 年版，第 163 页。

⑤ 《邓小平文选》第 2 卷，人民出版社 1994 年版，第 237 页。

⑥ 《邓小平文选》第 3 卷，人民出版社 1993 年版，第 29 页。

色"。① 同时，党的二十大报告对中国式现代化的基本特点、本质要求、战略安排等相关内容做了明确的规定和表述。党的二十大报告既是一篇马克思主义中国化的纲领性文献，也是中国式现代化的一篇纲领性文献，初步勾勒和描绘了中国式现代化的理论结构和体系框架。因此，我们可以以二十大报告中关于中国式现代化的相关论述为依据来阐释"何为中国式现代化"这个理论命题。

第一，中国式现代化是人口规模巨大的现代化。无论是哪一种现代化理论，在论说现代化的过程中都将人口作为一个重要的核心要素来予以考量。从实践上看，目前已经实现现代化的发达资本主义国家，在人口规模上基本上在 5000 万到 1 亿之间，人口超过一亿的国家只有美国、日本两个国家。因此当衡量现代化的影响因子的时候，人口规模是一个必须充分考虑到的因素。中国自古以来就是一个人口众多的国家，人口规模巨大对中国现代化的进程有双重影响。一方面，人口规模巨大为中国实现现代化提供了巨大的"人口红利"，为中国现代化的实现提供了充足的劳动力资源；另一方面，人口规模巨大也成为中国实现现代化的一个限制性因素，在人类历史上没有一个人口规模如此大的国家实现现代化的先例。因此当我们来理解"何为中国式现代化"这个理论命题时，首先必须考虑到人口规模巨大这一客观性因素。因此习近平总书记强调，"我国 14 亿人口要整体迈入现代化社会，其规模超过现有发达国家的总和，将彻底改写现代化的世界版图，在人类历史上是一件有深远影响的大事"。② 综上所述，中国式现代化是人口规模巨大的现代化。

第二，中国式现代化是全体人民共同富裕的现代化。前文在论述西方

① 习近平：《高举中国特色社会主义伟大旗帜　为全面建设社会主义现代化国家而团结奋斗——在中国共产党第二十次全国代表大会上的报告》，人民出版社 2022 年版，第 22 页。

② 《习近平谈治国理政》第 4 卷，外文出版社 2022 年版，第 123 页。

资本主义现代化的内在矛盾时认为，资本主义现代化是以资本为中心的现代化，资本主义现代化无论是在内容上还是在形式上都要围绕并服从于资本增殖这一根本逻辑。资本增殖的发展逻辑内在地决定着资本主义现代化必然会带来各种贫富差距，这种贫富差距既是资本主义国家内部不同阶层之间的贫富差距，也是发达资本主义国家同发展中国家的贫富差距。不同于西方现代化，中国式现代化是社会主义的现代化，而共同富裕则是社会主义的本质要求。因此，中国式现代化必然是也必须是共同富裕的现代化。因此当我们在理解并论述"何为中国式现代化"这一命题时，无论是强调中国式现代化对资本主义现代化的超越还是强调中国式现代化探索出了一条新的现代化形态，都必须要将共同富裕置于突出地位。习近平总书记多次旗帜鲜明地强调，"共同富裕是社会主义的本质要求，是中国式现代化的重要特征"。① 需要指出的是，中国式现代化所强调的共同富裕在主体上是所有人的共同富裕，在内容上是物质生活和精神生活齐头并进的共同富裕，在战略安排上是"先富"带"后富"的共同富裕。综上所述，我们认为中国式现代化是全体人民共同富裕的现代化。

第三，中国式现代化是物质文明和精神文明相协调的现代化。前文在论及西方现代化时指出其内部面临着协调性问题，即包括主体之间的协调性以及内容之间的协调性。其中，内容之间的协调性主要就体现在物质文明与精神文明之间发展不平衡不充分。我们认为，资本主义现代化是由资本驱动并主导的现代化，而在这一进程中，资本是否增殖则是衡量资本主义现代化成功与否的标志性因素。马克思在论述资本的逐利性时指出，"如果有 10% 的利润，资本就保证到处被使用；有 20% 的利润，资本就活跃起来；有 50% 的利润，资本就铤而走险；为了 100% 的利润，资本就敢践踏一切人间法律；

---

① 《习近平谈治国理政》第 4 卷，外文出版社 2022 年版，第 142 页。

有 300％ 的利润，资本就敢犯任何罪行，甚至冒绞首的危险"。① 显然，在这样一种情况下，资本主义现代化不可能实现物质文明与精神文明的协调发展。与之相反，中国在现代化建设的过程中始终强调"一手抓物质文明，一手抓精神文明""两手抓、两手都要硬"。进入新时代之后，以习近平同志为核心的党中央高度重视物质文明和精神文明相协调发展的重要性。习近平总书记指出，"我们要着力推动区域协调发展、城乡协调发展、物质文明和精神文明协调发展，推动经济建设和国防建设融合发展"。② 无论是在理论主张环节抑或是实践推进领域，十八大以来中国共产党在推进中国式现代化的过程中始终强调物质文明和精神文明的协调发展。

第四，中国式现代化是人与自然和谐共生的现代化。人类的任何实践活动都根植于外部的客观世界，人与自然界之间的关系是各种关系的基础性关系。马克思曾经强调，"全部人类历史的第一个前提无疑是有生命的个人的存在。因此，第一个需要确认的事实就是这些个人的肉体组织以及由此产生的个人对其他自然的关系"。③ 个体的存在离不开自然界，自然界为个体的存在及人类的发展延续提供最基本的物质产品。就人与自然的关系而言，人类的实践活动在外部自然界中展开，也受到外部自然界的制约。人类现代化的实践进程发端于对自然界的改造和利用，同样，人类现代化的发展进程也会受到外部自然界的客观条件的限制。在人与自然关系上，西方现代化强调对自然的征服和驾驭，把自然视作一个予取予求的"资源库"。因此恩格斯振聋发聩地指出，"我们不要过分陶醉于我们人类对自然界的胜利。对于每一次这样的胜利，自然界都对我们进行报复"。④ 与西方现代化相反，中国式现

---

① 《马克思恩格斯全集》第 44 卷，人民出版社 2001 年版，第 871 页。
② 《习近平谈治国理政》第 2 卷，外文出版社 2017 年版，第 206 页。
③ 《马克思恩格斯选集》第 1 卷，人民出版社 2012 年版，第 146 页。
④ 《马克思恩格斯选集》第 3 卷，人民出版社 2012 年版，第 998 页。

代化在发展过程中强调人与自然的和谐共生。习近平总书记多次强调，"大自然是人类赖以生存发展的基本条件。尊重自然、顺应自然、保护自然，是全面建设社会主义现代化国家的内在要求"。①在习近平新时代中国特色社会主义思想的引领下，"绿水青山就是金山银山"的环保理念日益深入人心，习近平生态文明思想的影响力日益扩大，中国式现代化在实现人与自然和谐共生方面的成果日益丰硕。

第五，中国式现代化是走和平发展道路的现代化。走何种发展道路对于现代化来说至关重要，其在一定意义上可能就会影响乃至决定某种现代化的发展模式以及发展方向。纵观现代化的发展史，西方现代化在前期基本上走的是一种对外掠夺的方式，通过殖民掠夺来获取现代化所需要的资本和资源，然后通过对外侵略来倾销现代化工业所生产出来的各种工业品。因此在某种意义上，西方发达资本主义国家早期的现代化在资本积累方面"从头到脚，每个毛孔都滴着血和肮脏的东西"②。与西方现代化不同的是，中国式现代化无论是在理论层面还是在实践环节都坚持走和平发展道路。中国式现代化坚持走中国和平发展道路既由我们社会主义的国家性质所决定，也同当前国际局势、民族传统、国家利益等相关要素紧密相关。习近平主席在不同国际场合反复强调，"中国坚定不移走和平发展道路。国强必霸的逻辑不适用，穷兵黩武的道路走不通……我们将继续履行好国际义务，始终做世界和平的建设者和维护者"。③实践已经证明并将进一步证明，只有和平发展道路才是中国式现代化唯一正确的发展道路。因此我们可以得出结论：中国式现代化

---

① 习近平：《高举中国特色社会主义伟大旗帜 为全面建设社会主义现代化国家而团结奋斗——在中国共产党第二十次全国代表大会上的报告》，人民出版社 2022 年版，第 49—50 页。

② 《马克思恩格斯选集》第 2 卷，人民出版社 2012 年版，第 297 页。

③ 《习近平关于中国特色大国外交论述摘编》，中央文献出版社 2020 年版，第 136 页。

是坚持走和平发展道路的现代化。

（二）中国式现代化何以可能

习近平总书记强调，"中国共产党将团结带领中国人民深入推进中国式现代化，为人类对现代化道路的探索作出新贡献"①，"中国式现代化为人类实现现代化提供了新的选择"。② 因此我们也可以认为，中国式现代化是一种新的现代化形态，是现代化的中国方案。前文在论述"何为中国式现代化"这个理论命题后，我们还必须进一步解决和回答"中国式现代化何以可能"这一问题。"中国式现代化何以可能"这一问题，所关注和强调的是中国式现代化何以是一种新的现代化形态。

第一，中国式现代化具有现代化的一般特征。当我们说中国式现代化是一种新的现代化形态，那么其中蕴含的一个潜台词就是中国式现代化仍然是一种现代化。既然中国式现代化仍然属于现代化的范畴，那么其必须具备现代化的一般特征。对于这一点，以习近平同志为核心的党中央有着清醒的认识和明确的论述。习近平总书记在党的二十大报告中指出，"中国式现代化，是中国共产党领导的社会主义现代化，既有各国现代化的共同特征，更有基于自己国情的中国特色"。③ "具有现代化的共同特征"，也就意味着中国式现代化具有现代化的普遍性，这一普遍性包括形式的普遍性和实质的普遍性两个层面。从形式的普遍性来说，中国式现代化是一个社会在经济现代化的基础上，实现政治、社会、思想、文化和心理等全方位变迁。④ 从实质普遍性来看，中国式现代化是根植在人类社会发展规律、社会主义建设规律基础之

---

① 《习近平谈治国理政》第 4 卷，外文出版社 2022 年版，第 427 页。

② 习近平：《高举中国特色社会主义伟大旗帜　为全面建设社会主义现代化国家而团结奋斗——在中国共产党第二十次全国代表大会上的报告》，人民出版社 2022 年版，第 16 页。

③ 习近平：《高举中国特色社会主义伟大旗帜　为全面建设社会主义现代化国家而团结奋斗——在中国共产党第二十次全国代表大会上的报告》，人民出版社 2022 年版，第 22 页。

④ 李双套：《中国式现代化的前提性反思》，《求索》2023 年第 1 期。

上的现代化，通过现代化的发展进一步加深了中国共产党人对人类社会发展规律、社会主义建设规律、共产党执政规律的认识。

第二，中国式现代化是具有中国特色的现代化。作为一种新的现代化形态，中国式现代化不仅具有现代化的一般特征，而且具有鲜明的中国特色。这一鲜明的中国特色主要表现在如下几个方面：其一，从属性上看，中国式现代化是社会主义的现代化。中国式现代化在社会主义的中国生成发展，其本质上是一种社会主义的现代化而不是西方的资本主义现代化。在人类现代化的发展史上，中国式现代化成功地进行了社会主义现代化的探索并开创了现代化的社会主义新形态。其二，从目标上看，中国式现代化是实现民族复兴的重要手段。近代以来中国人民始终在追求现代化，始终将现代化视作民族复兴的一种条件或方式。习近平总书记指出，"我们推进的现代化，是中国共产党领导的社会主义现代化，必须坚持以中国式现代化推进中华民族伟大复兴"。① 因此在一定意义上可以认为，中国式现代化的探索发展过程，就是逐渐实现中华民族伟大复兴的历史过程。其三，中国式现代化融入了中华优秀传统文化的因素。我们认为中国式现代化带有鲜明的中国特色，其中非常重要的一点就在于中国式现代化中融入了中华民族优秀传统文化的因素。习近平总书记在十九届中央政治局第三十九次集体学习时强调指出，要"研究阐释中华文明讲仁爱、重民本、守诚信、崇正义、尚和合、求大同的精神特质和发展形态，阐明中国道路的深厚文化底蕴"。② 中国道路是中国式现代化的重要依托，中国道路蕴含着深厚的文化底蕴也就意味着中国式现代化带有鲜明的优秀传统文化的影响因子。

---

① 习近平：《高举中国特色社会主义伟大旗帜　奋力谱写全面建设社会主义现代化国家崭新篇章》，《人民日报》2022 年 7 月 28 日。

② 习近平：《把中国文明历史研究引向深入　推动增强历史自觉坚定文化自信》，《人民日报》2022 年 5 月 29 日。

第三，中国式现代化是超越西方现代化内在矛盾的现代化。作为现代化的中国方案，中国式现代化的形成是必然性与偶然性的有机统一，这种统一主要就体现在对西方现代化内在矛盾的超越上。西方现代化经过漫长的发展，其内在矛盾也开始逐渐凸显。这种内在矛盾是由资本增殖的内在逻辑所引发，因此资本主义自身不可能解决这种内在矛盾。资本主义现代化内在矛盾的凸显，昭示西方现代化并不是现代化的唯一形态，也进一步呼唤新的现代化形态的出场。这种新的现代化形态一方面要带有明显的民族特色，另一方面也要实现对资本主义现代化内在矛盾的超越。以物质文明与生态文明协调发展、人与自然和谐共生、实现共同富裕等内容为特征的中国式现代化，则正是对资本主义现代化引发的上述矛盾的有机超越。

三、中国式现代化：开创人类文明新形态

中国式现代化不仅是一种新的现代化形态，而且还开创了人类文明新形态。那么中国式现代化缘何能够开辟人类文明新形态，中国式现代化所开辟的人类文明新形态到底是何种文明？对于上述问题，本节内容力图从现代人类文明发展的三种难题、现代人类文明发展的两种方向、现代人类文明发展的中国形态等三个方面作出解释和回答。

（一）现代人类文明发展的三种难题

我们在谈及人类文明发展的一般脉络时强调，资本主义文明在历史上对人类文明的发展进步起过巨大的促进作用。但是随着实践的深入发展，资本主义文明日益暴露出其局限性，诸多方面甚至成为阻碍人类文明发展的"桎梏"和障碍。当前我们虽然处在百年未有之大变局这样一个历史场域之中，各种不稳定性不确定性的因素明显增多。但是正如习近平总书记所言，"尽管我们所处的时代同马克思所处的时代相比发生了巨大而深刻的变化，但从世界社会主义 500 年的大视野来看，我们依然处在马克思主义所指明的历史

时代"。① 资本主义文明所固有的内在矛盾和张力，就构成了当前人类文明发展的现代难题。具体来说，这些人类文明发展难题主要包括人类文明发展的方向性难题、人类文明发展的动力性难题、人类文明发展的协调性难题。

第一，现代人类文明发展的方向性难题。在近代之前，各个民族都是按照自己民族的发展道路循序前行。不同民族文化之间的交流极少，因此就不存在着所谓的文明发展的方向性难题。但是进入近代之后，资本主义将整个人类都卷进了资本主义的世界体系，不同民族之间的文明开始进行交流。这样一来，不同文明之间的交融和碰撞就不可避免地发生了，人类文明的发展方向这个问题也就应运而生。所谓人类文明发展的方向性问题，主要强调和侧重的是未来人类文明应该如何发展。实践已经证明，资本主义的发展方式存在着自身不可克服和超越的矛盾，继续沿着资本主义文明发展的方向前进并不能解决当前人类文明发展所面临的诸多问题。历史与时代呼唤着新的社会形态和文明样态的出现，社会主义应运而生。经过实践的发展，社会主义已经成为引领人类文明发展变革的新方向。其中既有理论层面的原因，也有实践层面的支撑。从理论层面来看，社会主义的发展实现了合规律性与合目的性的内在统一。社会主义的形成和出现既是对人类社会发展一般规律的确认和再现，也是对资本主义社会和资本主义文明的有机超越。与此同时，社会主义所主张和强调的包容、普惠、民主、公正的文明理念符合全人类的共同利益。从实践层面上看，社会主义在建设过程中所取得的发展成效以及实践影响，也进一步体现和彰显着社会主义的文明价值。综上所述，我们认为社会主义的出现及社会主义文明的发展能够为人类文明发展变革提供一种新的方向。

第二，现代人类文明发展的动力性难题。现代人类文明的发展，除了

---

① 《习近平谈治国理政》第 2 卷，外文出版社 2017 年版，第 66 页。

方向性难题，还有动力性难题。方向性难题强调的是文明发展的道路和方向问题，而动力性难题侧重和关注的是文明发展所依靠的动力问题。人类文明发展变革的不同方向必然要求提供各不相同的发展动力，方向性问题和动力性问题相互交织。进入 21 世纪以来，科学技术的发展极大地促进了生产力的发展，生产力的发展又为人类文明的发展变革提供了物质基础。从理论上讲，人类文明发展的动力性应该不是一个问题。但是，在当下人类社会实际的发展过程中，绝大部分的科学技术发明是被资产阶级所掌握的。科学技术成为资产阶级追求超额利润及剩余价值的工具和手段，科学技术促进社会发展的积极作用被资本家的资本增殖逻辑所控制。这样一来，当前文明发展就出现一个奇怪现象：一方面，各种高新技术发明层出不穷，另一方面，全球供给瓶颈、通货膨胀、债务风险和政策不确定性等挑战重重。在百年未有之大变局这样一个国际环境下，人类文明发展变革的动力问题就显得更加重要。

第三，现代人类文明发展的协调性难题。我们说人类文明形成和发展的主体是人，目的也是人，人是文明发展变革中最活跃的要素，也是决定要素。但作为现实的、具体的生命，无论是人的实践活动抑或是人的生活需求，都是多方面的。从这个角度来说，人类文明的发展变革，无论是文明形式还是文明内容都应该是也必须是多方面的。这样一来，人类文明发展的协调性问题就凸显出来。也就是说在发展变革的过程中，人类文明不仅面临着方向性问题及动力性问题，还面临着协调性问题。在传统社会，人类文明的发展呈现"点状"的分布状态，这时，人类文明的发展并不存在着协调性的问题。但是到了近代之后，整个人类文明都被纳入同一发展轨道，文明发展的协调性问题开始逐渐凸显。尤其是进入 21 世纪以后，人类文明发展变革的协调性难题更加突出。当前人类文明发展的协调性难题主要表现在两个方面，文明主体之间的协调性及文明内容之间的协调性。其一，人类文明发展变革的主体协调性问题。人类文明发展变革的主体协调性问题主要强调的是不同的文明主体之间如何实现协调发展、共同发展。在进入资本主义发展阶段之后，人类社会和人类文明发展的不平衡性问题就越来越凸显。资产阶级在全世界范围内建立起"中心—半边缘—边缘"的国际政治经济格局，广大第三世界的发展中国家处在这一体系的边缘地带，发达国家与发展中国家的差距越来越大。显然，随着人类社会发展过程中的贫富性差距问题越来越突出，人类文明发展变革的主体协调性问题就越来越严重。其二，人类文明发展变革的内容协调性问题。人类文明发展变革的协调性问题，不仅表现在主体层面，而且也表现在内容领域。人类文明发展变革的内容协调性问题，主要侧重的是从整个人类文明发展的高度如何来协调物质文明、精神文明等不同文明内容之间的关系。在资本主义文明发展进程中居于主导地位的是资本的增殖逻辑，资本是资本主义文明的中心和"内核"。为了实现资本增殖，文明发展的各方面内容都要服从并服务于这个中心和"内核"，这样一来，资本主义文明就出现了文明发展变革内容失调的问题，这种失调性主要表现为物质文明对其他文明的遮蔽。由于当今世界仍然是资本主义占主导地位的世界，所以资本主义文明发展的内容失调性问题也就变成了现代人类文明发展变革的共性挑战。与资本主义文明发展内容失调不同，中国式现代化开创的人类文明新形态实现"物质文明、政治文明、精神文明、社会文明、生态文明协调发展"①。

（二）现代人类文明发展的中国形态

前文在谈及人类文明的生成时曾经强调，人类文明既是人类实践活动的客观反映，也是人类生存发展的实践形态。在不同的历史发展阶段，人类的

---

① 习近平：《在庆祝中国共产党成立 100 周年大会上的讲话》，《人民日报》2021 年 7 月 2 日。

实践活动及生活方式也各不相同，建立在其基础之上的文明内容及文明形式也各具特色。从当前人类发展进程的角度来看，现代化占据了人类生产实践活动的中心，整个人类文明的内容及形式都在围绕现代化进行展开。从这个角度来看，不同的现代化道路必然会形成不同的文明内容及文明形式，而不同的文明形式和文明内容又会构成不同的文明形态。

资本主义现代化发展道路形成资本主义文明形态，资本主义文明形态以资本增殖为主导原则，这一原则决定了资本主义文明是一种以资本为导向的文明形态。中国式现代化道路开辟了人类文明新形态，这种新形态的人类文明以人民为中心，是一种人本导向的文明形态。在这里需要指出的是，中国式现代化开辟了人类文明新形态，这种文明形态之所以是一种新的文明形态，主要是针对资本主义文明而言的。同样，中国式现代化只是开辟了一种新的文明形态，这种新的文明形态是一个"进行时"而不是"完成时"，中国式现代化只是为这种文明形态的形成与发展提供基本的方向与框架而已。

尽管中国式现代化开辟的文明新形态是一个"进行时"而不是"完成时"，但它毕竟是对资本主义文明内在矛盾的克服，是对资本主义文明的超越。中国式现代化打破了现代化就等于西方化的逻辑理路，深刻诠释了现代文明不等于资本主义文明的价值判断，为人类文明新形态的形成和出现奠定了实践基础。正如习近平总书记所言，"现代化道路并没有固定模式，适合自己的才是最好的，不能削足适履。每个国家自主探索符合本国国情的现代化道路的努力都应该受到尊重。中国共产党愿同各国政党交流互鉴现代化建设经验，共同丰富走向现代化的路径"。[①] 中国式现代化的形成，为广大第三世界国家实现现代化的目标提供了一条新道路，为人类文明的发展变革提供

---

① 习近平：《加强政党合作　共谋人民幸福——在中国共产党与世界政党领导人峰会上的主旨讲话》，《人民日报》2021 年 7 月 6 日。

了一个新方向。

中国式现代化开辟的人类文明新形态是社会主义的文明形态，是社会主义的现代文明形态与现代文明的社会主义形态的有机统一。其一，从可能性上讲中国特色社会主义建立在生产资料公有制基础之上。人类文明是人类生产实践和社会生活的结果，不同的生产实践以及社会生活会形成不同的经济基础，形成在不同经济基础之上的文明必然是各不相同的文明形态。与建立在私有制基础上的、以资本增殖为核心原则的资本主义文明相比，社会主义文明具有质的优越性。中国特色社会主义是社会主义文明的实践展开以及形态呈现，因此从可能性上来看，中国特色社会主义是可以作为一种新的文明形态来进行理解的。其二，从结果来看中国特色社会主义实现了现代文明的社会主义形态与中华文明的现代形态的有机统一。习近平总书记曾经形象地说过，"当代中国的伟大社会变革，不是简单延续我国历史文化的母版，不是简单套用马克思主义经典作家设想的模板，不是其他国家社会主义实践的再版，也不是国外现代化发展的翻版"。① 中国特色社会主义是马克思主义基本原理与中国具体实际以及中华优秀传统文化相结合的产物，是科学社会主义在 21 世纪的最新体现。经过几十年的发展，中国特色社会主义打破了现代文明等同于资本主义文明的谬论，甩掉了扣在社会主义头上"贫穷落后"的帽子，成功实现了现代文明的社会主义形态，重新彰显和焕发了中华传统文明的时代价值。综上所述，我们认为中国式现代化和中国特色社会主义是人类文明发展变革的中国形态。这种形态既符合人类社会及人类文明发展的一般规律，也彰显了中华优秀传统文化的时代魅力，是传统与现代、民族与世界的有机统一。

---

① 《习近平谈治国理政》第 3 卷，外文出版社 2020 年版，第 76 页。

第一章　中国式现代化的基本概述

在人类文明发展处在十字路口的重大历史时刻，中国方案、中国智慧的提供就显得尤为重要。2021 年，在中国共产党成立 100 周年庆祝大会上，习近平总书记指出，"中国坚持和发展中国特色社会主义，推动物质文明、政治文明、精神文明、社会文明、生态文明协调发展，创造了中国式现代化新道路，创造了人类文明新形态"。① "开辟人类文明新形态"，是中国特色社会主义对 21 世纪人类文明发展的重大贡献。中国特色社会主义之所以能够开辟人类文明新形态，主要是因为其创造了中国式现代化新道路。在党的二十大上，习近平总书记进一步明确强调，"中国式现代化为人类实现现代化提供了新的选择"。② 中国式现代化道路是不同于西方现代化的一种新的道路，建立在现代化新道路基础上的中国特色社会主义文明自然是一种新的文明形态。因此，当我们来分析和研究中国式现代化对人类文明发展变革的伟大影响的时候，首先必须对中国式现代化的基本内容予以澄清和说明，即中国式现代化的形成发展历程、中国式现代化的鲜明特征、中国式现代化的文明价值等。

---

① 习近平：《在庆祝中国共产党成立 100 周年大会上的讲话》，人民出版社 2021 年版，第 13 页。

② 习近平：《高举中国特色社会主义伟大旗帜　为全面建设社会主义现代化国家而团结奋斗——在中国共产党第二十次全国代表大会上的报告》，人民出版社 2022 年版，第 16 页。

一、中国式现代化的发展历程

现代化，是近代以来中国人民和中华民族的不懈追求。从历史上看，近代以来中国人民先后三次发起了对现代化的追求。第一次是地主阶级洋务派兴办的"洋务运动"，其结果是以甲午战争的失败而终结。第二次现代化进程由民族资产阶级发起，但由于抗日战争的爆发而被迫中止。历史已经反复说明，没有国家的独立及强有力政党的领导，中国的现代化追求是不可能成功的。中国人民第三次现代化的追求开始于中国共产党的成立，中国共产党一经成立便将现代化作为重要目标追求之一，并在实践进程中形成了具有中国特色的中国式现代化道路。从实践发展的阶段性来看，我们可以将中国共产党探索中国式现代化的历程分为四个阶段，即价值憧憬时期、实践探索时期、全面展开时期及理论定型时期。

（一）中国式现代化的价值憧憬时期

早在新民主主义革命时期，以毛泽东为代表的中国共产党人就开始憧憬中国的现代化建设。但是由于当时特殊的历史情况，中国共产党人对现代化的认识相对比较单一，认为现代化就是工业化。加之这一时期革命和战争是主旋律，整个社会处在动荡不安的环境之中，中国共产党人对现代化的设想只能停留在理论层面，因此我们把这一时期称为中国式现代化的憧憬时期。在这一时期，中国共产党人对现代化的认识主要表现在两个层面：其一，要发展工业；其二，要实现从落后的农业国向先进的工业国转变。

早在1934年，毛泽东在瑞金召开的第二次全国工农兵代表大会上就明确指出，"我们的经济建设的中心是发展农业生产，发展工业生产，发展对外贸易和发展合作社"。①1940年1月，毛泽东在《新民主主义论》中强调，

---

① 《毛泽东选集》第1卷，人民出版社1991年版，第130—131页。

社会主义"成为一切工业先进国家的国家构成和政权构成的统治形式"。[①] 同年 10 月 25 日，毛泽东在起草党内文件时强调，"应该积极发展工业农业和商品的流通"。[②]1944 年 4 月陕甘宁边区召开工业会议，毛泽东在会上指出"一九三七年边区还只有七百个工厂工人，一九四二年有了四千人，现在有了一万二千人。切不可轻视这样的数目字"。[③]1944 年 5 月，毛泽东在陕甘宁边区工厂厂长和职工代表会议上明确强调，"共产党是要努力于中国的工业化的"，"如果我们不能解决经济问题，如果我们不能建立新式工业，如果我们不能发展生产力，老百姓就不一定拥护我们"。[④]

　　1945 年 4 月，毛泽东在党的七大上做了《论联合政府》的书面政治报告，该报告对中国现代化进行了全方位的设计。毛泽东指出，"没有一个独立、自由、民主和统一的中国，不可能发展工业"，"没有独立、自由、民主和统一，不可能建设真正大规模的工业。没有工业，便没有巩固的国防，便没有人民的福利，便没有国家的富强"。[⑤]1945 年 11 月 7 日，毛泽东在起草党内指示的时候明确要求，"发展工业、商业和金融业，成了我党的重要任务"。[⑥]1947 年 12 月 25 日，毛泽东在报告中指出，中国共产党的任务就是"在政治上、经济上、文化上完成新民主主义的改革，实现国家的统一和独立，由农业国变成工业国"。[⑦]1948 年 4 月 1 日，毛泽东在晋绥干部会议上强调，"消灭封建制度，发展农业生产，就给发展工业生产，变农业国为工业国的任务奠定了基础，这就是新民主主义革命的最后目的"。[⑧]1948 年

---

① 《毛泽东选集》第 2 卷，人民出版社 1991 年版，第 675 页。
② 《毛泽东选集》第 2 卷，人民出版社 1991 年版，第 768 页。
③ 《毛泽东选集》第 3 卷，人民出版社 1991 年版，第 946 页。
④ 《毛泽东文集》第 3 卷，人民出版社 1996 年版，第 146—147 页。
⑤ 《毛泽东选集》第 3 卷，人民出版社 1991 年版，第 1080 页。
⑥ 《毛泽东选集》第 4 卷，人民出版社 1991 年版，第 1173 页。
⑦ 《毛泽东选集》第 4 卷，人民出版社 1991 年版，第 1245 页。
⑧ 《毛泽东选集》第 4 卷，人民出版社 1991 年版，第 1316 页。

5 月 25 日，毛泽东在起草党内指示时再一次强调，"必须将城市工作和农村工作，将工业生产任务和农业生产任务，放在各中央局、分局、区党委、省委、地委和市委的领导工作的适当位置"。①1948 年 12 月 30 日，毛泽东在为 1949 年作的新年贺词中指出，建立人民民主专政的共和国是"由农业国变为工业国的先决条件"②。1949 年 6 月 30 日，毛泽东在《论人民民主专政》一文中发出"使中国有可能在工人阶级和共产党的领导之下稳步地由农业国进到工业国"的号召。③

显然，早在新民主主义革命时期，以毛泽东为代表的中国共产党人就已经意识到工业的重要性，并在新中国成立前夕发出"从落后的农业国转变为先进的工业国"的口号。尽管这一时期由于客观条件的限制我们无法进行大规模的工业建设，但是共产党对于相关问题的思考为以后中国式现代化道路的开辟提供了思想资源。

（二）中国式现代化的探索起步时期

1949 年中华人民共和国成立，一方面标志着中国共产党带领全国各族人民完成了民族解放、国家独立的新民主主义革命的主要任务，另一方面也为大规模的开展社会主义现代化提供客观条件。从中华人民共和国成立到改革开放的近 30 年时间里，我们对社会主义现代化无论是在理论还是在实践层面都处在一个不断深化认识的阶段，因此可以把这个时期称为中国式现代化的探索时期。

新中国成立初期，以毛泽东为代表的中国共产党人在认识上将现代化就等同于工业化，并提出了实现工业化的具体建设周期。1951 年 12 月，毛泽东在一段批示上强调，"从一九五三年起，我们就要进入大规模经济建设了，

---

① 《毛泽东选集》第 4 卷，人民出版社 1991 年版，第 1333 页。
② 《毛泽东选集》第 4 卷，人民出版社 1991 年版，第 1375 页。
③ 《毛泽东选集》第 4 卷，人民出版社 1991 年版，第 1476 页。

准备以二十年时间完成中国的工业化。完成工业化当然不只是重工业和国防工业，一切必要的轻工业都应建设起来"。[①]1953 年中共中央制定社会主义改造时期的总路线，将社会主义工业化与社会主义改造结合起来，其中社会主义工业化是目的，对农业、手工业和资本主义工商业进行社会主义改造是手段。

1954 年，周恩来在第一届全国人民代表大会第一次会议上提出"四个现代化"的观点。周恩来强调，"如果我们不建设起强大的现代化的工业、现代化的农业、现代化的交通运输业和现代化的国防，我们就不能摆脱落后和贫困，我们的革命就不能达到目的"。[②]1955 年，毛泽东在中国共产党全国代表会议上强调，"我们进入了这样一个时期，就是我们现在所从事的、所思考的、所钻研的，是钻社会主义工业化，钻社会主义改造，钻现代化的国防，并且开始要钻原子能这样的历史的新时期"。[③]1957 年 10 月 9 日，毛泽东在党的八届三中全会上进一步强调，"必须实行工业与农业同时并举，逐步建立现代化的工业和现代化的农业"。[④]1964 年，周恩来在三届全国人大第一次会议上指出，"要在不太长的历史时期内，把我国建设成为一个具有现代农业、现代工业、现代国防和现代科学技术的社会主义强国，赶上和超过世界先进水平"。[⑤]

新中国成立后中国共产党对现代化的探索表明，中国共产党人对现代化的认识是不断深化的。从新民主主义革命提出"实现从农业国到工业国的转变"到社会主义现代化建设，从工业、农业、交通运输和国防的现代化到现

---

① 《毛泽东文集》第 6 卷，人民出版社 1999 年版，第 207 页。
② 《周恩来选集》下，人民出版社 1984 年版，第 132 页。
③ 《毛泽东文集》第 6 卷，人民出版社 1999 年版，第 395 页。
④ 《毛泽东文集》第 7 卷，人民出版社 1999 年版，第 310 页。
⑤ 《周恩来选集》下，人民出版社 1984 年版，第 439 页。

代农业、现代工业、现代国防和现代科学技术的转变，都体现了中国共产党人对社会主义现代化的理论认识及实践探索都在不断深化。这一时期我们虽然并没有形成完整的中国式现代化相关的道路、理论、制度，但是通过近30年的不断探索，我们在理论上加深了对社会主义现代化的认识，在实践上建立起完整的国民经济体系，为改革开放以后中国式现代化的全面展开奠定了物质基础和认识准备。

（三）中国式现代化的全面展开时期

1978年召开的党的十一届三中全会，拉开了改革开放的大幕，同时也启动了中国式现代化全面展开的历史进程。1979年，邓小平指出，"我们定的目标是在本世纪末实现四个现代化。我们的概念与西方不同，我姑且用个新说法，叫做中国式的四个现代化"。[1]改革开放后中国式现代化的全面展开，时间跨度长、建设内容多，在研究过程中很难做到面面俱到。因此本课题对于这一时期中国式现代化的梳理和研究，主要集中和聚焦在四个方面，即中国式现代化的重要地位、中国式现代化的内涵扩展、中国式现代化的战略部署及中国式现代化的实践成就。

从重要地位来看，中国共产党始终将实现中国式现代化作为自己的奋斗目标。从改革开放起召开的历次党的全国代表大会都可以看出现代化在中国特色社会主义中的重要地位。1982年，党的十二大强调，要"全面开创社会主义现代化建设的新局面"；[2]1987年，党的十三大将现代化纳入社会主义初级阶段的基本路线；1992年，党的十四大提出要加快改革开放和现代化建设，并确立了社会主义市场经济体制的改革目标；1997年，党的十五大提出，改革开放这场新的伟大革命，为社会主义现代化建设创造了良好的体

---

① 《邓小平思想年编（1975—1997）》，中央文献出版社2011年版，第225页。

② 《十二大以来重要文献选编》上，人民出版社1986年版，第6页。

制条件；2002 年，党的十六大号召，加快推进社会主义现代化的新的发展阶段；2007 年，党的十七大提出，继续全面建设小康社会、加快推进社会主义现代化，完成时代赋予的崇高使命。

从内涵扩展来看，中国式现代化的建设目标和建设内容在不断地发展完善。其一，中国式现代化的目标追求在不断完善。1987 年召开的党的十三大正式确立了党在社会主义初级阶段的基本路线，强调中国共产党要"为把我国建设成为富强、民主、文明的社会主义现代化国家而奋斗"。[①]2007 年党的十七大将和谐一词写入党的基本路线，确定中国特色社会主义现代化建设的目标是"为把我国建设成为富强民主文明和谐的社会主义现代化国家而奋斗"。[②]其二，中国式现代化的建设内涵不断丰富。1987 年，党的十三大在谈及社会主义现代化建设的时候，主要集中和聚焦在经济和政治两个领域。2002 年，党的十六大在论述中国特色社会主义现代化建设时，分别从政治建设、经济建设、文化建设三个方面进行展开。到了 2007 年，党的十七大将社会主义现代化建设从政治、经济、文化等三大建设扩充为政治、经济、文化、社会四大建设。显然，无论是中国式现代化建设目标的丰富，还是中国式现代化涵盖领域的发展，都反映了中国共产党人对中国式现代化的认识在不断深化。

从战略部署来看，中国式现代化的发展节点越来越详细和具体。邓小平曾经在和国际友人谈话时指出："以一九八〇年为基数，当时国民生产总值人均只有二百五十美元，翻一番，达到五百美元。第二步是到本世纪末，再翻一番，人均达到一千美元。……更重要的还是第三步，在下世纪用三十年到五十年再翻两番，大体上达到人均四千美元。做到这一步，中国就达到中

---

① 《十三大以来重要文献选编》上，人民出版社 1991 年版，第 211 页。

② 《十七大以来重要文献选编》上，中共中央文献出版社 2009 年版，第 797 页。

等发达的水平。"①1987 年，党的十三大指出，"第一步，实现国民生产总值比一九八〇年翻一番，解决人民的温饱问题；第二步，实现到本世纪末国民生产总值再翻一番，人民生活达到小康水平；第三步，到下个世纪中叶，基本实现现代化，人均国民生产总值达到中等发达国家水平，人民过上比较富裕的生活"。②1997 年，在党的十五大上，江泽民提出了新的"三步走"战略，即"第一个十年实现国民生产总值比二〇〇〇年翻一番，使人民的小康生活更加宽裕，形成比较完善的社会主义市场经济体制；再经过十年的努力，到建党一百年时，使国民经济更加发展，各项制度更加完善；到世纪中叶建国一百年时，基本实现现代化，建成富强民主文明的社会主义国家"。③我们党对中国特色社会主义现代化的发展阶段和时间节点的把握越来越细化，一方面反映了我们对中国式现代化的认识越来越深刻，另一方面也体现出中国式现代化取得了巨大的实践成效。

从建设结果来看，中国式现代化取得了举世公认的实践成就。在全面展开的 40 余年间，中国式现代化在物质文明、政治文明、精神文明、社会文明、生态文明方面创造举世瞩目的发展成就，呈现强大动能和广阔前景。④从物质文明的角度来看，改革开放之初的 1978 年，我国的国内生产总值是 1495 亿美元，2012 年这一数据是 85322 亿美元，在 40 余年间增长了 57 倍。从政治文明的角度来看，社会主义民主政治制度不断发展完善，人民当家作主的渠道日益多元，国家治理体系和治理能力现代化的水平不断提升。从精神文明的层面来看，"我们始终坚持发展社会主义先进文化，加强社会主义

---

① 《邓小平文选》第 3 卷，人民出版社 1993 年版，第 226 页。
② 《十三大以来重要文献选编》中，人民出版社 1991 年版，第 619 页。
③ 《十五大以来重要文献选编》上，人民出版社 2000 年版，第 4 页。
④ 寇美琪、商志晓：《中国式现代化道路的创造性成就与创新性价值》，《东岳论丛》2022 年第 4 期。

精神文明建设，培育和践行社会主义核心价值观，传承和弘扬中华优秀传统文化，坚持以科学理论引路指向，以正确舆论凝心聚力，以先进文化塑造灵魂"①。在社会文明建设方面，我们建立起了全世界覆盖面最广、覆盖人口最多的社会保障体系，人民群众的获得感、安全感、幸福感显著提升。在生态文明方面，生态文明建设的理念日益深入人心，生态文明建设的实践不断推向前进，我国生态环境破坏等问题得到有效遏制，生态环境保护成效显著。

（四）中国式现代化的理论定型时期

2017 年，在党的十九大上，习近平总书记庄严宣布，"经过长期努力，中国特色社会主义进入了新时代，这是我国发展新的历史方位"②。中国特色社会主义进入新时代，这不仅是我国发展新的历史方位，也是中国式现代化探索和发展新的历史时期。尽管习近平总书记在党的十九大上首次正式提出"新时代"这个概念和表述，但是学界公认新时代的时间起点是在 2012 年党的十八大。在新时代这一新的历史时期，中国式现代化的实践经验得到理论总结，中国式现代化的理论认识不断深化，中国式现代化的世界意义和文明价值得以彰显。因此，我们可以把新时代以来中国式现代化的探索，称为中国式现代化的理论定型时期。之所以把新时代以来中国共产党领导中国人民进行现代化的探索称为中国式现代化的理论定型时期，主要原因在于这一时期中国共产党人深化了对中国式现代化的理论认知，提出了中国式现代化的理论框架和理论体系。习近平总书记在党的二十大报告中对中国式现代化的基本特点、本质要求、战略安排、总体目标等相关内容做出了系统阐释。习近平总书记强调，"在新中国成立特别是改革开放以来长期探索和实践基础上，经过十八大以来在理论和实践上的创新突破，我们党成功推进和拓展了

---

① 习近平：《在庆祝改革开放 40 周年大会上的讲话》，《人民日报》2018 年 12 月 19 日。
② 《习近平谈治国理政》第 3 卷，外文出版社 2020 年版，第 8 页。

中国式现代化"。^①"经过十八大以来在理论和实践上的创新突破"这个重要论断，也可以从侧面进一步说明了新时代是中国式现代化的理论定型时期。

第一，中国式现代化是社会主义现代化而不是别的现代化。我们经常讲中国式现代化，其中有一个不言自明的前提就是中国式现代化是中国特色社会主义的现代化而不是别的什么现代化。从理论上讲，中国式现代化是中国的现代化，是发生在中国的现代化，而中国又是一个社会主义国家，因此中国式现代化必须是也必然是社会主义的现代化而不是别的什么现代化。习近平总书记在不同场合多次强调中国现代化的社会主义属性，"中国特色社会主义是科学社会主义，而不是别的什么主义"^②，"中国特色社会主义道路，是实现我国社会主义现代化的必由之路，是创造人民美好生活的必由之路"^③。中国式现代化是社会主义现代化而不是别的现代化，这一论断既凸显了中国式现代化的社会主义属性，也显现了中国式现代化的前进方向。中国式的现代化之所以能够取得无与伦比的实践成就，之所以能够具有中国特色，最根本的原因就在于中国式的现代化是社会主义的现代化。如果我们在现代化建设的过程中忽视或者放弃了现代化的社会主义属性和社会主义方向，那么我们的现代化建设就可能会遭受到重大的挫折甚至是失败。

第二，中国共产党的领导是中国式现代化的本质特征。中国式现代化是社会主义现代化而不是别的现代化，这就内在地规定着中国式现代化必须坚持中国共产党的领导。在改革开放之初，邓小平就旗帜鲜明地指出，"要搞现代化建设使中国兴旺发达起来，第一，必须实行改革、开放政策；第二，必须坚持四项基本原则，主要是坚持党的领导，坚持社会主义道路，反对资

---

① 习近平:《高举中国特色社会主义伟大旗帜　为全面建设社会主义现代化国家而团结奋斗——在中国共产党第二十次全国代表大会上的报告》，人民出版社 2022 年版，第 22 页。

② 《十八大以来重要文献选编》上，中央文献出版社 2014 年版，第 109 页。

③ 《习近平谈治国理政》第 1 卷，外文出版社 2018 年版，第 9 页。

产阶级自由化，反对走资本主义道路"。① 十八大以来，习近平总书记在不同场合反复强调，"中国共产党的领导是中国特色社会主义最本质的特征"②，"党政军民学，东西南北中，党是领导一切的"③。中国共产党的领导是中国特色社会主义的本质特征，中国式现代化是中国特色社会主义的重要组成部分，是中国特色社会主义在现代化建设领域的时空呈现，因此中国式现代化必然要坚持中国共产党的领导。除此之外，从党的领导对象来看，"党政军民学，东西南北中"都需要在党的领导下进行，中国式现代化自然属于"党政军民学，东西南北中"的范围之内。综上所述，中国共产党的领导是中国式现代化的本质特征。

第三，实现全体人民共同富裕是中国式现代化的价值追求。中国式现代化是社会主义的现代化、中国式现代化必须坚持中国共产党的领导，这两重属性内在地规定着中国式现代化必须以实现全体人民的共同富裕作为自己的价值追求。共同富裕是中国特色社会主义的本质特征，全心全意为人民服务是中国共产党人的根本宗旨，二者相互叠加，要求在推进中国式现代化的实践进程中必须以共同富裕作为基本的价值追求。早在 1955 年，毛泽东在谈及资本主义工商业的社会主义改造时就强调，"现在我们实行这么一种制度，这么一种计划，是可以一年一年走向更富更强的，一年一年可以看到更富更强些。而这个富，是共同的富，这个强，是共同的强"。④ 改革开放之初，邓小平就强调，"社会主义的目的就是要全国人民共同富裕，不是两极分化"。⑤1992 年初，邓小平在考察武昌、深圳、珠海、上海等地时重申，

---

① 《邓小平文选》第 3 卷，人民出版社 1993 年版，第 248 页。
② 《习近平谈治国理政》第 2 卷，外文出版社 2017 年版，第 18 页。
③ 《习近平谈治国理政》第 3 卷，外文出版社 2020 年版，第 181 页。
④ 《毛泽东文集》第 6 卷，人民出版社 1999 年版，第 495 页。
⑤ 《十二大以来重要文献选编》中，人民出版社 1986 年版，第 659 页。

"走社会主义道路，就是要逐步实现共同富裕"①。进入新时代以来，习近平总书记反复强调共同富裕的重要性。习近平总书记指出，"共同富裕是社会主义的本质要求，是中国式现代化的重要特征"。②中国式现代化与西方资本主义现代化的一个重要区别就是后者以资本为中心和导向，在现代化过程中疯狂强调对资本增殖的追求，从而导致现代化进程中出现见物不见人的异化现象。与此相反，中国式现代化以共同富裕为基本价值追求，在实践过程践行以人民为中心的发展思想，将人民群众对美好生活的追求和向往作为我们的奋斗目标。因此我们认为，实现全体人民共同富裕是中国式现代化的价值追求。

第四，中国式现代化为人类现代化进程提供一种新的方案。作为一种现代化的实践活动，中国式现代化具有现代化的一般特征，但同样，中国式现代化又同时兼具社会主义和中华民族伟大复兴的双重叙事，因此中国式现代化又具有明显的中国特色。在实践中，我们很好地实现了中国式现代化中国特色与世界意义的辩证统一。这个辩证统一，就体现在中国式现代化为人类现代化进程提供一种新的方案。在中国式现代化出现之前，人类现代化进程中就只有一种方案，即资本主义的现代化方案。这种方案在政治上要求实行三权分立的政治制度，在经济上践行自由资本主义市场经济，在文化上奉行"自由、民主、法治"等资本主义价值观念。西方资本主义的这条现代化道路在相当长一段时间，被广大第三世界国家奉为圭臬，无数的发展中国家企图通过资本主义现代化道路来完成本国的现代化。但是失败者数量众多，而成功者却寥寥无几。正当人类陷入现代化道路的迷茫与挣扎之际时，中国共产党和中国人民通过自己的实践历程及奋斗成就向全世界昭示：中国人走出

---

① 《邓小平文选》第 3 卷，人民出版社 1993 年版，第 373 页。
② 习近平：《在高质量发展中促进共同富裕　统筹做好重大金融风险防范化解工作》，《人民日报》2021 年 8 月 18 日。

了一条现代化的新路子，开创了中国式现代化。中国式现代化是中国共产党带领中国人民在艰苦奋斗的实践历程中开创的现代化道路，是将社会主义、中华优秀传统文化、民族复兴、现代化等多重要素有机结合的现代化道路。中国式现代化道路是对西方资本主义现代化道路的超越，但是我们并不强调中国式现代化道路的"唯我独尊"。同样，中国式现代化向人类现代化进程提供一种新的方案，但是我们并不要求其他国家必须按照中国式现代化的要求来开展现代化建设。我们中国式的现代化，是中国共产党和中国人民为解决人类现代化难题所做出的一种贡献，这种贡献会充实人类现代化道路的"数据库"。

二、中国式现代化的基本特征

为解决人类现代化的难题和困境，中国共产党和中国人民向全世界提供了中国式现代化道路这一中国方案。中国式现代化把中国特色和世界意义紧密结合起来，具有鲜明的时代特征。关于中国式现代化的基本特征，不同专家从不同方面给予不同的解读。如有专家认为，主体性、价值性、全面性、和谐性、世界性是中国式现代化的内涵特征；[1] 也有学者强调，外生—学习性、后发—追赶性、务实—渐进性、阶段—接续性及时代—全面性是中国式现代化的鲜明特色；[2] 还有专家指出，人民性、开放性、全面性、内生性是中国式现代化的本质特征；[3] 有相关学者从哲学的维度对中国式现代化的特征进行研究，认为价值维度上的社会主义、时间维度上的持续推进、空间维度上

---

[1] 黄宝成、周育国：《中国式现代化道路的内涵特质、原则遵循、实践方略》，《经济问题》2022 年第 2 期。

[2] 孙照红：《"中国式"现代化：历程、特色和经验》，《中州学刊》2021 年第 2 期。

[3] 陈志刚：《中国式现代化及其规律性和多样性》，《马克思主义理论学科研究》2021 年第 5 期。

的人类关怀是中国式现代化的鲜明特质①。除此之外，也有专家认为以科学理论作为指导思想、以先进政党作为领导核心、以人民为中心作为宗旨理念、以共同富裕作为奋斗目标、根植中华优秀传统文化等，是中国式现代化的显著特征。② 习近平总书记在党的二十大上指出，中国式现代化是"人口规模巨大的现代化，全体人民共同富裕的现代化，物质文明和精神文明相协调的现代化，人与自然和谐共生的现代化，走和平发展道路的现代化"。③ 综上所述，本研究在结合党的二十大报告文本和学界相关研究成果后认为，中国式现代化具有如下基本特征。

（一）中国式现代化是彰显和平发展的现代化

在中国式现代化出现之前，西方资本主义的现代化是人类现代化进程的唯一途径。但是西方现代化的发展道路充满了掠夺和血腥，为了积累资本、寻找原料、开拓市场，资本主义通过各种血腥的方式来实现自己的现代化。正如马克思所言，"资本来到世间，从头到脚，每个毛孔都滴着血和肮脏的东西"。④ 之所以如此，主要是因为资本主义及资本主义现代化的形成和发展，是通过殖民掠夺、黑奴贸易等血腥手段而进行的。与此相反，中国式现代化是一种和平发展的现代化，是一种内生并联的现代化。中国式现代化是内源和平发展的现代化，这既是中国式现代化的基本特征，也是中国式现代化超越资本主义现代化的重要方面之所在。

1. 中国式现代化是和平发展的现代化

中国式现代化一种和平发展的现代化，我们主张通过和平发展的方式来

---

① 刘洪森、李昊天：《中国现代化新道路的历史、逻辑与特质》，《现代哲学》2021 年第 5 期。

② 孟鑫：《中国式现代化道路的显著特征》，《科学社会主义》2020 年第 4 期。

③ 习近平：《高举中国特色社会主义伟大旗帜　为全面建设社会主义现代化国家而团结奋斗——在中国共产党第二十次全国代表大会上的报告》，人民出版社 2022 年版，第 22—23 页。

④ 《马克思恩格斯选集》第 2 卷，人民出版社 2012 年版，第 297 页。

实现现代化。中国式现代化之所以是一种和平发展的现代化，是由当今世界局势、国家利益、民族传统等不断探索而成的。

第一，和平与发展的时代主题决定着中国式现代化必然是和平发展的现代化。中国现代化进程的开启，是在世界历史的时空场域及经济全球化的时代背景下进行的，因此对国际局势和时代主题的判断在某种程度上直接影响着自身发展道路的选择。1985 年，邓小平在会见日本客人时指出，"现在世界上真正大的问题，带全球性的战略问题，一个是和平问题，一个是经济问题或者说发展问题"。[①] 正是在邓小平这一重大论断的指引之下，1987 年党的十三大正式提出"和平与发展是当今世界两大主题"的重要论断。作为时代主题，和平与发展反映和寄托了当今世界绝大多数人的愿望和追求，因此在这一时代主题的影响下，中国的现代化不可能重走西方资本主义现代化的老路，通过对外殖民掠夺、野蛮扩张的方式来实现自身的现代化。党的十八大以来，习近平总书记多次强调，"中国走和平发展道路，其他国家也都要走和平发展道路，只有各国都走和平发展道路，各国才能共同发展，国与国才能和平相处"[②]。在大的时代主题背景下，只有按照时代主题的要求坚持走和平发展道路，才能成功地将中国式现代化推向新的发展境界。

第二，中国式现代化的和平发展属性，是我们基于自身国家利益做出的战略选择。选择一种什么样的现代化发展道路，受这个国家内外部双重因素的影响。从外部因素来看，主要就是国际局势和时代主题，从内部因素来看，主要是自己国家的核心利益。现代化发展道路的选择是实现和维护国家核心利益的途径和方式，有什么样的国家核心利益必然要求形成与之相适应的发展道路，中国也不例外。习近平主席在世界经济论坛 2017 年年会开幕式上指出，"每个国家都有发展权利，同时都应该在更加广阔的层面考虑自

---

① 《邓小平文选》第 3 卷，人民出版社 1993 年版，第 105 页。
② 《习近平谈治国理政》第 1 卷，外文出版社 2018 年版，第 249 页。

身利益，不能以损害其他国家利益为代价"。[①] 中国国家利益的实现、中国的发展离不开外部世界提供的各种客观条件，同样，世界的发展也离不开中国的贡献。据不完全统计，中国对全球经济发展的贡献率已经连续几年位居世界首位。中国的国家利益，决定着中国在推动自身现代化进程中愿意做世界和平的建设者、全球发展的贡献者及国际秩序的维护者。中国的发展实践生动说明：中国的发展离不开世界，世界的发展也离不开中国，中国与世界早已构成一个命运共同体。因此中国在发展过程中，在探索中国式现代化的过程中，必须高举和平发展的伟大旗帜，坚定不移地践行和平发展道路。

2. 中国式现代化是并联发生的现代化

在中国式现代化出现之前，西方资本主义现代化道路是人类现代化的唯一途径。资本主义现代化的发展是一个漫长的历史过程，因此资本主义的现代化是一个串联发生的过程。也就是说，资本主义的现代化是一个领域一个领域发生的。2013 年 9 月 30 日，习近平总书记在十八届中央政治局第九次集体学习时指出，"我国现代化同西方发达国家有很大不同。西方发达国家是一个'串联式'的发展过程，工业化、城镇化、农业现代化、信息化顺序发展，发展到目前水平用了二百多年时间"。[②]

与西方资本主义现代化的"串联性"相比，中国式现代化带有明显的"并联性"特征。从现代化的发展历程来看，我们用了四十余年的时间走完了西方两三百年的现代化发展历程，这就内在地决定着中国不可能像西方现代化那样采取"串联式"的发展道路。时空高度压缩性的现代化进程，必然要求中国式现代化采取"并联式"的道路。从中国式现代化的内涵来看，我们的现代化是物质文明、政治文明、精神文明、社会文明、生态文明协调发展的现代化，这种协调发展的客观要求必然内在地规定中国式现代化是"串

---

① 《习近平谈治国理政》第 2 卷，外文出版社 2017 年版，第 481 页。
② 《习近平关于社会主义经济建设论述摘编》，中央文献出版社 2017 年版，第 159 页。

联式"的现代化。对于中国现代化的"串联性",以习近平同志为核心的党中央有着清醒的认识。习近平总书记强调,"我们要推动新型工业化、信息化、城镇化、农业现代化同步发展,必须及早转入创新驱动发展轨道,把科技创新潜力更好释放出来,充分发挥科技进步和创新的作用"。① 显然,这里强调的"同步发展"就蕴含着"串联式"的意蕴。

（二）中国式现代化是全面协调发展的现代化

2021 年 7 月 1 日,习近平总书记在庆祝中国共产党成立一百周年大会上指出,"我们坚持和发展中国特色社会主义,推动物质文明、政治文明、精神文明、社会文明、生态文明协调发展,创造了中国式现代化新道路,创造了人类文明新形态"。② 显然,协调发展是中国式现代化的显著特征。当前学术界关于中国式现代化协调发展的研究,主要是从五大文明形态进行展开。相对而言,本课题对中国式现代化的协调发展特征的研究主要集中和聚焦在人与自然、人与社会、人与人这三个方面。

1. 人与自然的协调发展

人类的生存和发展,离不开自然环境。在一定意义上,人类的发展进程就是对自然的改造利用的进程。在不同阶段,人类对自然环境的改造利用不同,所形成的文明形态也各不相同。在人类历史发展的长河中,现代化进程的展开,一方面建立在对自然的改造利用基础之上,另一方面又离不开自然环境的限制和制约。因此,任何一种现代化的发展途径,都必须把人与自然的关系放在重要地位。作为人类发展史上仅有的两种现代化方式,西方资本主义现代化和中国式现代化在处理人与自然的关系方面,有着明显的不同。

资本主义现代化的展开,不仅伴随着黑奴贸易、殖民掠夺等血腥的暴

---

① 《习近平关于科技创新论述摘编》,中央文献出版社 2016 年版,第 24 页。
② 习近平:《在庆祝中国共产党成立 100 周年大会上的讲话》,《人民日报》2021 年 7 月 2 日。

力事件，而且也伴随着对自然界的巨大破坏。资本主义在发展现代化的过程中，通过两次工业革命带来了生产力的巨大飞跃。煤炭资源的大量开发和利用，在带来高额的经济收益的同时，也带来了空气污染、水质恶化等自然生态问题。比如说有"雾都"之称的伦敦之所以经常出现多雾、酸雨等天气，就和他们对自然环境的破坏紧密相关。对于上述问题，恩格斯有过经典论述："但是我们不要过分陶醉于我们人类对自然界的胜利。对于每一次这样的胜利，自然界都对我们进行报复。每一次胜利，起初确实取得了我们预期的结果，但是往后和再往后却发生完全不同的、出乎预料的影响，常常把最初的结果又消除了。"① 在资本主义现代化中，"人类对自然界的胜利"主要体现在通过改造利用自然界的方式促进生产力的飞速发展及物质财富的极大增加，"自然界对人类的报复"主要通过各种生态环境恶化体现出来。尽管在资本主义现代化后期，发达资本主义国家开始意识到自然环境的重要性，开始通过各种方式来保护环境，但是其早期对生态环境的破坏确实是不可逆的。

与资本主义现代化方式相反，中国式现代化强调和主张在推进现代化的过程中，要实现人与自然的协调发展，进而建构起人与自然和谐共处的生命共同体。习近平总书记多次强调："人与自然是生命共同体，人类必须尊重自然、顺应自然、保护自然。人类只有遵循自然规律才能有效防止在开发利用自然上走弯路，人类对大自然的伤害最终会伤及人类自身，这是无法抗拒的规律。"② 从中国式现代化的目标追求来看，美好生活和美丽中国建设是中国式现代化的重要内容，而无论是美好生活的实现抑或是美丽中国的建设都包括人与自然关系的和谐。因此，中国式现代化强调和追求的是人与自然和

---

① 《马克思恩格斯选集》第 3 卷，人民出版社 2012 年版，第 998 页。
② 《习近平谈治国理政》第 3 卷，外文出版社 2020 年版，第 39 页。

谐共生的现代化。新时代在中国式现代化的实践进程中，我们不断强调"青山绿水就是金山银山"的发展理念，不断探索具有中国特色的生态文明建设。经过长时间的不懈努力，绿色发展理念、绿色生活方式被广为接受。综上所述，我们认为中国式现代化在发展问题上实现了人与自然的和谐相处，初步建立起人与自然的"生命共同体"，这既是中国式现代化的重要内容，也是中国式现代化超越西方资本主义现代化的重要表现之所在。

2. 人与社会的协调发展

人类在现代化的进程中，不仅需要处理好人与自然之间的关系，而且需要协调好人与社会之间的关系。社会是人的存在方式，是人类生活的重要载体，如何处理人与社会之间的关系就成了无数智者不断思考的终极话题。在这一问题上，西方资本主义现代化和中国式现代化呈现出两种不同的发展方式。

在资本主义现代化的历史进程中，人的价值被资本的价值所遮蔽。资本家为了榨取工人阶级的剩余价值，通过各种手段人为地将人与社会对立起来。西方资本主义现代化所建构的虚幻的社会共同体，进一步凸显了人与社会之间的矛盾和冲突，而且伴随着资本在全球范围内的扩张，资本主义现代化所塑造的这种人与社会之间的矛盾从资本主义社会迅速蔓延至全世界。也就是说，以资本逻辑为主导的资本主义现代化，以资本所代表的"物"作为现代化的发展指标，存在着见物不见人的异化现象，在创造大量物质财富的同时却造成人的精神世界空虚、价值信仰缺失等多方面的异化现象。[①] 所以马克思在《1844 年经济学哲学手稿》中指出："劳动的现实化竟如此表现为非现实化，以致工人非现实化到饿死的地步……对对象的占有竟如此表现为

---

① 杨荣刚：《中国式现代化道路蕴含的辩证逻辑及其实践要求》，《马克思主义研究》2022年第 2 期。

异化，以致工人生产的对象越多，他能够占有的对象就越少，而且越受自己的产品即资本的统治。"①

与资本主义现代化造成物对人的遮蔽、见物不见人的异化不同，中国式现代化将人放在发展的中心地位，不断协调人与社会之间的关系进而促进社会和谐，最终达到建设美丽中国的目的。2006 年 10 月，党的十六届六中全会正式提出建设和谐社会的重大理念。会议指出，"社会和谐是中国特色社会主义的本质属性，是国家富强、民族振兴、人民幸福的重要保证。我们要构建的社会主义和谐社会，是在中国特色社会主义道路上，中国共产党领导全体人民共同建设、共同享有的和谐社会"。②2007 年，党的十七大正式将"和谐"写入党章，要求"建设富强民主文明和谐的社会主义现代化国家"。③2017 年，党的十九大将"美丽"写入党的指导思想，并将其作为社会主义现代化强国建设的重要目标追求，要求"为把我国建设成为富强民主文明和谐美丽的社会主义现代化强国而奋斗"。④先后将"和谐""美丽"写入党的指导思想并作为中国式现代化的发展目标，不仅反映了我们对社会主义现代化的认识不断深入，而且也体现了中国式现代化是以人为本的现代化，是不断实现人与社会和谐发展的现代化。

3. 人与人的协调发展

人与自然之间的关系主要通过生产力的方式表现出来，而在生产力的诸要素中人是最积极、最重要的要素。同样，人与社会之间的关系主要表现为社会关系，而人又是社会关系的主体，离开了人就无法形成社会，更无所谓社会关系了。因此，人与自然的关系及人与社会之间的关系，归根结底最终

---

① 《马克思恩格斯选集》第 1 卷，人民出版社 2012 年版，第 51 页。
② 《十六大以来重要文献选编》下，中央文献出版社 2008 年版，第 753 页。
③ 《十七大以来重要文献选编》上，中央文献出版社 2009 年版，第 9 页。
④ 《习近平谈治国理政》第 3 卷，外文出版社 2020 年版，第 10 页。

还是表现为人与人之间的关系。在人与人之间关系这个问题上，西方资本主义国家的现代化和中国式现代化呈现出两种不同的目标追求与价值旨趣。

从字面意义上讲，资本主义社会就是资本至上的社会，就是以资本为中心的社会。在这个社会形态中，资本增殖的逻辑统摄人的一切关系，人与自然之间的关系及人与社会之间的关系都必须匍匐在资本增殖的逻辑之下，它们都必须服从资本逻辑及资本关系的控制。因此在资本逻辑主导下的资本主义现代化，人被视为工具而不是目的。在这种现代化模式之下，人的发展被资本增殖的追求所遮蔽，人与人之间的关系被异化为资本之间的关系，见物不见人的异化现象随处可见，人被异化为一个抽象的劳动力符号。对于上述现象，马克思曾犀利地指出，"这个时期，甚至像德行、爱情、信仰、知识和良心等最后也成了买卖的对象，而在以前，这些东西是只传授不交换，只赠送不出卖，只取得不收买的"。[1] 显然，马克思这里所说的"这个时期"指的就是资本主义时期，就是资本主义现代化的历史时期。在这一时期，人与人之间的关系被资本之间的关系所笼罩，人与人之间关系的丰富性变成冷冰的、没有丝毫感情色彩的资本关系。

与资本主义社会中人的关系异化的情况相反，在社会主义社会，我们强调和追求的人的自由全面发展。1848 年马克思在《共产党宣言》中指出，"代替那存在着阶级和阶级对立的资产阶级旧社会的，将是这样一个联合体，在那里，每个人的自由发展是一切人的自由发展的条件"。[2] 因此在中国式现代化的进程中，我们高扬人的价值，注重人的自由全面发展。在中国式现代化的历史进程中，我们不仅保障人的物质层面的发展，也关注人的精神领域需求的实现。也就是说，中国式现代化在发展过程中将人从资本中

---

① 《马克思恩格斯全集》第 4 卷，人民出版社 1958 年版，第 79 页。
② 《马克思恩格斯选集》第 4 卷，人民出版社 2012 年版，第 647 页。

解放出来，打破了笼罩在人身上的各种物的束缚。相比于资本主义现代化中人与人的关系被资本关系所遮蔽，在中国式现代化中人与人之间的关系就是现实的、具体的人的关系。这种人与人之间关系的现实性及具体性主要表现的是人从自己的生存发展的立场出发来实现自己的社会关系，用马克思的话来说，就是实现了"对人的本质力量的占有"①。中国式现代化不仅为人与人之间关系的现实性、具体性提供条件和可能，同时还对人与人之间的关系提出基本要求，即社会主义核心价值观中的个人层面"爱国、敬业、诚信、友善"的内容。

（三）中国式现代化是具有民族特色的现代化

中国式现代化不仅是解决中国问题的现代化，而且也是发生在中国的现代化。发生在中国也就意味着这种现代化的历史进程必然会带有中国色彩，中国式现代化中的"式"就是对这种现代化的中国色彩、中国特征的高度概括与凝练。我们认为，中国的现代化之所以能够称之为中国式现代化，其中非常重要的一个原因就是中国式现代化具有非常浓厚的民族色彩，这种民族色彩既体现为民族复兴是中国式现代化的重要使命，也体现为民族文化是中国式现代化的文化基因。

1. 民族复兴是中国式现代化的重要使命

作为发生在人类重要历史节点上的现代化进程，资本主义现代化和中国式现代化具有很多不同之处。其中在使命层面，西方资本主义的现代化的目标是单维的即国家维度，实现国家现代化是资本主义现代化的唯一目标。与此相对，中国式现代化的目标是双重维度的，即国家维度和民族维度。前者强调的是现代化的一般意义即实现国家的现代化，后者侧重的是中国式现代化的民族特色即实现中华民族伟大复兴。因此当我们分析和研究中国式现代

---

① 《马克思恩格斯全集》第3卷，人民出版社2002年版，第318页。

化的民族特色的时候，民族复兴这个视角是不可回避的。

1840 年鸦片战争以后，中国逐步成为半殖民地半封建社会，国家蒙辱、人民蒙难、文明蒙尘，中华民族遭受了前所未有的劫难。[①] 因此近代以来无数仁人志士都在寻求救国救民的道路，力图在实现国家解放、民族独立的过程中实现民族复兴。这一任务历史性地落到中国共产党身上，实现中华民族伟大复兴是中国共产党义不容辞的历史使命，也是中国式现代化的基本任务。经过近百年的艰辛探索与艰苦奋斗，中国共产党带领中国人民实现了从"站起来""富起来"到"强起来"的伟大历史飞跃，中华民族伟大复兴迎来了光明的历史前景。习近平总书记指出，"在中国共产党领导下，全国各族人民团结一心、艰苦奋斗，我国改革开放和社会主义现代化事业加速发展，人民生活得到根本改善，我国社会主义制度极大巩固和发展，我们迎来了中华民族实现伟大复兴的光明前景"。[②]2022 年，习近平总书记在党的二十大上论述中国共产党的中心任务时进一步明确指出，"从现在起，中国共产党的中心任务就是团结带领全国各族人民全面建成社会主义现代化强国、实现第二个百年奋斗目标，以中国式现代化全面推进中华民族伟大复兴"。[③] 显然，"以中国式现代化全面推进中华民族伟大复兴"这一重要论断充分说明了民族复兴是中国式现代化的重要使命。中国共产党之所以能够带领中国人民迎来了民族复兴的光明前景，其中非常重要的一点就在于我们形成和开辟了中国式现代化道路。通过中国式现代化，我们实现了物质文明、政治文明、精神文明、社会文明、生态文明的协调发展，重新彰显了中华优秀传统文化的

---

① 习近平：《在庆祝中国共产党成立 100 周年大会上的讲话》，《人民日报》2021 年 7 月 2 日。

② 《习近平谈治国理政》第 2 卷，外文出版社 2017 年版，第 48 页。

③ 习近平：《高举中国特色社会主义伟大旗帜　为全面建设社会主义现代化国家而团结奋斗——在中国共产党第二十次全国代表大会上的报告》，人民出版社 2022 年版，第 21 页。

生机和活力，凝聚了中华民族的自信心和自豪感，为实现中华民族伟大复兴奠定充分的现实条件。

2. 民族文化是中国式现代化的文化基因

现代化在人类历史发展进程中占有重要地位，既是人类社会发展的客观要求，也是人类实践活动的经验总结。现代化的展开不仅需要各种物质条件，而且也和各种思想文化资源密不可分。无论是西方资本主义国家的现代化抑或是中国式现代化，都离不开现代化主体背后所蕴含的文化要素。因此当分析中国式现代化的民族特色时，我们不仅要关注中华民族伟大复兴的现代化使命，而且也要强调中国式现代化的文化基因，即中华民族优秀传统文化为中国式现代化的形成注入了文化基因。在一定意义上也可以说，中国式现代化是喝着中华优秀传统文化的"乳汁"茁壮成长的。

早在 1956 年，毛泽东就强调，"中国应当对于人类有较大的贡献"。[1]毛泽东在新中国成立之初之所以自信地发出这样的感慨，既与我们国家疆域广大、人口众多的客观国情紧密相关，其中也有传统文化的影响。我们认为，中国式现代化的发生不可避免地会受到中华优秀传统文化的影响。中国式现代化道路的开辟与定型，首先是从中华优秀传统文明中孕育而生，一代代先进的中国人不断将中华传统文明发扬光大，进而为中国式现代化的形成提供了民族文化的力量。[2]其次，从内容上看，实现中华优秀传统文化的创新性转化与创造性发展是中国式现代化在文化建设方面的重要内容。习近平总书记强调，"推动中华优秀传统文化创造性转化、创新性发展"[3]是我们进行新时代中国特色社会主义文化建设的重要内容。最后，从结果上看，中国式现代化深化了中华传统文明的内涵，拓宽了传统文明的外延，将中华文化的发

---

[1] 《毛泽东文集》第 7 卷，人民出版社 1999 年版，第 157 页。

[2] 阮华容：《中国式现代化新道路的文明底蕴》，《学校党建与思想教育》2021 年第 19 期。

[3] 《习近平谈治国理政》第 3 卷，外文出版社 2020 年版，第 18 页。

展推向一个新的发展高度与发展阶段。

（四）中国式现代化是以人民为中心的现代化

无论是中国式现代化还是西方资本主义国家的现代化，人都是现代化进程中的最重要主体。从一般意义上讲，现代化应该是依靠人、为了人、发展人的手段和方式。但是在西方资本主义国家现代化的历史进程中，人被从主体性地位中拉了出来，人被资本所遮蔽和代替。在这一过程中，人从目的变为手段，从现代化的主人变为现代化的奴仆，作为人的发展的手段的现代化变成了奴役人、压迫人、异化人的工具。与西方资本主义国家现代化相反，中国式现代化始终高扬人的旗帜，始终将人放在现代化最中心、最关键的环节。在中国式现代化的形成发展过程中，我们始终坚持以人民为中心的发展思想，将人的现代化作为中国式现代化的重要内容，将共同富裕是中国式现代化的基本目标。

1. 人的现代化是中国式现代化的重要内容

著名的现代化研究者在通过考察西方现代化发展历程后强调："人的现代化是国家现代化必不可少的因素。它并不是现代化过程结束后的副产品，而是现代化制度与经济赖以长期发展并取得成功的先决条件。"[①] 西方资本主义国家在实现现代化的过程中虽然也强调人的现代化，但是他们只是将人的现代化作为资本增殖的工具，人的现代化只是现代化的"副产品"而已。与此相反，中国式现代化，是社会主义的现代化。社会主义是社会至上的社会，是社会中心的社会，而社会又是由无数个体组成的，因此社会主义社会就是人民至上的社会，就是以人民为中心的社会。在中国式现代化的历史进程中，我们始终关注人、实现人、发展人，将人的现代化作为中国式现代化

---

① ［美］阿历克斯·英格尔斯：《人的现代化——心理·思想·态度·行为》，殷陆君译，四川人民出版社 1985 年版，第 8 页。

的重要组成部分。习近平曾经指出,"现代化的本质就是人的现代化"。[①] 人类历史的发展规律表明,国家的现代化发展必须依靠人;中国式现代化的目的是为了人;中国共产党执政的宗旨是服务人。

人既是现代化过程中最重要的核心要素,也是现代化的目标追求之所在。中国式现代化在人的现代化目标及人的现代化内容方面,都取得了前所未有的建设成果。从根本目标来说,中国式现代化力争为实现人的自由全面发展创造条件。马克思和恩格斯在《共产党宣言》中旗帜鲜明地指出,未来社会"将是这样一个联合体,在那里,每个人的自由发展是一切人的自由发展的条件"。[②] 在中国式现代化的过程中,我们将人的自由发展与全面发展结合起来,进而为人的自由全面发展的实现创造条件。从具体内容来说,人的现代化包括以绿色、创新、协调、开放、共享等素质为核心的能力的现代化和素质的现代化。[③] 中国式现代化的实践过程中,通过各种手段不断地来提升广大人民群众的思想道德素质和文化素养,进而为人的现代化提供各种便利条件。

2. 共同富裕是中国式现代化的基本目标

人类自进入文明社会以来,始终将建立美好社会作为自己的终极追求,在这一美好社会中,全体社会成员的共同富裕是一个基本要求。为了实现这个人类对美好的理想社会的追求,无数的人类智者进行了不懈的努力。这些智者的思考中,既有西方的"理想之国",也有东方的"小康社会",还有空想社会主义的"乌托邦"梦想,但它们都受社会发展客观条件的限制无法实现。

当人类社会的前进脚步踏入近代,迈入资本主义社会的历史阶段时,生

---

① 《十八大以来重要文献选编》上,中央文献出版社 2014 年版,第 594 页。

② 《马克思恩格斯选集》第 1 卷,人民出版社 2012 年版,第 422 页。

③ 张三元:《以新发展理念推动和引领人的现代化》,《思想理论教育》2021 年第 8 期。

产力发展水平空前提高，共同富裕的实现及美好社会的建设具备最基本的物质条件和物质基础。但是在以资本增殖为主导逻辑的社会里，在一个资本至上的社会里，共同富裕是不可能实现的。在资本主义社会，由于资本家占据了生产资料，只能是"工人必然会越来越穷"①。因此依托资本主义社会所形成的现代化发展道路，既不可能将全体人民的共同富裕作为基本目标，在结果上也不可能实现全体人民的共同富裕。作为阶级社会的最高发展阶段。

　　与西方资本主义现代化相反，中国式现代化是以人民为中心的现代化，这一属性就内在地规约着中国式现代化在实践进程中必须把共同富裕作为基本的目标追求。中国共产党自成立以来，就将共同富裕作为社会发展的重要目标追求。1953 年，中共中央印发的《关于发展农业生产合作社的决议》明确规定，党在农村工作的根本任务就是"使农民能够逐步完全摆脱贫困的状况而取得共同富裕和普遍繁荣的生活"。②1955 年，毛泽东在谈及社会主义改造时强调："现在我们实行这么一种制度，这么一种计划，是可以一年一年走向更富更强的，一年一年可以看到更富更强些。而这个富，是共同的富，这个强，是共同的强，大家都有份，包括地主阶级。"③改革开放后，邓小平从社会主义本质的高度论述了共同富裕的重要性。邓小平指出"社会主义的目的就是要全国人民共同富裕，不是两极分化"④，"一个公有制占主体，一个共同富裕，这是我们所必须坚持的社会主义的根本原则"⑤。

　　党的十八大以来，以习近平同志为核心的党中央高度重视共同富裕的实践地位，并对共同富裕的战略部署做出具体安排。2021 年 8 月，习总书记在

---

① 《马克思恩格斯全集》第 32 卷，人民出版社 1998 年版，第 183 页。
② 《建国以来重要文献选编》第 4 册，中央文献出版社 1993 年版，第 662 页。
③ 《建国以来重要文献选编》第 7 册，中央文献出版社 1993 年版，第 345 页。
④ 《邓小平文选》第 3 卷，人民出版社 1993 年版，第 110—111 页。
⑤ 《十二大以来重要文献选编》中，人民出版社 1986 年版，第 659 页。

中央财经委员会议上指出,"共同富裕是社会主义的本质要求,是中国式现代化的重要特征,要坚持以人民为中心的发展思想,在高质量发展中促进共同富裕"。① 党的十九届六中全会通过的《中共中央关于党的百年奋斗重大成就和历史经验的决议》明确强调,新时代就是"逐步实现全体人民共同富裕的时代"。② 习近平总书记不仅对共同富裕的重要地位有着清醒的认识,而且对共同富裕的实现也做出周密而具体的部署。党的十九大报告要求,2035年要"人均国内生产总值达到中等发达国家水平,中等收入群体显著扩大,基本公共服务实现均等化,城乡区域发展差距和居民生活水平差距显著缩小",③ 全体人民共同富裕迈出坚实步伐,到 21 世纪中叶全体人民的共同富裕要基本实现。2021 年 6 月,《中共中央国务院关于支持浙江高质量发展建设共同富裕示范区的意见》发布,对浙江共同富裕示范区建设的相关内容作出具体规定。

综上所述,中国共产党在探索中国式现代化的历史进程中,始终将实现全体人民的共同富裕作为中国式现代化的基本目标。党的十八大以来,以习近平同志为核心的党中央在推进中国式现代化的建设过程中,共同富裕建设取得空前的实践成效,共同富裕成为中国式现代化的显著特征和具体表现。

三、中国式现代化的文明价值 ④

作为对资本主义现代化发展道路的超越,中国式现代化不仅具有现代化

---

① 习近平:《在高质量发展中促进共同富裕 统筹做好重大金融风险防范化解工作》,《人民日报》2021 年 8 月 18 日。

②《中共中央关于党的百年奋斗重大成就和历史经验的决议》,人民出版社 2021 年版,第 23 页。

③《中国共产党第十九届中央委员会第五次全体会议文件汇编》,人民出版社 2020 年版,第 6 页。

④ 作为本课题的中期成果,该部分内容的主要观点在学术期刊已以论文的形式发表。

的意义，而且也具有文明价值。当前学术界关于中国式现代化道路与人类文明形态之间关系的研究，主要呈现出如下不同的观点。有专家认为，中国式现代化道路之所以能够开辟一种新的文明形态，主要是因为实现了中华文明的换羽重生、实现了对传统社会主义文明的超越、提出了文明互鉴的科学态度。①有专家从文明新形态的当代出场、历史逻辑、实践逻辑、理论逻辑四个方面，对中国式现代化新道路塑造人类文明新形态的逻辑架构进行分析和阐释。②有学者从文明视野来审视中国式现代化道路，认为中国式现代化道路探索了现代文明与社会主义文明、中华文明与社会主义现代文明、中华文明与人类文明之间的关系，破解了"历史终结论""西方中心论""文明冲突论"等人类文明发展的现代难题。③除此之外，也有专家从对资本主义文明超越的角度，来论述中国式现代化道路的文明价值，他们认为中国式现代化道路"以人民为中心"超越"以资本为中心""五位一体"全面推进超越"资本盈利"片面追求、走和平发展道路超越对外殖民侵略、构建人类命运共同体超越世界霸权体系。④综上所述，我们认为中国式现代化道路的文明价值，主要表现在增强人类文明发展的物质基础、提出人类未来发展的文明理念、引领人类文明形态的历史变革及破解人类文明发展的现代难题等四个方面。

（一）中国式现代化道路，增强人类文明发展的物质基础

人类文明是以物质文明为基础的一个综合体，其他各种的文明内容及文

---

① 杨振闻：《从"文明蒙尘"到"人类文明新形态"——中国式现代化道路的文明旨归》，《求索》2022 年第 1 期。

② 管宁：《人类文明新形态的民族文化叙事——中国式现代化新道路的文化旨归》，《学习与探索》2021 年第 9 期。

③ 田鹏颖、武雯婧：《文明视野中的中国式现代化新道路》，《学校党建与思想教育》2021 年第 19 期。

④ 刘军、李爱华：《中国式现代化道路对资本主义文明逻辑的超越》，《中共中央党校（国家行政学院）学报》2022 年第 2 期。

明形式都是以物质文明为基础。如果离开物质文明的发展，整个人类文明就会停滞不前。因此中国式现代化道路的文明价值首先表现在物质层面，即增强人类文明发展的物质基础。

1. 人类文明建立在一定的物质发展基础之上

自人猿相揖以来，人类便通过各种方式来改造自然和利用自然，进而在此基础上建立起文明社会。对自然界的改造以及利用，从结果上看就表现为人类社会的各种物质成果。也就是说，任何一种人类文明形态的形成和发展，都必须有一定的物质基础和物质前提。如果没有物质的发展及物质文明的增长，人类文明的演进和发展只不过是一句空话而已。

在马克思主义的唯物史观那里，实践和劳动被视为人类文明发展和进步的基础。马克思强调，"全部人类历史的第一个前提无疑是有生命的个人的存在"[①]。文明，既是人类实践活动的客观结果，也是人的存在方式。人是文明的主体，历史是人类文明的时空展开，人类通过文明的传承而不断发展。马克思强调，"现实的个人，是他们的活动和他们的物质生活条件，包括他们已有的和由他们自己的活动创造出来的物质生活条件"[②]。在人类历史发展的长河中，无论是人的存在抑或是人类文明的延续和发展，都离不开建立在实践基础上的物质条件。

马克思在论述资本主义工业文明的时候始终坚持实践的观点，认为实践是促进文明发展的终极动力，而文明的发展和进步反过来又会给实践提出新的要求。马克思指出，"文明程度的提高，这是工业中一切改进的无可争议的结果，文明程度一提高，就产生新的需要、新的生产部门，而这样一来又引起新的改进"[③]。在这里，马克思强调了工业发展对人类文明进步的重要

---

① 《马克思恩格斯选集》第 1 卷，人民出版社 2012 年版，第 146 页。
② 《马克思恩格斯选集》第 1 卷，人民出版社 2012 年版，第 146 页。
③ 《马克思恩格斯文集》第 1 卷，人民出版社 2009 年版，第 102 页。

影响。在论述文明的力量及文明的影响时，马克思进一步指出，"文明国家的实力与野蛮国家的相比，都相应地增强了。只有文明国家才有庞大的铁路网，那里的人口增长迅速，比如与俄国相比要快一倍"。[1] 文明国家的力量之所以比野蛮国家的力量增强，文明国家之所有能够有庞大的铁路网和迅速增加的人口，主要原因就在于他们的生产力发展比较迅速，就在于他们能够凝聚比野蛮国家更丰富的物质基础。也就是说，任何一种文明形态都必须建立在一定的物质基础之上。

2. 中国式现代化对人类文明发展的物质贡献

既然任何一种文明形态都必须建立在一定的物质基础之上，那么中国式现代化所带来生产力的快速发展及巨大的物质财富，从本质上讲都为人类文明的发展奠定了一个扎实的物质基础，这个物质基础也是中国式现代化对人类文明发展的物质贡献。我们以中国式现代化进程中所带来的经济增长为例，来认识和分析中国式现代化为人类文明发展作出的物质贡献。这个物质贡献可以从中国国内生产总值占世界的比重及中国对全球经济增长的贡献这两个方面来予以说明。

从改革开放以来中国的国内生产总值占全世界的比重来看，中国经济发展的物质基础越来越扎实。改革开放之初的 1980 年，中国的国内生产总值（GDP）占全球的 1.69%；1990 年这一数字是 1.59%；2000 年中国的国内生产总值占全球的比重是 3.60%，比 10 年前扩大了 2 个百分点；2010 年这一数字是 9.2%，比 2000 年提高了 5.5 个百分点；2020 年中国的 GDP 为 14.72 万亿美元，在全球的占比为 17.38%，比 2010 年又提高 8 个百分点。[2]2021 年我

---

① 《马克思恩格斯文集》第 2 卷，人民出版社 2009 年版，第 333 页。

② 付敏杰：《中国对世界经济增长的贡献：1980—2020——新发展格局的增长史回顾与全球审视》，《河北学刊》2022 年第 1 期。

国的 GDP 总量约为 17.7 万亿美元，占全球的比重超过 18%。[①] 显然，改革开放以来我国的经济快速发展，经济总量不断登上新的台阶，这一成果的取得与中国式现代化道路紧密相关。

从改革开放以来中国经济发展对全球经济增长的贡献来看，这一数据是在不断上升的，也就意味着中国对全球经济增长的贡献是不断上升的。2017 年 1 月 17 日，习近平主席在世界经济论坛开幕式上指出："国际金融危机爆发以来，中国经济增长对世界经济增长的贡献率年均在 30% 以上。这些数字，在世界上都是名列前茅的。从这些数字可以看出，中国的发展是世界的机遇，中国是经济全球化的受益者，更是贡献者。"[②] 有专家对改革开放以来中国对全球经济增长的贡献做一个统计，统计结果显示：1980—1990 年间，中国对全球经济增长的贡献是 1.48%；1990—2000 年这十年，中国对全球经济增长的贡献为 7.81%；2000—2010 年间，这个数字是 14.99%；2010—2020 年中国对全球经济增长的贡献高达 46.57%。[③]2021 年 1 月 17 日，国家统计局局长宁吉喆在国务院新闻办公室发布会上强调，我国经济增长对世界经济增长的贡献率预计达到 25% 左右，成为引领世界经济恢复的重要力量。[④] 显然，新时代以来，中国已经成为全球经济增长的第一贡献者。这一地位的取得与中国式现代化道路密切相关，从一个侧面反映了中国式现代化道路不断增强人类文明发展的物质基础。

中国作为一个人口基数大、发展底子薄、社会矛盾多的社会主义国家，在探索中国式现代化道路的过程中，保持了经济高速发展和社会长期稳定

[①] 《"十四五"中国经济开局良好》，《人民日报》2022 年 1 月 18 日。

[②] 《习近平谈治国理政》第 2 卷，外文出版社 2017 年版，第 484 页。

[③] 付敏杰：《中国对世界经济增长的贡献：1980—2020——新发展格局的增长史回顾与全球审视》，《河北学刊》2022 年第 1 期。

[④] 《"十四五"中国经济开局良好》，《人民日报》2022 年 1 月 18 日。

的两大奇迹。我们带领十四亿人实现了全面建成小康社会的历史壮举，这在人类发展史上都是一个奇迹。在探索中国式现代化的实践历程中，我们坚持从实际出发，通过实践的观点不断地深化对社会主义本质的认识，不断地接近中华民族伟大复兴中国梦的实现。因此我们可以自豪地说，通过中国式现代化道路创造的伟大物质文明的成就，显著增强了人类文明发展的物质基础。

（二）中国式现代化道路，彰显人类文明发展的现代理念

在人类未来文明发展的过程中，首先需要发展理念的问题，即秉持何种文明发展理念。在实践中，人类文明是多元的还是一元的、人类文明有没有高下优劣之分、人类文明是封闭的还是开放的、人类文明彼此之间是包容还是排斥等问题，都是迫切需要解释和回答的问题。在资产阶级看来，资本主义文明是人类文明发展的终极形态，人类文明发展的弧线在资本主义社会这里停止了。但是中国式现代化道路，用自己的实践为人类文明的发展提供了崭新的文明理念。2019 年 6 月 14 日，习近平主席在上海合作组织成员国元首理事会上强调，"我们要珍惜本地区文明多样性这一宝贵财富，摒弃文明冲突，坚持开放包容、互学互鉴，为各国人民世代友好、共同发展进步注入持久动力"。[1] 中国式现代化以自身的探索历程及发展成就向世界昭示了一个重要的文明理念，即人类文明应该是多样的、平等的、包容的文明。

1. 中国式现代化昭示人类文明是多样的文明

在前文我们已经反复提及，文明是人类实践活动的客观结果，也是人类生活的存在方式。由于地理位置、气候条件等客观自然因素的差异，不同的民族必然会形成不同的实践活动及社会生活，而不同的实践活动及社会生活

---

① 习近平：《凝心聚力　务实笃行　共创上海合作组织美好明天——在上海合作组织成员国元首理事会第十九次会议上的讲话》，《人民日报》2019 年 6 月 15 日。

经过长时间的积淀，又必然会形成不同的文明形态。因此从这个意义上讲，人类文明应该是也必须是多元的，这种多元性是构成人类文明存在和传承的重要方式。

在资本主义社会之前，由于交通条件的限制，不同文明之间的交流相对较少，因此不同文明形态之间保持着一种多元并存的景象。但是历史发展到资本主义社会的时候，人类文明多元并存的发展模式出现空前的挑战。资产阶级通过工业革命改变了人类的生产生活方式，使人类改造自然界的能力空前提高。马克思在《共产党宣言》中指出，"资产阶级在它的不到一百年的阶级统治中所创造的生产力，比过去一切世代创造的全部生产力还要多，还要大"。①资产阶级以工业革命所带来的先进生产力为后盾，以廉价商品和坚船利炮为武器，在全球范围内不断倾销其价值观念及生活方式。一时间，资本主义就被视为文明的代名词，非资本主义就是野蛮、愚昧、落后的同义词。马克思很早就注意到这种非正常的情况："你们赞美大自然令人赏心悦目的千姿百态和无穷无尽的丰富宝藏，你们并不要求玫瑰花散发出和紫罗兰一样的芳香，但你们为什么却要求世界上最丰富的东西——精神只能有一种存在形式呢?"②

在人类文明的形态问题上，中国共产党人在探索中国式现代化的过程中旗帜鲜明地强调，"文明具有多样性，就如同自然界物种的多样性一样，一同构成我们这个星球的生命本源"③，"各国历史文化和社会制度差异自古就存在，是人类文明的内在属性。没有多样性，就没有人类文明。多样性是客观现实，将长期存在"④。中国式现代化道路的实践探索及发展历程向世界昭示：

---

① 《马克思恩格斯选集》第 1 卷，人民出版社 2012 年版，第 405 页。
② 《马克思恩格斯全集》第 1 卷，人民出版社 1995 年版，第 111 页。
③ 《习近平谈治国理政》第 2 卷，外文出版社 2017 年版，第 464 页。
④ 习近平：《让多边主义的火炬照亮人类前行之路——在世界经济论坛"达沃斯议程"对话会上的特别致辞》，《人民日报》2021 年 1 月 26 日。

包括社会制度和意识形态等在内的人类文明，无论是在内容上还是在形式上都是多元的，资本主义所主张的价值理念、社会制度、意识形态并不是人类文明的唯一选择。

2. 中国式现代化强调人类文明是平等的文明

人类文明是人类实践活动的产物，是人类开展社会生活、进行代际传承的重要方式。从这个意义上讲，不同类型的文明形态彼此之间并没有高低优劣之分。也就是说，文明不仅是多元的，而且也应该是平等的。在人类发展进入资本主义社会之前，不同文明之间由于交流相对较少，因此彼此之间保持相互尊重的态度。但是当人类历史的车轮行驶到资本主义社会的时候，这种相互尊重的平等文明观便发生了翻天覆地的变化。

资本主义通过开辟世界市场的方式，将整个人类文明的发展卷入到资本主义世界体系之中。在资本主义世界体系范围内，正像资产阶级"使农村从属于城市一样，它使未开化和半开化的国家从属于文明的国家，使农民的民族从属于资产阶级的民族，使东方从属于西方"。[①]资本主义所形成的世界体系，在一定意义上就是一个从属体系，即农村对城市的从属、东方对西方的从属。在这个从属体系内，不同文明之间是没有平等地位可言的，从属这一词本身就包含着对平等的排斥和否定。而且资产阶级以自己的社会制度、思维方式、意识形态、价值观念等为尺度，人为地将整个世界划分为文明国家和未开化和半开化的国家。文明国家与未开化、半开化国家的衡量尺度，就是资产阶级所强调的工业文明。凡是已经完成资产阶级工业文明发展的国家就是文明国家，否则就是未开化、半开化国家。显然，当用某种特定的标准来衡量整个人类文明时，不同文明之间相互尊重、相互平等的地位便被打破了。

---

① 《马克思恩格斯选集》第 1 卷，人民出版社 2012 年版，第 405 页。

与资产阶级强调相反，中国共产党人在探索中国式现代化的进程中旗帜鲜明地强调，不同国家和民族的文明应该是平等，文明并没有高下优劣之分。习近平主席在国际场合多次强调，"我们应该尊重各国自主选择社会制度和发展道路的权利，消除疑虑和隔阂，把世界多样性和各国差异性转化为发展活力和动力"[①]，"我们要尊重文明多样性，推动不同文明交流对话、和平共处、和谐共生，不能唯我独尊、贬低其他文明和民族。人类历史告诉我们，企图建立单一文明的一统天下，只是一种不切实际的幻想"[②]。正是坚持这样一种平等的文明观，我们在进行中国特色社会主义现代化建设的过程中，才能够正确对待不同国家、民族的历史传统和文明特性，才能够吸收不同国家、民族的优秀文明成果，做到他山之石、为我所用。

3. 中国式现代化体现人类文明是包容的文明

在人类进入现代社会之前，不同的文明形态彼此之间能够保持一种和平相处、开放包容的交流态度。但是当资本主义国家凭借工业革命完成现代化之后，这一文明交流的态度便发生翻天覆地的变化。资本主义国家通过工业革命率先实现现代化，而后凭借现代化的先发优势在全球范围内推销其生产方式和价值观念，人类历史由此变成"东方从属于西方"的历史。"东方从属于西方"的现实地位，必然会导致东方文明从属于西方文明，这种从属地位内在决定着不同文明之间难以实现相互包容。

从逻辑上讲，文明的多样性及平等性必然要求在实践中坚持一种包容的态度来对待不同文明。开放包容是人类文明发展的基本动力。历史和实践已经反复证明必将进一步证明，只有对不同文明采取一种开放包容的态度，才能合理吸收一切人类文明成果进而发展自己。在近代，清王朝的统治者采取

---

① 《习近平谈治国理政》第 1 卷，外文出版社 2018 年版，第 331 页。

② 习近平：《弘扬和平共处五项原则 建设合作共赢美好世界——在和平共处五项原则发表 60 周年纪念大会上的讲话》，《人民日报》2014 年 6 月 29 日。

闭关锁国的政策，拒绝吸收国外文明成果发展自己，最终只能逐渐陷入半殖民地半封建社会的悲惨境遇。对于这一点，马克思有着深刻的论述："一个人口几乎占人类三分之一的大帝国，不顾时势，安于现状，人为地隔绝于世并因此竭力以天朝尽善尽美的幻想自欺。这样一个帝国注定最后要在一场殊死的决斗中被打垮。"① 近代以来，中国之所以陷入半殖民地半封建社会的困境，其中一个非常重要的原因就是拒绝接受外界文明，进而导致自身文明的活力逐渐下降。

中国共产党成立之后，就秉持一种开放的态度对待人类文化。1940 年毛泽东在《新民主主义论》一文中强调，"中国应该大量吸收外国的进步文化，作为自己文化食粮的原料"。② 1942 年毛泽东在《反对党八股》中要求，"我们还要多多吸收外国的新鲜东西，不但要吸收他们的进步道理，而且要吸收他们的新鲜用语"。③ 1953 年毛泽东在政协会议上讲话指出，"我们这个民族，从来就是接受外国的先进经验和优秀文化的"，"别的民族的好东西，我们从来不拒绝"。④ 改革开放后，邓小平、江泽民、胡锦涛等中国共产党人始终强调要继续吸收借鉴人类文明成果。邓小平强调"无论是革命还是建设，都要注意学习和借鉴外国经验"，⑤ 江泽民指出"我们的社会主义现代化建设，需要继承和发扬中华民族的优秀文化传统，也需要学习和吸收世界各国人民包括在资本主义制度下创造的优秀文明成果"，⑥ 胡锦涛要求"以更加虚心的态度借鉴和吸收人类文明成果、研究和学习各国发展有益经验"。⑦

---

① 《马克思恩格斯文集》第 1 卷，人民出版社 2012 年版，第 804 页。
② 《毛泽东选集》第 2 卷，人民出版社 1991 年版，第 706 页。
③ 《毛泽东选集》第 3 卷，人民出版社 1991 年版，第 837 页。
④ 《毛泽东文集》第 6 卷，人民出版社 1999 年版，第 264 页。
⑤ 《邓小平文选》第 3 卷，人民出版社 1993 年版，第 2 页。
⑥ 《江泽民文选》第 1 卷，人民出版社 2006 年版，第 124 页。
⑦ 《胡锦涛文选》第 3 卷，人民出版社 2016 年版，第 473 页。

进入新时代以来，随着中国对外开放的水平进一步提高，不同文明之间交流、交融的趋势空前加速。正是在这一时代背景下，以习近平同志为核心的党中央继承党的优良传统，坚持"文明互鉴"的理念，在实践中不断吸收人类优秀文明成果。习近平总书记指出，"我们应该以海纳百川的宽广胸怀打破文化交往的壁垒，以兼收并蓄的态度汲取其他文明的养分，促进亚洲文明在交流互鉴中共同前进"。① 在坚持开放包容的文明态度基础之上，中国特色社会主义广泛吸收人类文明成果，进而在此基础上创造性地形成了中国式现代化道路。从某种意义上讲，中国式现代化道路的出现，一方面是文明开放包容的结果，另一方面也为人类文明的发展提供了中国智慧和中国贡献。

（三）中国式现代化道路，引领人类文明形态的历史变革

从哲学的角度来看，存在必然表现为共在，一定是和其他事物的共在而不是自己孤立的存在。任何事物一定是在关系中存在，这是存在的本质也是存在的基本要求。因此从这个角度来看，未来人类文明的发展和变革一定是世界性、公共性、全局性的变革。因此当我们来认识中国式现代化道路引领人类文明形态的历史变革这一问题时，一定要有宏观视角和历史视野。具体来说，本研究认为中国式现代化道路对人类文明变革的引领，主要表现在：以世界大变局为文明变革的历史契机、以世界之问为文明变革的基本方向、以共同价值为人类文明变革的价值取向、以人类命运共同体为人类文明变革的现实方案。

1. 以世界大变局为实现人类文明变革的历史契机

人类文明的形成与发展是对自身实践活动的经验总结，而人类实践活动的展开总是在特定的时空环境下进行。换言之，人类文明的发展与变革与自身所处的时代背景紧密相关。对人类所处时代环境的准确定位与客观认

---

① 《习近平谈治国理政》第 3 卷，外文出版社 2020 年版，第 470 页。

知，既是人类文明发展变革的客观要求，也是文明发展变革的内容组成。如果对自身所处的历史时代的认识和定位不清楚，那么也就意味着对自身实践活动的认识不正确，进而建立在这种认识基础之上所形成的人类文明形态也可能是有问题的。那么，当前人类文明发展变革处在一个什么样的时代背景下呢？

当前人类正处在一个特殊的历史节点，百年未有之大变局是对这个特殊的历史节点及时代背景的准确认识和客观定位。习近平总书记强调，"当今世界正在经历百年未有之大变局，实现中华民族伟大复兴正处于关键时期"。[①] 在一个以不稳定性和不确定性明显增加作为主要特征的时代背景下，人类文明向何处去，是人类存在和发展的一个全球性问题。百年未有之大变局是中国共产党对当今时代环境的客观认识，也为中国式现代化引领未来人类文明的变革和发展提供一个历史契机。

百年未有之大变局的出现，既有历史原因也有现实因素。从历史原因来看，百年未有之大变局是人类社会"世界历史"的最新发展阶段；从现实因素来讲，百年未有之大变局的出现是当今世界不同力量对比发生变化的必然结果。马克思、恩格斯在《共产党宣言》中深刻地指出，"资产阶级，由于开拓了世界市场，使一切国家的生产和消费都成为世界性的了"。[②] 人类历史从民族历史转变为世界历史，其中起主导作用的是资产阶级，人类的"世界历史"在一定意义上也可以说是资本主义主导的历史，是资本主义发展扩张的历史。在这样一个历史语境下，整个人类文明自然是由资本主义文明所主导。但是经过漫长的发展，这个"世界历史"内部的不同力量之间的对比发生变化，原来由资本主义所主导的世界政治经济格局发生巨大变化。这一变

---

① 《习近平谈治国理政》第 3 卷，外文出版社 2020 年版，第 294 页。
② 《马克思恩格斯选集》第 1 卷，人民出版社 2012 年版，第 404 页。

化必然会给人类文明的发展带来重大影响，必将呼唤着新的文明内容和文明形态的出现。从这个角度而言，世界百年未有之大变局的出现为人类文明新形态的出现提供了一个历史契机，为中国式现代化道路的世界意义的彰显提供了客观条件。

2. 以世界之问为实现人类文明变革的基本方向

世界百年未有之大变局的出现，也就意味着之前那种以资本主义文明为终极的文明正遭遇危机。在这一文明危机之中，"世界怎么了""我们怎么办"等一些全球性的重大问题摆在人类社会发展的面前。我们认为，人类文明的建构与发展不是一个概念问题而是一个实践问题，外部世界发生变化必然会导致人类的实践活动发生相应的调整，这一调整又必然会给人类文明的发展变革带来全局性的影响。因此我们认为，在未来人类文明发展变革的过程中，要以破解世界之问为基本方向。

2017年，习近平主席在联合国日内瓦总部演讲时指出："世界怎么了、我们怎么办？这是整个世界都在思考的问题，也是我一直在思考的问题。"[1]同年，习近平主席在"一带一路"国际合作高峰论坛开幕式上强调，"和平赤字、发展赤字、治理赤字，是摆在全人类面前的严峻挑战"。[2]2019年，在中法全球治理论坛上，习近平主席指出，要"破解治理赤字、信任赤字、和平赤字、发展赤字"。[3]以治理赤字、信任赤字、和平赤字、发展赤字为主要内容的世界之问，既是当前人类社会发展所面临的实际问题，也是人类文明发展变革所要破解的根本难题。在具体的实践中，人类社会的发展赤字主要根源于线性进化的发展理性与共同发展的普遍期待相背离，治理赤字的出现在于大国共治的治理理性与国际力量对比的深刻变化相背离，利己主义

---

[1] 《习近平谈治国理政》第2卷，外文出版社2017年版，第537页。
[2] 《习近平谈治国理政》第2卷，外文出版社2017年版，第509页。
[3] 《习近平谈治国理政》第3卷，外文出版社2020年版，第460—462页。

的经济理性与合作共赢的时代潮流相背离是信任赤字出现的哲学根源，自我至上的安全理性与普遍安全的世界梦想相背离是和平赤字出现的深层原因。①那么面对这样一种世界之问，中国共产党所开辟的中国式现代化是如何回答的呢？

中国共产党在开辟中国式现代化道路的过程中，对于以治理赤字、信任赤字、和平赤字、发展赤字等全人类共性问题给出了"中国方案"。中国式现代化道路以全局性、长远性的世界眼光和战略高度来审视世界之问，从内外关系、东西关系、先后关系三重角度给出自己的答案。②2017 年 1 月，习近平主席在联合国日内瓦总部演讲时指出："让和平的薪火代代相传，让发展的动力源源不断，让文明的光芒熠熠生辉，是各国人民的期待，也是我们这一代政治家应有的担当。中国方案是：构建人类命运共同体，实现共赢共享。"③也就是说，中国式现代化道路通过构建人类命运共同体的方式，科学回答了世界之问的内容。

3. 以人类命运共同体为实现人类文明变革的现实方案

前文已经提及，中国式现代化道路通过建构人类命运共同体的方式，实现了对世界之问的科学回答。换言之，中国式现代化在引领人类文明发展变革的过程中，必须以人类命运共同体的构建为现实方案。那么我们应该如何从文明的高度来审视人类命运共同体呢，而人类命运共同体的建设又会有什么样的文明意蕴和文明价值呢？对于这一问题，我们可以从以下几个方面予以理解和回答：

首先，人类命运共同体理念是对马克思主义文明观的继承。作为一种建

---

① 陈曙光：《世界大变局与人类文明的重建》，《哲学研究》2022 年第 3 期。

② 任俊华、李佳森、任彝彤：《"世界之问"与"中国答案"的战略思维》，《湖南社会科学》2020 年第 6 期。

③ 《习近平谈治国理政》第 2 卷，外文出版社 2017 年版，第 539 页。

立在对资本主义批判基础上的理论学说，马克思主义的文明观包括文明的本质、文明的悖论、文明的指向等三方面内容。从文明的本质来看，文明是人类实践活动的产物，是体现在人类实践活动中的本质力量，"是实践的事情，是社会的素质"①；从文明的悖论来看，"文明每前进一步，不平等也同时前进一步"②；从文明的指向来看，实现人的自由全面发展是人类文明发展的未来前景。作为以马克思主义武装起来的无产阶级政党，中国共产党是马克思主义文明观的忠实继承者和践行者，在革命、建设、改革等不同时期有效避免资本主义文明存在的文明悖论，不断为人的自由全面发展创造条件，不断创造人类文明的新形态即社会主义的现代文明。③

其次，人类命运共同体理念是对资本逻辑现实困境的超越。近代以来，在资产阶级的推动之下，人类社会从民族历史转向世界历史。这个世界历史的形成由资本主义所推动，因而也由资产阶级所主导。从文明的角度来看，既然这个世界历史由资产阶级推动和主导，那么这个文明体系必然以资本主义文明为主导。换言之，这一时期人类文明的主导形态是资本主义文明。在资本主义文明形态之中，追求资本增殖是这一文明发展的原初动力。整个文明的内容和形式都围绕资本进行展开，资本至上的理念在这一文明中随处可见，资本构成了资本主义文明的最主要内容。但是，资本逻辑也内在地规定着资本主义文明内部之间的矛盾和冲突。资本主义文明必然会导致"单向度的人"的出现，必然会导致贫富差距进一步扩大，也必然会导致国际治理的矛盾不断凸显。上述问题的存在，严重制约和影响着人类未来文明的发展。为了实现人类文明发展的重大变革，中国式现代化强调构建人类命运共同

---

① 《马克思恩格斯文集》第 1 卷，人民出版社 2009 年版，第 97 页。
② 《马克思恩格斯全集》第 9 卷，人民出版社 2009 年版，第 147 页。
③ 杨振闻：《人类文明新形态：出场逻辑与立体呈现》，《吉首大学学报（社会科学版）》2022 年第 2 期。

体，这一理念从某种意义上就是对资本主义所主导的资本主义文明的超越。[①]

最后，人类命运共同体理念是对中华优秀传统文明的创新。人类命运共同体理念的提出，不仅有着深厚的实践基础，而且还有着深厚的历史渊源。换言之，人类命运共同体理念是对中华优秀传统文明的创造性转化和创新性发展。"中华文明源远流长，蕴育了中华民族的宝贵精神品格，培育了中国人民的崇高价值追求"[②]，"要推动中华文明创造性转化、创新性发展，激活其生命力，让中华文明同各国人民创造的多彩文明一道，为人类提供正确精神指引"[③]。人类命运共同体是中国共产党提出引领未来文明发展变革的现实方案，这一方案在提出的过程中毫无疑问会受到中华传统文明的影响。比如说，我们中华文明中"怀柔远人"的天下观、"和而不同"的文明观、"以义为先"的义利观都对人类命运共同体理念的提出具有重要影响。其中，"怀柔远人"的天下观体现了观照世界的天下情怀，"和而不同"的文明观彰显了和而不同的文明追求，"以义为先"的义利观呼唤公平正义新秩序的出现。[④]综上所述，人类命运共同体理念是对中华优秀传统文明的创新。

（四）中国式现代化道路，破解人类文明发展的现代难题

进入 21 世纪以来，各种高新技术的出现极大的解放和发展生产力，人类物质发展进入前所未有的繁荣阶段。但是在这一繁荣的景象之下，人类的现代性发展也面临不少问题，诸如高质量发展的动力不足、发展的整体协调性失序、发展的包容性不够、发展的生态意识不强、发展的互惠性欠缺等。这些问题摆在人类文明进步的面前，我们必须予以解决。在面对和解决上述

---

① 王晓明、姜涌：《人类命运共同体对资本逻辑的审视与超越》，《社会科学战线》2022 年第 4 期。

② 《习近平谈治国理政》第 1 卷，外文出版社 2017 年版，第 158 页。

③ 《习近平谈治国理政》第 2 卷，外文出版社 2017 年版，第 340 页。

④ 陈强、陈吉庆：《人类命运共同体理念的文化价值观基础》，《学校党建与思想教育》2022 年第 8 期。

问题的过程中，中国式现代化提出了自己的答案，成功破解了人类文明发展的现代性挑战和难题。

其一，中国式现代化以创新发展破解高质量发展的动力不足的难题。在人类文明发展及历史演进的过程中，有一个始终绕不开的话题，那就是发展的动力问题。经济社会发展的动力在某种意义上就直接决定着发展道路的选择，不同的发展动力可能会导致产生不同的社会结构及文明形态。在资本主义社会，发展的动力主要来源于资本增殖这一逻辑，资本家对剩余价值的追求成为资本主义发展的内在动力。马克思曾经形象地描述过资本家对资本增殖的疯狂追求："资本害怕没有利润或利润太少，就像自然界害怕真空一样。一旦有适当的利润，资本就胆大起来。如果有10%的利润，它就保证到处被使用；有20%的利润，它就活跃起来；有50%的利润，它就铤而走险；为了100%的利润，它就敢残酷践踏一切人间法律；有300%的利润，它就敢犯任何罪行，甚至冒绞首的危险。如果动乱和纷争能带来利润，它就会鼓励动乱和纷争。"[①] 显然，在资本增殖这一原动力的驱使之下，整个资本主义的生产方式、社会制度、价值观念、文明形态等都围绕资本服务。为了实现资本增殖的目标和要求，大量的低效发展、重复发展层出不穷，高质量发展动力不足成为一个突出的问题。换言之，在资本增殖的逻辑下，人类社会不可能完成高质量的发展。进入新时代以来，以习近平同志为核心的党中央针对高质量发展动力不足的问题，创造性地提出了创新发展的理念，并将其作为中国式现代化的重要发展理念之一。习近平总书记指出，"世界经济发展的动力源自创新"，"我们应该抓住机遇……加快新旧增长动力转换，共同创造新的有效和可持续的全球需求，引领世界经济发展方向"。[②] 在创新发展

---

① 《资本论》第1卷，人民出版社2004年版，第871页。
② 《习近平关于科技创新论述摘编》，中央文献出版社2019年版，第9—10页。

这一新理念的指引下，中国式现代化大力推动创新驱动建设，通过创新来实现高质量发展。2021 年，中国通过《专利合作条约》提交的国际专利申请达6.95 万件，连续三年位居世界第一。2021 年，中国的创新指数排名位居全球第 12，连续 9 年提升，是前 30 名中的唯一的发展中国家。[①] 综上所述，中国式现代化通过创新发展成功地破解了当前人类社会发展高质量动力不足的难题。

其二，中国式现代化以协调发展破解发展的整体协调性失序的难题。人在发展过程中扮演着核心角色，承担着关键性任务，发展的主体是人，发展的目的是人，发展的动力也是人。而人的发展和需求又是多方面的，从这个角度来看，发展也应该是包括政治、经济、社会、文化、生态等要素在内的发展。在不同的历史阶段，人类发展的侧重点是不同的。在奴隶社会、封建社会及资本主义社会，人类发展主要侧重于物质发展，这一点在资本主义社会表现得尤为明显。在资本逻辑的影响之下，在自由竞争的驱动中，资本家疯狂地进行各种物质生产，进而导致资本主义的发展出现整体性失序的问题。所谓的整体性失序主要表现在两个方面，一方面，发达资本主义国家与第三世界国家之间的发展差距越来越大，另一方面，资本主义内部存在着各方面发展不平衡的问题。早在 1915 年，列宁就明确强调，"经济和政治发展的不平衡是资本主义的绝对规律"。[②] 第二次世界大战之后，各种信息技术的发展带来物质生产力的极大解放，资本主义发展整体性失序的问题更加突出。与资本主义发展整体性失序相对比，中国式现代化在发展的过程中更加强调发展的整体性和协调性。协调发展就是中国式现代化发展道路的主要内容，也是其基本特征。习近平总书记指出，"协调既是发展手段又是发展目

---

① 高乔：《创新持久驱动中国经济增长》，《人民日报》2022 年 5 月 16 日。
② 《列宁全集》第 26 卷，人民出版社 2017 年版，第 367 页。

标，同时还是评价发展的标准和尺度"，"协调是发展平衡和不平衡的统一，由平衡到不平衡再到新的平衡是事物发展的基本规律"。① 在具体的发展过程中，中国式现代化不仅实现了物质文明、政治文明、精神文明、生态文明、社会文明的协调发展，而且也实现了城乡、区域等之间的协调发展。

其三，中国式现代化以开放发展破解发展的开放包容性不够的难题。在人类历史处于"民族历史"的发展阶段，由于客观条件的限制，不同民族之间的交流相对较少，彼此之间发展的开放包容性问题尚未凸显。但是当人类历史的前进车轮进入"世界历史"的发展阶段之后，人类发展就面临一个开放包容的问题。在"世界历史"发展阶段，不同民族和文化之间的交流空前频繁，如何处理不同民族发展所采取的方式成为人类社会发展的重要议题。在资本主义实现现代化的过程中，采取了一种形式上开放包容但实质上排斥不同文明形态的发展道路。所谓形式上开放包容指的是资本主义在全球范围内建立起了世界市场，实现了资金、原材料、产品等生产要素在全球范围内的自由流动。这种流动从形式上是自由的，是开放包容的，但是实质上这种开放包容却是不平等的。这种不平等主要表现在资本主义发达国家通过先发优势占据发展主动，进而通过这种先发优势来进一步巩固自己的发展地位，在全世界建立起一个资本主义主导的发展体系。随着发展的进一步深入，资本主义发展的开放包容性问题越来越突出。美国前总统特朗普打出"美国优先"的旗号，发达资本主义国家的贸易保护主义不断抬头。在上述因素的影响之下，整个人类社会发展的不稳定性不确定性越来越突出。在当前人类社会发展开放包容性不足这个问题面前，中国式现代化提出了新的发展理念和发展主张。中国式现代化通过开放发展的理念和方式，来破解当前发展的开放包容性不够的难题。习近平总书记强调，"人类的历史就是在开放中发展

---

① 《习近平谈治国理政》第 2 卷，外文出版社 2017 年版，第 205—206 页。

的。任何一个民族的发展都不能只靠本民族的力量。只有处于开放交流之中，经常与外界保持经济文化的吐纳关系，才能得到发展，这是历史的规律"①，"以开放促改革、促发展，是我国改革发展的成功实践"②。改革开放以来，中国式现代化在实践探索的过程中不断提高对外开放水平，开放的领域更宽，坚持引进来与走出去的方针，实现信息、技术、资金、人才等生产要素的优势互补，为实现人类发展的开放包容性做出了自己的贡献。

其四，中国式现代化以绿色发展破解发展的生态意识不强的难题。在进入近代之前，人类对自然界的利用和改造的水平极其低下，人类社会的发展并不存在现代意义上的生态问题。但是进入近代以后，人类在自然科学方面取得巨大成就，在自然科学的推动之下先后开展了三次工业革命。工业革命的开展极大地解放和发展了生产力，给人类带来前所未有的物质财富。对此马克思有着明确的论述，"资产阶级在它的不到一百年的阶级统治中所创造的生产力，比过去一切世代创造的全部生产力还要多，还要大"。③但与此同时，人类的生产实践活动也给自然环境带来极大的破坏，恩格斯曾警告道："我们不要过分陶醉于我们人类对自然界的胜利。对于每一次这样的胜利，自然界都对我们进行报复。"④大自然对人类进行报复，主要是通过各种生态环境问题表现出来。人类对自然的"胜利"越巨大，自然对人类的报复就越猛烈。21 世纪以来，随着各种高新技术的发展，人类改造和利用自然界的能力空前提高，上至浩瀚星空，下至深海大洋，都是人类开发利用的地方。但与此同时，人类的生产实践活动给自然界也带来了一系列越来越突出的难以弥补的臭氧层破坏、全球气候变暖、海平面升高、极端气候频发等自然生态

---

① 习近平：《摆脱贫困》，福建人民出版社 1992 年版，第 108 页。
② 《习近平关于社会主义经济建设论述摘编》，中央文献出版社 2017 年版，第 25 页。
③ 《马克思恩格斯选集》第 1 卷，人民出版社 2012 年版，第 405 页。
④ 《马克思恩格斯选集》第 3 卷，人民出版社 2012 年版，第 998 页。

环境问题。在这样一个时代背景下，中国式现代化探索出来一条绿色发展新道路。习近平总书记强调，"建立绿色低碳发展的经济体系，促进经济社会发展全面绿色转型，才是实现可持续发展的长久之策"。[①] 在绿色发展理念及绿色发展道路的指引下，中国政府强调力争在 2030 年前实现碳达峰，2060年前实现碳中和。为了实现这一目标，2021 年，中国政府宣布不在境外修建新的火力发电项目。同年印发的《2030 年前碳达峰行动方案》进一步提出，到 2025 年，新型储能装机容量达到 3000 万千瓦以上；到 2030 年，抽水蓄能电站装机容量达到 1.2 亿千瓦左右。由此可见，中国式现代化道路不仅用绿色发展破解发展的生态意识不强的难题，而且用绿色发展理念和绿色发展方式为人类社会发展做出中国贡献。

其五，中国式现代化以共享发展破解发展的互惠性欠缺的难题。从哲学的角度来说，存在的本质就表现为共在，即存在一定是在一种关系中的存在。从这个意义上而言，整个人类的存在就是相互依存、相互影响的共同体。这种共在的存在本质，就内在地规约着整个人类发展应该是一种共同性发展，应该是一种互惠性发展。在人类进入资本主义社会之间，不同民族进行为数不多的交流，基本上是一种平等互惠的交流。但是当历史的车轮滚动至资本主义社会之后，资产阶级通过各种手段在全世界范围内建立起资产阶级政治经济国际秩序。这个国际秩序由资产阶级所推动，由资产阶级所主导，因此在实践活动中必然维护资产阶级的利益。这样一来，在这个国际政治经济格局下，人类的发展就不可能是一种平等的、互惠的发展。资产阶级在全球范围内建立起"中心—半边缘—边缘"的发展格局，居于核心的地位的是欧美发达资本主义国家，而广大第三世界的发展中国家属于边缘地带，

---

① 习近平：《与世界相交　与时代相通　在可持续发展道路上阔步前行——在第二届联合国全球可持续交通大会开幕式上的主旨讲话》，《人民日报》2021 年 10 月 15 日。

始终处在被剥削、被压迫的不平等的发展地位。在这种国际格局及发展道路之下，发达国家越来越富裕，广大的发展中国家越来越贫穷，发展的不可持续性问题越来越突出。在这样一个时代背景及历史境遇下，中国式现代化提出了共享发展的发展理念。在共享发展理念的指引下，中国政府通过各种方式来实现发展的普惠性，其中突出表现就是推进"一带一路"建设。"一带一路"贯穿欧亚大陆，东边连接亚太经济圈，西边进入欧洲经济圈。无论是发展经济、改善民生，还是应对危机、加快调整，许多沿线国家同我国有着共同利益。中国的发展离不开世界，世界的发展也离不开中国。习近平总书记曾经指出，"中国人民张开双臂欢迎各国人民搭乘中国发展的'快车'、'便车'"。[①] 综上所述，中国式现代化通过共享发展的理念，成功地破解发展的互惠性欠缺的难题，为全人类发展的共享性与普惠性贡献了中国智慧。

---

① 《习近平谈治国理政》第 2 卷，外文出版社 2017 年版，第 484 页。

第二章
中国式现代化对人类物质文明的伟大贡献

　　中国式现代化对人类物质文明的发展主要指中国共产党带领中国人民在推动物质生产、改善物质生活方式、创新发展理念等方面形成的物质成果的总和。物质文明是以经济建设为核心的，其主要内涵"经济发展的现代化"[①]，是整个社会现代化水平的重要衡量标志。"中国共产党人以经济建设为中心推动物质文明发展"[②]，在短短的 70 多年的经济建设中完成了西方几百年经济现代化的成果，创造了人类物质文明发展史上的中国奇迹，创造了"人类文明在物质生产方面的新形态"[③]，为第三世界国家发展物质文明提供中国智慧，重塑人类物质文明发展的世界图景。

一、中国式现代化推进物质文明发展的历史进程

　　世界各国现代化的发展道路多次证明，现代化的发展必须要以国家安

---

①　杨金海：《人类文明新形态提出的深远历史意义》，《思想理论教育导刊》2021 年第 7 期。

②　方世南、马姗姗：《从"五位一体"的文明协调发展把握中国式现代化新道路和人类文明新形态》，《思想理论教育》2021 年第 11 期。

③　王伟光：《中国特色社会主义创造"人类文明新形态"和"中国式现代化道路"》，《哲学研究》2022 年第 9 期。

定和稳定先进的社会制度为根本前提。近代以来，如何寻求民族独立、创造先进的社会制度、开启现代化的探索之路，是中国面临的时代之问和民族之问。历史证明，只有中国共产党才能带领中国建立先进的社会制度，获得民族独立和人民解放，只有社会主义才是中国进行现代化最契合的社会制度，能够最大程度释放物质生产力的发展，为国家富强奠定物质根基。在新民主主义革命时期，中国共产党的首要任务就是寻求民族独立和人民解放，为现代化发展创造根本的前提条件。当然，在新民主主义革命时期，中国共产党在经济建设探索中产生了许多新思想和实践成果，为新中国成立后经济发展奠定了坚实基础。新中国成立后，中国式现代化推动物质文明发展历经"艰辛探索—成功实践—推进拓展"的历史进程。

（一）新中国成立到改革开放前物质文明发展的艰辛探索

新中国成立后，经济现代化建设提上议事日程。面对长期战争对国民经济的破坏，我们党通过土地改革、调节物价、改革工商业等一系列经济建设工作，迅速实现了国民经济的恢复调整，全国的工农业生产总值完成了对以往历史的全面超越。从 1953 年开始，经过四年的时间，创造性地完成对农业、工商业、手工业的社会主义改造，完成从生产资料的私有制到公有制的经济改革。伴随经济改革的发展，新中国面临的主要矛盾已经不再是资本主义与社会主义的矛盾，而是转变为"人民对于建立先进的工业国的要求同落后的农业国的现实之间的矛盾""人民对于经济文化迅速发展的需要同当前经济文化不能满足人民需要的状况之间的矛盾"。[①] 由此，如何快速推动经济发展、建立现代化的工业、不断满足人民对经济文化发展的新需要，成为社会发展的根本任务。党的八大明确要求把国家的工作中心转移到社会主义建

---

① 《中国共产党第八次全国代表大会关于政治报告的决议》，《人民日报》1956 年 9 月27 日。

设上来，提出推进经济发展、科技改革的一系列举措。经过"五年计划"等一系列经济政策的实施，从 1956 年到 1966 年的十年间，中国的经济发展迅速，农业产量大幅度提升，工业总产值规模化增长，新兴产业大量涌现，科技成果突出，为发展更高水平的经济现代化奠定了良好的物质前提。从 1966 年到 1976 年的十年间，受"文化大革命"的影响，中国的经济取得了一定的成果，但也遭受了巨大的挫折，经济发展的步伐变缓。

总体来说，从新中国成立到改革开放前中国经济发展呈现艰难探索的特征，既有突出成就，又遭遇到挫折，为进一步经济现代化建设奠定了物质准备。这一时期，中国式现代化推进物质文明探索主要呈现以下特征：

一是以"四个现代化"推进中国式现代化。1954 年，周恩来在《政府工作报告》中首次阐述，面对经济落后的状况，要想摆脱贫困，走上富强，就要建立起"强大的现代化的工业、现代化的农业、现代化的交通运输业和现代化的国防"。① 现代化的工业、农业、交通运输业和国防形成了我们党对中国式现代化的最初理解。此后，毛泽东提出："建设社会主义，原来要求是工业现代化，农业现代化，科学文化现代化，现在要加上国防现代化。"② 毛泽东首次提出"科学文化现代化"，凝练和丰富了现代化的结构要素，形成了"四个现代化"的最新表述。1963 年，周恩来将"科学文化的现代化"改动为"科学技术现代化"，将"四个现代化"的核心内容最终确定下来，成为中国式现代化的重点发展方向。毛泽东科学谋划"四个现代化"的全面推进问题，提出分"两步走"的工业现代化建设战略部署，首先建立现代化的工业体系，整体提升工业现代化程度，其次要将工业现代化接近世界先进水平，跻身世界前列。周恩来针对"四个现代化"的发展问题，提出科技现代

---

① 《周恩来选集》下，人民出版社 1984 年版，第 132 页。
② 《毛泽东文集》第 8 卷，人民出版社 1999 年版，第 116 页。

化是关键，只有实现科技现代化，才能让中国的现代化走在世界的前列。毛泽东提出，面对经济和技术落后的状况，必须要敢于独立探索，"打破常规，尽量采用先进技术"①，才能摆脱落后状况，走出自己的现代化发展之路。在"四个现代化"建设中，我国实现了完整工业体系的初步建立，完成了"两弹一星"等重大科技成果的突破，奠定了经济现代化发展的坚实物质基础。

二是以实现工业现代化为核心推进中国式现代化。强大的工业是现代化的重要标志，关系国家的经济发展、国防力量和民生发展。早在新民主主义革命时期，毛泽东就高屋建瓴地提出，要发展经济，建立新式工业，才能得到人民支持。②新中国成立后，毛泽东进一步提出工业化关系国家富强、国防强弱、人民福祉。③1956 年，毛泽东在"论十大关系"的报告中进一步明确，要以发展重工业为重点，妥善处理经济发展和人民内部矛盾问题，调动一切要素，推动经济发展。与西方战争、殖民、侵略等血腥的原始积累相比，中国依靠工业现代化的建设迅速完成了经济财富的创造，工业生产力显著提高。全国资本存量从 1952 年的 400 亿元上升至 1978 年的 6430 亿元，增长了约 16 倍，每年增速高达 11.3%，工业基础设施、农业生产条件、能源生产产量、总发电量、国有资本总量等都达到空前的高度。④虽然，在这段时期内，工业现代化的探索遭遇了一些挫折，但完整的工业体系得以建立，工业强国建设的经济基础得以夯实，奠定了工业现代化和中国式现代化的物质基础。

（二）改革开放到党的十八大物质文明发展的成功实践

改革开放后，中国物质文明发展进入到新的阶段，我们党紧紧围绕如何

---

① 《毛泽东著作选读》下，人民出版社 1986 年版，第 848—849 页。
② 《毛泽东文集》第 3 卷，人民出版社 1996 年版，第 147 页。
③ 《毛泽东选集》第 3 卷，人民出版社 1991 年版，第 1080 页。
④ 胡鞍钢：《中国式现代化道路的特征和意义分析》，《山东大学学报（哲学社会科学版）》2022 年第 1 期。

快速发展经济、满足人民物质需要进行经济现代化建设，创造了物质文明发展的诸多重大成就。1981 年，党的十一届六中全会提出社会主要矛盾的最新表述，明确现阶段主要矛盾为："人民日益增长的物质文化需要同落后的社会生产之间的矛盾"。① 因此，如何提高社会生产、发展经济成为这一阶段物质文明发展的核心。1979 年，邓小平将"小康之家"明确为中国式现代化的阶段性目标。1982 年，党的十二大进一步谋划未来 20 年经济发展，提出从 1980 年到 1990 年的十年经济社会发展，实现全国温饱问题的解决和工农业生产总值翻一番，从 1990 年到 2000 年的十年经济社会发展，实现工农业生产总值在原有基础上再翻一番，人民生活逐步改善，达到小康水平的战略目标。在此基础上，邓小平明确提出"中国式的现代化"② 的概念表述，并详细阐述其发展目标。党的十三大在"两步走"的基础上提出"三步走"的发展目标，明确要在 21 世纪中叶基本实现现代化。由此，中国式现代化与经济发展、物质文明建设息息相关，经济发展的奇迹成为中国式现代化的显著标志。这段时期，我们党突破了以往对"市场经济"和"计划经济"的固有认知，明确市场也好，计划也好，都只是经济发展的手段，并不具备生产关系和社会制度的属性，市场可以成为资源配置的方式和社会主义制度良好结合，促进经济发展。1987 年，预期 1990 年翻一番的第一步战略目标提前完成。1995 年，预期 2000 年翻两番的第二步战略目标提前完成，这也标志着我国人民生活基本达到小康，实现了现代化建设的重大突破和物质文明发展的重大成果。党的十五大上，江泽民首次提出"两个一百年"的奋斗目标和"新三步走"战略部署，进一步明确要在进入 21 世纪的开局十年实现原有基础上的国民生产总值翻一番，要在 2019 年建党百年之际实现社会制度更加

---

① 《关于建国以来党的若干历史问题的决议注释本》，人民出版社 1983 年版，第 63 页。
② 《邓小平文选》第 3 卷，人民出版社 1993 年版，第 54 页。

成熟、国家更加繁荣，要在建国一百年之际基本实现现代化。胡锦涛在党的十七大报告中明确提出了"全面建成小康社会"的新要求。

改革开放初期，伴随改革进入纵深阶段，国内国际局势的较大变化，我们党进一步明确中国共产党在经济发展中的领导核心地位，明确市场经济的发展方向。进入 21 世纪，面对经济快速发展带来的问题，我们党提出了"科学发展观"，推动经济更加科学、高质量发展。总体来说，这段时期中国式现代化推动物质文明发展主要有以下特征：

一是以社会主义市场经济推动中国式现代化。对社会主义市场经济的探索是我们党经济现代化的重大成果，也是中国式现代化快速发展的核心推动力量。在改革开放之前，人们往往习惯性地把社会主义与计划经济捆绑在一起，片面理解市场是资本主义的产物，与社会主义是对立的，这种狭隘认知长期存在，成为社会主义经济发展的桎梏。针对这种错误认知，邓小平明确，市场并非天然具有制度属性，"社会主义为什么不可以搞市场经济，这个不能说是资本主义"。[①] 由此，我们开始创造性地建设社会主义市场经济，遵循经济建设规律，将市场与政府良好结合起来，最大限度发挥市场对经济发展的重要功能。

改革开放初期（1978—1992），伴随市场的放开，经济发展带有自发式特性。农村经济成为市场改革的突破口，家庭承包制产生，同时，个体经济、非国有经济逐步发展。国有经济、集体经济市场化改革开始，企业自主权逐步扩大，市场效能逐步释放。伴随改革的深入（1992—2002），面对市场经济发展中存在的问题，国家开始有计划开展经济体制改革，投资、金融、住房、外汇等经济发展各方面体制在逐步调整适应市场发展需要。进入新世纪后（2002—2012），市场经济改革的主题已由"快速发展"转变为

---

① 《邓小平文选》第 2 卷，人民出版社 1994 年版，第 236 页。

如何"更好更快发展",提高经济发展质量,完善经济制度。正是这段时期,市场经济的逐步完善、市场体制的不断变革造就了中国经济发展的奇迹,让中国有能力进入全球经济竞争中。

二是持续扩大对外开放发展中国式现代化。西方国家现代化的历史表明,任何国家的现代化都不能是故步自封的,需要在不同文明交流中,共享现代化成果,推动自身现代化建设。自20世纪80年代开始,中国就持续不断在扩大开放,设置经济特区,不断扩大沿海城市开放,加入WTO,参与到国际市场之中,引进外国资本,不断吸收国外经济发展的经验、技术,充分发挥国际市场效能,促进自身经济发展。对外开放让中国成为世界性的贸易大国,对外贸易对经济发展的贡献率不断提高,增强了经济发展的活力,不断推动经济结构转型,充分发挥外资对经济发展的贡献,对外经济合作、国际贸易跨越性发展,中国经济对世界经济发展的贡献逐步提升,成为世界经济发展不可或缺的重大力量。与西方现代化之路不同的是,中国对外开放,拥抱世界,主张与世界共享发展,共同建设物质文明繁荣的世界,不会依靠开放走"强国必霸"之路,不会依靠开放走西方经济殖民之路,而是与世界建立"经济共同体"。

三是以共同富裕为中国式现代化物质文明发展的福祉。邓小平提出"贫穷不是社会主义",[①]创造性提出走向共同富裕的"先后"之路,"让一部分人、一部分地区先富起来",以此来激发和带动"后富"发展的动力,进而带来"共同富裕"。[②]中国式现代化面向的是全体人民,具有广泛的群众基础,是由人民创造、人民共享的现代化,并非是贫富分化、阶级对立的现代化。为实现共同富裕的现代化之路,我们党制定了由"解决温饱—总体小康—全

---

① 《邓小平文选》第3卷,人民出版社1993年版,第255页。
② 《邓小平文选》第3卷,人民出版社1993年版,第237页。

面小康"的共同富裕之路。1990 年底，第七个五年计划的完成，标志我国绝大多数人温饱问题得到解决。[①] 2000 年，伴随"第二步走"战略目标的完成，为进一步提升小康的质量和人民的生活水平，进一步提出"全面小康"的发展目标。可见，这段时期我们党对现代化的理解逐步深入，致力于建设更高水平、更高质量的物质文明，不是为了发展而发展，是面向人民福祉的发展，具有道义和价值上的先进性。中国式现代化是全体人民共同富裕的现代化，体现了中国式现代化推动物质文明发展的价值超越性，与以往任何物质文明发展方式形成鲜明对比，表明我们党对中国式现代化认识的发展，为人类物质文明发展作出伟大贡献。

（三）新时代物质文明发展的推进和拓展

党的二十大报告提出："中国式现代化是物质文明和精神文明相协调的现代化。"[②] 党的十八大以来，中国式现代化更加注重高质量增长，以新发展理念引领发展方向，注重供给侧结构性改革调整，逐步建立起完善的社会主义现代经济体制，不断夯实现代化建设的物质力量，创造满足人民美好生活需要的物质条件，推进和拓展物质文明的发展。党的十八届三中全会针对改革发展中制约经济高质量发展的重大"顽疾"，推动国企、医疗等经济体制变革，明确要求发挥"市场在资本配置中的决定性作用"，通过对"四梁八柱"的改革，推动经济现代化制度体制的完善。[③] 党的十九大在原有"三步走"战略思想的基础上，对第三步进行"升级改造"，进一步明确在全面小康战略目标达成之后，如何推进中国式现代化的阶段步骤，提出在 2020 年

---

① 《中国共产党简史》编写组：《中国共产党简史》，人民出版社、中共党史出版社 2021 年版，第 277 页。

② 习近平：《高举中国特色社会主义伟大旗帜　为全面建设社会主义现代化国家而团结奋斗——在中国共产党第二十次全国代表大会上的报告》，人民出版社 2022 年版，第 22 页。

③ 《中共中央关于全面深化改革若干重大问题的决定》，《人民日报》2013 年 11 月 16 日。

到 2035 年的 15 年时间中，完成"基本实现现代化"的宏伟目标，将最初我们党设想的基本实现现代化目标提前 15 年，2035 年至本世纪中叶，建设成"富强民主文明和谐美丽的社会主义现代化强国"①。党的十九大报告提出："新时代我国社会主要矛盾是人民日益增长的美好生活需要和不平衡不充分的发展之间的矛盾。"②物质文明的发展让中国经济现代化进入新的历史阶段，摆脱了落后生产力的束缚，现代化建设的物质基础愈加牢固，现阶段的经济发展主要受制于发展的不平衡不充分。针对发展不平衡问题，在区域发展方面作出长三角一体化、京津冀一体化等重大部署，对城乡发展不平衡作出乡村振兴、全面脱贫等重大部署，在推进经济效率之时，注重经济发展的平衡。按照购买力评价指标来看，2020 年中国 GDP 占世界总量比重达到 18.4%，是 2012 年 GDP 总量的 1.64 倍，成为世界最大经济体。③中国经济进入快速发展和赶超阶段，经济结构不断优化，新兴科技产业、绿色环保产业对经济发展贡献率不断提升，成为经济强国。2021 年，习近平宣告"我们实现了第一个百年奋斗目标，在中华大地上全面建成了小康社会，历史性地解决了绝对贫困问题"。④中国物质文明发展创造了历史性成就，也是人类物质文明发展的重大成果。在党的二十大报告中，习近平提出"我们党成功推进和拓展了中国式现代化"，⑤明确新时代的十年是不断推进物质文明发展的十年，夯实了现代化建设的物质基础，不断创造满足人民美好生活需要的物

---

① 《十九大以来重要文献选编》上，人民出版社 2019 年版，第 20—21 页。

② 习近平:《决胜全面建成小康社会　夺取新时代中国特色社会主义伟大胜利》，人民出版社 2017 年版，第 19 页。

③ 胡鞍钢:《中国式现代化道路的特征和意义分析》，《山东大学学报（哲学社会科学版）》2022 年第 1 期。

④ 习近平:《在庆祝中国共产党成立 100 周年大会上的讲话》，《人民日报》2021 年 7 月 2 日。

⑤ 习近平:《高举中国特色社会主义伟大旗帜　为全面建设社会主义现代化国家而团结奋斗——在中国共产党第二十次全国代表大会上的报告》，人民出版社 2022 年版，第 22 页。

质条件。

总体来说，新时代中国物质文明发展有以下几个主要特征：

第一，坚持新发展理念，不断推进现代化高质量发展。现代化归根结底是发展的现代化，要通过发展推进新文明的创造，其中发展理念是否对头，从根本上决定着发展成效乃至成败。西方经济的发展让其现代化建设领先全球，但西方经济的发展带有自身不可解决的矛盾，是不可持续的，它以资本逻辑为根本遵循，带来资源的浪费、发展的两极化、全球生态问题等。在改革开放的一段时间内，中国的经济发展注重速度、效益，忽视了发展的均衡和质量，成为掣肘现代化建设的核心问题。那么，对于新时代如何处理好现代化建设中发展与效率、发展与质量的问题，习近平提出"新发展理念"，引领中国式现代化既注重质量和效率，也注重整体和均衡。"新发展理念是一个系统的理论体系，回答了关于发展的目的、动力、方式、路径等一系列理论和实践问题，阐明了我们党关于发展的政治立场、价值导向、发展模式、发展道路等重大政治问题。"[①] 总体来说，这一理念坚持系统的科学方法论，注重发展的质量、效益、协同、整体，明确发展需要依靠创新驱动，不断提升高质量发展，要协调国内国际、城乡发展等，要建设环保绿色的经济形态，以开放的姿态和开放的发展，让全体人民、全人类共享发展成果。新时代，中国经济发展速度领先世界，成功完成14亿人口的全面小康目标，让人口规模巨大的中国走上共同富裕的现代化道路，在世界经济发展中的贡献越来越大，创造了有别于西方现代化的经济发展新道路。

第二，贫困治理成效显著，历史性解决绝对贫困问题。贫困问题是物质文明发展的最大问题，如何解决贫困问题一直以来都是困扰全球经济发展

---

① 习近平：《把握新发展阶段，贯彻新发展理念，构建新发展格局》，《求是》2021 年第9 期。

的难题。马克思看到西方现代化的发展，带来严重的经济两极分化，一级是财富的占有，极度的富裕，另一极则是贫困、被奴役。西方现代化的发展逻辑和发展道路决定这一问题难以得到解决，只能随着发展的不断深入愈发凸显。习近平提出"精准扶贫"的科学方法，明确必须"消除贫困"，要求必须精准把握扶贫对象、精准进行项目安排、精准推进扶贫资金使用、精准做到每户每策、精准实现脱贫目标，确保脱贫工作的细致、精准，保证脱贫成效。同时，精准扶贫工作中，发展先行，依靠发展致富，发展贫困地区教育，制定产业扶贫、生态补偿、社会保障等一系列发展性和兜底性政策，进行精准贫困治理。2020 年，我国农村人口实现全部脱贫，创造了中国式现代化物质文明发展的巨大成就。绝对贫困问题的解决是全民共同富裕的根本前提，只有消除贫困才能确保全民共享现代化发展成果。随着乡村振兴、全面改革的不断深入，相对贫困问题成为解决全体人民共同富裕的下一个阶段性目标。中国能够历史性解决绝对贫困问题，是在党的科学领导下，依靠先进科学的思想和行之有效的贫困治理政策，依靠改革开放的发展效能，推动高质量发展，惠及全体人民，依靠较为完善的经济制度，保障分配的合理性、公平性，协调各方资源、协同推进，依靠贫困治理长效保障机制的建立，推动乡村振兴，区域发展，为世界贡献了贫困治理的中国智慧。

第三，建立现代化的经济体系，不断拓展物质文明发展。新时代，中国经济现代化建设坚持党的领导核心地位，发挥党在领导经济发展中的最大优势，不断提升党领导经济建设的能力；不断深化对经济建设规律的认识，打破束缚经济发展的体制机制弊端，创新经济现代化建设发展理论；坚持以发展谋复兴，推动经济结构升级，经济现代化水平不断提高；完善经济发展的政策制度、体制机制，释放经济制度效能；明确经济现代化是指向人的现代化，以人的发展和需要为根本价值目标；坚持开放发展经济，促进全球经济稳步健康发展。现代化经济体系的建立，中国在经济总量上，成为全球第二大经济体，创造了经济发展速度和质量的"中国奇迹"。在产业结构上，工业现代化成效显著，成为全球性的工业大国，科技创新方面，在许多新兴经济领域实现"弯道超车"，跻身世界先进水平；在生活水准上，全面建成小康社会，人民生活得到全方位、高水准的提升，对物质生活的需要不断升级；在对外开放中，已经成为全球经济发展的关键力量，通过"一带一路"等全球工程，成为引领经济全球化的重要参与者。我们党通过对经济现代化的探索，开创了中国式现代化发展的经济道路，建立了适合中国经济发展的现代化经济体系，为中国式现代化走向更高水平奠定了物质基础。同时，在以经济建设为核心推进物质文明发展过程中，注重物质文明与其他文明的协同推进，以生态文明建设促进经济绿色发展，以精神文明建设提升经济发展的全面性、均衡性，促进人的现代化，以社会文明建设打破束缚经济发展的社会问题，通过"五位一体"的整体推进，不断拓展物质文明发展。

二、中国式现代化推动物质文明发展的本质特征

中国式现代化创造了中国经济奇迹，极大推动了中国物质文明发展。回顾党的百年经济发展历程可以发现，党的领导是中国物质文明发展的根本保障，发展生产力是中国物质文明发展的根本动力，实现共同富裕是中国物质文明发展的最终目标，对外开放是中国物质文明发展的重要动力，"五位一体"整体推动是中国物质文明发展的重要举措。

（一）党的领导是中国物质文明发展的根本保障

党的领导是中国经济现代化建设成就取得和物质文明发展的核心要素，是创造中国经济奇迹的最根本原因。关于党的领导对经济现代化的根本作用，毛泽东首先明确"领导我们事业的核心力量是中国共产党"。[①] 邓小平则

---

① 《毛泽东著作选读》下，人民出版社1986年版，第715页。

直接指出对于中国的现代化建设，如果没有党的领导，四个现代化建设就缺乏"一个力量能够领导进行"。[①] 习近平明确提出党在中国式现代化建设中是"总揽全局、协调各方的"，"党的领导当然要在中心工作中得到充分体现"。[②]总结历史可以发现，党的领导贯穿新中国物质文明发展的始终，是中国物质文明发展成就取得的最根本保障，无论在经济理论创新、经济政策调整、经济体制改革、经济成就取得、经济稳步发展中都强有力体现党的领导，这是中国经济现代化建设成功的根本保障和重要经验，是与西方经济现代化的根本不同所在。

第一，中国共产党不断推动经济理论创新，为物质文明发展提供科学理论指引。在世界现代化建设中，西方经济理论占据主导地位，是全球进行现代化建设的重要理论创新。因此，西方部分学者试图夸大西方经济理论的作用，认为所有国家进行现代化建设必须遵循西方经济发展之路，否则就不能实现现代化建设的成功。对于中国式现代化而言，如果彻底遵循西方经济发展的理论就会完全"西化"，沦为西方经济的附庸，社会主义的经济就不能真正实现发展，就抛弃了社会主义的根本立场。这就决定了在中国进行现代化建设必须创造新的理论，科学引导中国发展，打破西方现代化理论的束缚。我们党坚持以"马"为魂，以"西"为用，以"我"为主[③]的创新方法论，立足中国经济实践，传承发展马克思经济思想，批判借鉴西方现代化理论，探寻社会主义现代化发展规律，明确经济发展的方向和道路，形成了社会主义本质论、市场经济理论、初级阶段论等一系列理论创新成果，指引中国经济朝着科学方向跨步前进。我们党深刻认识到资本主义现代化建设中以"资本为轴心"的巨大弊端，面对西方经济发展无法解决的发展难题，创造

---

① 《邓小平文选》第 2 卷，人民出版社 1994 年版，第 266 页。

② 《习近平关于社会主义经济建设论述摘编》，中央文献出版社 2017 年版，第 318 页。

③ 逄锦聚：《论马克思主义经济学中国化》，《毛泽东邓小平理论研究》2010 年第 6 期。

性形成了"共同富裕理论""精准脱贫理论""科学发展理论""人类命运共同体"等新思想，引领中国分步完成解决温饱、基本小康、全面小康、历史解决绝对贫困、走向共同富裕的历史性成就，指引中国经济发展更加可持续，实现经济发展与生态建设的良性发展，让经济发展更高质量，指引中国经济发展持续贡献世界，推动世界经济共同发展。

第二，党的领导贯穿新中国经济发展的始终，是物质文明建设的领导力量。回顾新中国物质文明发展的历史，可以发现党的领导是物质文明稳步发展的根本因素，党的领导贯穿新中国经济发展的始终。新中国成立之初，我们党就提出要实现"工业的现代化"。1964 年，我们党明确提出"四个现代化"的发展目标，并且预设了实现"四个现代化"的"两步走"发展战略，设想 20 世纪内经济发展走在世界前列。1987 年，邓小平提出经济发展的"三步走"战略部署，对未来 50 多年经济发展的目标进行精准谋划。2017 年，习近平明确了现代化强国建设的"两步走"新战略，对中国式现代化建设作出最新部署。党的十八大以来，面对世界经济发展的复杂变化和国内经济发展的难题，习近平提出"稳中求进工作总基调"[①]的经济发展方法论。"稳"着眼于经济发展的稳定性、平稳性、持续性，在坚持底线原则的前提下，力求防范经济发展中的各种风险挑战，应对经济发展中的瓶颈，实现经济稳步发展；"进"着眼于经济发展的突破性、创造性、前进性，要勇于破除经济发展中的各种体制机制弊端，破除经济发展中的"硬骨头"，在关键领域、关键技术等方面实现突破创新，不断创造经济发展的新成就。习近平针对经济发展中的重大问题，明确新时代经济工作的重心和发展方向，要求在经济新常态中实现新发展，更好处理市场与政府的关系，充分发挥市场效能，推动产业结构转型升级，提出"一带一路""精准扶贫"等经济发展新举措，推

---

① 《习近平关于社会主义经济建设论述摘编》，中央文献出版社 2017 年版，第 332 页。

动中国经济高质量发展，创造经济发展的奇迹。

第三，党的领导是中国巨大经济成就取得的根本保证。经过 70 多年的发展，中国已发展成为世界第二大经济体，完成了解决绝对贫困的历史性难题，实现了对人民的承诺，在世界经济发展中的贡献不断提高，成为世界经济发展的重要力量，为现代化建设奠定坚实的物质基础，这一切伟大成就的取得归根结底离不开党的领导。新中国成立后，我们党在很短的时间内就带领人民实现经济的恢复和"三大改造"，确立了经济发展的体制机制和制度保障，初步建立现代化的经济体系，并在尖端科技领域取得重大突破。十一届三中全会之后，党明确经济建设是国家发展的中心工作，成功推动农业、国有企业、金融业等全面改革，让市场在经济发展中活跃起来，明确国家宏观调控体系，不断推行对外开放，让中国经济呈现出全新样态。党的十八大以来，我们党彻底解决绝对贫困问题，实现了全面小康的目标，中国式现代化建设的物质技术基础愈加牢固。党的二十大报告提出，"高质量发展是全面建设社会主义现代化国家的首要任务"①，从经济体制改革、产业体系革新、乡村经济发展、更高水平开放等多种政策促进中国物质文明发展，创造更高质量的经济现代化。中国经济发展的奇迹获得世界的关注，罗马尼亚的前总理罗曼认为中国经济发展取得的成就，7 亿多人的脱贫工作，对于西方许多政党来说，这样的奇迹简直就是"不可能完成的任务"②。可见，党领导中国经济伟大成就的取得是来之不易的，走出了一条有别于西方现代化经济发展的康庄大道。

（二）发展生产力是中国物质文明发展的根本动力

改革开放之后，关于"何为社会主义""社会主义如何发展生产力"成

---

① 习近平：《高举中国特色社会主义伟大旗帜　为全面建设社会主义现代化国家而团结奋斗——在中国共产党第二十次全国代表大会上的报告》，人民出版社 2022 年版，第 28 页。

② 《中国共产党深刻改变了人类历史的发展轨迹》，《人民日报》2020 年 7 月 1 日。

为发展面临的重大问题，对于这些问题的思考，决定中国如何对待资本主义发展成果、如何确立自身的发展道路、如何走出自己的现代化之路。邓小平创造性地提出，"社会主义的本质，是解放生产力，发展生产力，消灭剥削，消除两极分化，最终达到共同富裕"。[①] 自此，中国式现代化坚持以发展为根本，把发展作为推进现代化的根本动力，将全部工作的重心转移到发展上来，如何破解发展难题、促进生产力发展成为经济发展的核心问题。与西方经济发展形成的自由市场、私有制、对外扩张、贫富分化等根本不同的是，在物质文明发展方面，中国式现代化道路呈现出鲜明的社会主义特性和中华文明特点，更加注重经济发展的质量，强调发展对于现代化建设的重要性，充分发挥市场和政府的作用，以人民的需要为发展的根本目标，走出一条高质量、科学发展的强国之路。

第一，发展生产力，不断解决社会主要矛盾，推动现代化建设不断前进。物质文明的发展和中国经济现代化建设核心是发展生产力，依靠发展推动经济繁荣，物质生产殷实，国家富强。邓小平认为，要发挥社会主义的优势就要有超越资本主义的经济发展质量和速度，就要有生产力的高速发展，而非贫穷和落后。习近平总结中国经济发展的根本原则问题，其中首要原则就是要"发展生产力"。习近平明确，"没有坚持的物质技术基础，就不可能全面建成社会主义现代化强国"。[②] 这是对我国 70 多年经济建设历史经验的总结，也是新时代推进中国式现代化的根本原则。在现代化建设中，曾经一段时间内我们的主要工作发生了偏移，导致经济连续多年负增长，给国家发展带来巨大挫折，这是历史给予的惨痛教训。因此，中国式现代化建设必须坚持发展生产力，必须紧紧抓住发展这个核心，依靠发展追上和赶超西

---

① 《邓小平文选》第 3 卷，人民出版社 1993 年版，第 373 页。

② 习近平：《高举中国特色社会主义伟大旗帜　为全面建设社会主义现代化国家而团结奋斗——在中国共产党第二十次全国代表大会上的报告》，人民出版社 2022 年版，第 28 页。

方。发展生产力就是要在进行经济建设的基础上，不断解决制约社会发展的主要矛盾。新中国成立后，面对"一穷二白"的现代化建设国情，社会发展主要解决国家发展需要先进工业化、人民对经济文化的迅速发展需要与当时我国落后的农业国实际和生产力不能满足人民经济文化需要的实际之间的矛盾。改革开放之后，生产力不断发展，这时制约社会发展的主要矛盾转变为落后的社会生产现实无法满足人民经济文化需要的矛盾。新时代，落后的社会生产已经成为历史，我国经济建设取得历史性成就，人们的物质生活愈加富足，社会发展面向更高质量的物质需要、更高水平的精神需求、更加均衡的经济社会发展，不断实现人民对美好生活的更高需要，在发展中推动我国现代化建设不断前进。

第二，坚持公有制为主体的市场经济之路，不断释放生产力发展的效能。西方发展物质文明，推进现代化发展依靠的是私有制为主体的市场经济道路，让其拥有了现代化发展的物质基础。按照以往的经济发展理论，市场经济似乎是西方现代化的专属，计划和单一公有制是社会主义的代名词，这种狭隘错误的认知成为生产力发展的阻碍。中国的经济发展之路恰恰打破了这种狭隘错误的认知，充分利用市场的功效，发展以公有制为主体、多种经济成分共存的经济体制，走出一条推动经济快速发展的新路。改革开放之初，为发展生产力，推动高质量发展，我国经济发展的理论不断创新，公有制的实现形式不断发生变化，鼓励支持非公经济的适当发展，激发市场发展的活力，创新公有制的基本经济制度。邓小平明确提出，经济发展不能墨守成规，最根本的是要坚持"三个有利于"标准，要在社会主义的前提下促进生产力的发展。党的十五大将非公经济正式纳入经济制度之内，成为推进经济发展的重要部分。2018 年，习近平强调了新时代对待非公经济发展的政策，"三个没有变"更加稳定了经济发展的政策、道路和决心。中国的现代化发展之路，就是经济体制不断改革创新之路，在 70 多年的经济发展中，我们逐渐认识到社会主义经济的本质特征，协调好公有制与多种经济成分的关系，打破束缚经济发展的所有制弊端，推动经济改革走向深入，充分释放不同经济成分对现代化建设的效能。

第三，充分发挥政府和市场在经济发展中的作用，构建中国经济发展的现代化道路。政府和市场要在经济现代化建设中发挥何种作用，居于何种地位，对这两对关系的改革实践，构成理解中国经济发展的主线，也是解读中国经济成就的核心内容，贯穿70多年中国经济发展始终。① 经典马克思主义作家设想，社会主义应该发展国家有计划下的经济政策，而并非发展西方的市场经济，按照这样的设想，政府和市场在经济发展中的作用通常是对立的，对于社会主义国家而言，要发展经济，进行现代化建设，就要以政府为中心，走计划经济之路，而非市场经济之路。西方国家现代化建设实践中，也在不断重新认识市场和政府的关系，不断增加政府对于西方市场经济发展的作用。在中国式现代化建设中，我们党不断探索市场和政府在经济发展中的关系，不断改革政府和市场在经济发展中的地位和作用。改革开放后，首先提出"主辅论"，以政府计划为主，市场则是辅助地位，初步打破原有经济理论，确立了发展市场经济的政策。党的十四大正式提出建立"社会主义市场经济"，建立市场经济发展的市场机制、经济机制和社会管理机制，充分发挥政府调控对经济发展的作用。习近平进一步明确市场和政府的关系，提出在经济建设中要"充分发挥市场在资源配置中的决定性作用，更好发挥政府作用"。② 这样就明确新时代处理政府和市场关系的总方针，充分释放市场的发展效能，改革不适应市场发展的竞争机制、市场要素、体制规则，同时提升政府治理经济的能力，保证经济的平稳、公正和高质量发展。

---

① 谢伏瞻：《新中国70年经济与经济学发展》，《中国社会科学》2019年第10期。

② 习近平：《高举中国特色社会主义伟大旗帜　为全面建设社会主义现代化国家而团结奋斗——在中国共产党第二十次全国代表大会上的报告》，人民出版社2022年版，第29页。

（三）实现共同富裕是中国物质文明发展的最终目标

中国物质文明发展以人民共同富裕、人的全面发展为价值取向，彰显了中国式现代化发展的价值性、超越性和文明性，显著区别于带来人的物化、两极分化、以资本增殖为本的西方现代化，实现了文明新形态的价值建构和价值超越。共同富裕在物质文明层面表现为物质成果的增多，人民实现物质占有的富足，全体人民能共享物质发展的成果，为精神生活共同富裕奠定物质技术基础。当然，共同富裕不仅仅蕴含物质层面的富足，在文明发展的高度更加强调精神层面的富足，是物质生活与精神生活的良性互动发展。换言之，精神生活共同富裕需要以物质为前提，需要以物质为基础，物质生活共同富裕需要走向精神生活共同富裕，实现物质与精神的协调发展。党的二十大报告明确，"中国式现代化是全体人民共同富裕的现代化"[1]。显然，共同富裕的实现需要经过现代化建设的长期探索。在中国物质文明发展中共同富裕具有自身特有的内涵，表现为时间动态上的非同步性，并非是静态的"齐步走"，而是"先富"和"后富"的共同存在；富裕程度上的非平均化，并非是同等的物质财富分配和占有，而是合理可控差距范围内的人民逐步富足；在实现手段上，并非是对社会财富的高度集中，并非是对财富富有方的剥夺，而是依靠科学的制度安排和政策支持，科学实现财富的共享；在财富来源上来看，共同富裕并非是政府高福利制度的产物，并非是不劳而获就可以实现的，而是人民奋斗之下的最终成果，需要全体人民依靠劳动奋斗创造财富。[2]

第一，中国经济发展的最终目标是着眼于人的，是以人为本的物质文

① 习近平：《高举中国特色社会主义伟大旗帜　为全面建设社会主义现代化国家而团结奋斗——在中国共产党第二十次全国代表大会上的报告》，人民出版社 2022 年版，第 22 页。

② 张占斌：《中国式现代化的共同富裕：内涵、理论与路径》，《当代世界与社会主义》2021 年第 6 期。

明。西方经济的发展，"资本是资产阶级社会的支配一切的经济权力"①。在资本的支配下，经济发展的最终目标是满足资本财富的累积，是满足资本扩张的本性，是极少部分人资本的最终占有，而人则沦为资本奴役的对象和工具，屈从于资本，完全成为可以被"物化"和资本化的人，人的发展并非经济发展的最终目标。中国经济的发展是对资本的有效驾驭，资本只是经济发展的手段和工具，经济发展的最终权力来自人民，经济发展的最终目标是人民财富的增多，生活水平的提高，为的是人民美好生活的创造。可以看出，与西方经济发展根本不同的是，中国经济现代化发展是着眼于人的，是推动人的现代化，这里的人就是劳动的人，是具体的经济发展实践主体，是物质文明的真正建立者。因此，一切阻碍人的发展的经济问题都是国家经济治理的重点问题，一切科学合理的物质需要都是经济发展需要满足的。我们的经济改革正是着眼于人民物质财富的增加、物质生活需要的满足，对那些阻碍生产发展、阻碍人民美好生活创造的经济体制机制弊端进行改革，推行合理的社会保障制度、分配制度，实现人民共享发展的成果。

第二，中国经济的发展历程就是人民共同富裕创造的历史过程。新中国70多年经济发展的历史可以划分为三个阶段，共同富裕成为贯穿其中的主线。第一个阶段（1949—1978），在新中国发展之初，最核心目标是改变"一穷二白"的国情，实行经济的改造，建立现代化经济发展的前期准备。这段时期的主要任务是对经济进行科学谋划，建立社会主义经济体系，发展现代化工业，推动生产力快速发展，在较短时间内实现物质财富积累。发展工业化是这一时期现代化建设的主要标志，工业化的推进就是为了实现国家富强，推动人民富足。第二个阶段（1978—2012），邓小平提出共同富裕实现的"两步走"战略，明确共同富裕在发展时间上呈现动态发展，而非"齐

---

① 《马克思恩格斯文集》第8卷，人民出版社2009年版，第31—32页。

步同行"，在实现程度上，允许科学、合理的财富适当差距。这一阶段，中国经济发展取得显著成果，人民摆脱贫困状态，走向小康，不断厚植共同富裕实现的经济基础。第三个阶段（2012—至今），共同富裕加快发展，取得了实质性进展，依靠精准扶贫历史性解决绝对贫困问题，共同富裕的物质基础更加坚实、制度保障更加健全。习近平指出，对于共同富裕来说，"一个也不能掉队"①。中国经济发展带来了世界上人口规模最大的现代化，致力于以社会公正、制度健全、物质富足实现共同富裕。

第三，推进共同富裕是中国物质文明发展的显著标志。马克思曾高度评价资本主义生产的发展，"比过去一切世代创造的全部生产力还要多，还要大"②。正如马克思评价所言，西方现代化之路创造了人类罕见的生产力发展速度和规模，但财富的积累和生产的发展并不必然带来人民的富足，并不必然带来全体人民的富裕。恰恰相反，西方的现代化发展之路带来的是财富的两极分化、贫富差距，带来的是资本主义自身永远无法解决的发展危机。从西方现代化的出场逻辑来看，无论是其理论主张、实践历程，还是价值指向、最终目标，都不是实现人民的共同富裕，都不代表全体人民的利益，而是仅仅代表少部分人，代表资产阶级的利益。习近平提出，"共同富裕本身就是社会主义现代化的一个重要目标"③。中国的现代化不是财富分化的现代化，绝不走西方财富两极分化的老路，也不是财富平均分配的现代化，不是财富的不劳而获，而是依靠科学的制度安排、人民的奋斗、以人为本的价值指向、国家社会发展实现的人民物质生活和精神生活共同富裕。通过对经济"蛋糕"的不断做大、做强，对经济体制的创新发展，通过"两步走"的战

---

① 《习近平谈治国理政》第 3 卷，外文出版社 2020 年版，第 66 页。
② 《马克思恩格斯文集》第 2 卷，人民出版社 2009 年版，第 36 页。
③ 《习近平在中共中央政治局第二十七次集体学习时强调：完整准确全面贯彻新发展理念 确保"十四五"时期我国发展开好局起好步》，《人民日报》2021 年 1 月 30 日。

略安排，通过精准扶贫、"蛋糕"合理分配、社会保障支持，不断夯实共同富裕的实现基础，彰显中国式现代化的价值性和人道性。新时代，面对掣肘共同富裕实现的发展失衡问题、效率和分配公平问题、体制机制问题等，要求不断提升经济治理能力，谋划共同富裕的发展蓝图；不断推动经济发展，奠定共同富裕的物质基础；完善各项制度，提供共同富裕实现的制度保障。

（四）对外开放是中国物质文明发展的重要动力

西方现代经济发展的历史已经表明，任何一个国家单独依靠本国的市场和经济发展是难以实现现代化建设的，融入全球经济市场是现代化发展的必然要求。早在资本主义发展初期，马克思就分析资本增殖的固有逻辑，必然带来世界市场的开辟，全球经济逐步融为一个共同体。相比于西方，中国属于"后发现代化"国家，需要批判借鉴西方现代化发展的经验，充分依靠资本、技术、知识等，让市场活跃起来，发挥国内、国际两个市场作用，提供经济发展的引擎和动力。当然，与西方在现代化原始积累过程中，依托经济军事的强盛进行侵略、经济掠夺、殖民扩张、野蛮占领世界市场、破坏他国经济不同的是，中国对外开放发展经济，是共赢、合作的发展，是平等、公正的经济往来，不对他国进行经济侵略、野蛮掠夺，而是通过自身经济的影响力，促进世界经济的发展，推动人类物质文明的整体进步。党的二十大报告进一步要求"推进高水平对外开放"①，要充分发挥我国市场的天然优势，不断扩大对全球资源的吸引力，提升国内市场的活跃度，实现国内国际市场的资源联动，推进对外开放走向更高质量。可见，中国式现代化的对外开放是对国内、国际市场的最大程度释放，是在自身经济发展的基础上，推动世界经济的共同发展，是在共同的制度、规则之下，实现利益共赢。这与西方

---

① 习近平：《高举中国特色社会主义伟大旗帜　为全面建设社会主义现代化国家而团结奋斗——在中国共产党第二十次全国代表大会上的报告》，人民出版社 2022 年版，第 32 页。

现代化的强权思维、野蛮行径根本不同，代表现代化建设的正确方向。

第一，对外开放发展经济是中国式现代化建设的突出特征。新中国成立之初，毛泽东就要求对于国民经济的发展，我们要坚持"一切民族、一切国家的长处都要学"①。由于历史和时代的制约，这个时期中国的开放只能是有限度的、面向社会主义国家的开放，以出口原材料、进口发展工业化的技术和设备为主。改革开放后，对外开放的程度和范围不断扩大，逐步形成国内国际"两种资源""两个市场"的对外开放理论。中国开始大规模吸纳外资，引进先进的技术，学习西方经济发展的管理经验等。20 世纪 80 年代，我国先后设置经济特区、沿海开放城市，利用沿海地区开放的地理、技术优势，率先建立开放的"窗口"和先行地。20 世纪 90 年代，随着开放的深入，我国提出不仅要坚持"引进来"，利用西方的资本和技术，还应该"走出去"，让中国的商品、技术走向世界，提升开放的质量。2001 年，中国加入 WTO，标志着对外开放进入新的历史阶段，开始在全球经济规则下全面扩大对外贸易、对外投资。新时代，全球经济已经融为一体，面对经济发展的环境变化，习近平提出要"加快构建以国内大循环为主体、国内国际双循环相互促进的新发展格局"②。新时代，我国对外开放早已不再是利用劳动力等优势进行出口的低附加值的开放，而是要通过开放进行技术升级，解决经济发展的"卡脖子"问题，不断提升开放的质量。同时，面对西方金融危机、贸易保护主义、逆全球化趋势的影响，我们的开放更加需要全面打通国内经济循环，促进内外双循环，更加提升对外开放的自主性、主动性、安全性和稳定性。

第二，以开放构建人类命运共同体是中国物质文明发展的全球目标。在

---

① 《毛泽东文集》第 7 卷，人民出版社 1999 年版，第 41 页。
② 《把握新发展阶段，贯彻新发展理念，构建新发展格局》，《人民日报》2021 年 5 月 1 日。

物质文明发展的全球目标上，西方的开放是称霸市场、霸权主义、不平等交往，谋求的是自己唱独角戏、划分势力范围、营造自己经济发展的后花园，往往走向"强国必霸"的道路。西方对外开放的实质是资本主导下的无限扩张和不平等经济交往，是对发展中国家市场的占领和经济的破坏。习近平提出："中国对外开放，不是要一家唱独角戏，而是要欢迎各方共同参与；不是要谋求势力范围，而是要支持各国共同发展；不是要营造自己的后花园，而是要建设各国共享的百花园。"[①]这就表明了中国对外开放的全球立场和经济发展全球目标：谋求的是互利共赢、共享，是平等互惠，而非霸权逻辑，谋求的是不断释放自身的制度优势和经济发展的活力，建立中国与世界经济共同发展的命运共同体。在对外开放实践中，中国倡议"一带一路"构建，已经和全球 140 多个国家、32 个国际组织，确立了 200 多份关于"一带一路"的合作协议。"一带一路"建设让参与的各国在经济贸易、对外投资、国民收入方面实现大幅度增长，相关投资可以帮助"多达 3400 多万人摆脱中度贫困，使 760 万人摆脱极端贫困"[②]，这也是中国对外经济发展对世界物质文明发展作出突出贡献的充分展现。同时，近年来我国在对外经济援助方面领先世界，积极推动同周边国家、世界各国的经济往来，大力支持发展中国家的教育、工业化建设、脱贫工作等，为世界经济发展和物质文明建设，构建人类命运共同体贡献智慧和力量。

（五）"五位一体"整体推动是中国物质文明发展的战略举措

人类文明发展的历史在相当长一段时间内是文明不平衡、不均衡的发展历史。西方现代化建设创造的文明带来物质的高度发达，精神却在一定程度

---

①　习近平：《中国发展新起点　全球增长新蓝图——在二十国集团工商峰会开幕式上的主旨演讲》，《人民日报》2016 年 9 月 4 日。

②　王辉耀：《"一带一路"是构建人类命运共同体的具体实践》，《光明日报》2021 年 11 月 21 日。

上走向荒芜，生态长期遭到破坏，社会治理陷入周期性的混乱和无序。2017年，党的十九大上，习近平提出，我们要统筹推进经济建设、政治建设、文化建设、社会建设、生态文明建设。①在五大文明建设中，无疑物质文明带有根本性，是基础性工程，决定着其他文明的发展高度。物质文明要解决的是经济发展中的生产力和生产关系矛盾问题，它为整个社会文明的建设提供物质资料。邓小平将物质文明确立为发展生产力，在生产发展中全面提高人民生活水平。物质文明的发展，生产力水平的提高，带来精神文明的发展、社会治理的改善、政治文明的发展。中国式现代化发展中，物质文明是核心和根基，精神文明是灵魂和血肉，政治文明是关键和保障，生态文明是基石，社会文明是最终目标，"五位一体"整体文明推进，协调发展，共同构筑中国式现代化的新文明形态的内容要素。②文明的建设从来都不是割裂的，物质文明的发展为其他文明发展奠定物质基础，也需要其他文明提升物质文明的高度。与西方现代化建设过分注重经济增长，带来人的物化、精神的贫瘠、生态的破坏相比，中国式现代化建设注重整体推进，在以经济发展为重点的同时，注重其他文明的协调推进。

第一，中国式现代化发展历经"两位一体"到"五位一体"的历史进程，物质文明的文明水平不断提高。改革开放之后，在经济快速发展的同时，西方的技术和文化纷纷涌入中国，西方自由化、消费主义等错误思潮开始侵蚀人们的头脑，严重挑战精神文明建设。针对物质文明与精神文明发展的不协调，我们党提出要在发展经济的同时，注重人们的思想观念变化，要加强精神文明建设，并且作出具体的战略安排。只有物质和精神的发展还不足以建成完整的现代化，政治制度显然是其中重要的制度支撑，具有制度优

---

① 《习近平谈治国理政》第 3 卷，外文出版社 2020 年版，第 22 页。
② 吴海江：《中国特色社会主义：人类文明新形态》，《理论视野》2021 年第 11 期。

势的社会主义更需要发展政治文明。党的十六大把政治文明确定在现代化建设的"三位一体"布局之中，完善了现代化文明发展的内容。随着改革的深入，社会结构不断调整，社会矛盾发生重大变化，社会建设成为文明建设的重要内容，社会文明成为现代化建设"四位一体"布局的新内容。党的十八大针对发展中存在的不可持续、生态破坏问题，提出建设"生态文明"，至此"五位一体"成为中国文明建设的核心内容。由此可见，中国式现代化开创的新文明形态是在实践探索中逐步形成的，文明的内容在现代化实践中不断丰富和拓展，最终实现文明发展的更高水平、更高质量。

第二，中国式现代化是"五个文明"相协调的现代化。改革开放之初，邓小平就强调现代化建设不能仅仅注重经济发展，"物质文明、精神文明要同步建设"①，不能因为经济发展而忽视精神文化建设。物质文明的发展程度越高，就会更高程度反馈精神文化建设，推动精神文化的繁荣，同时，精神文明的发展，不断增强文化自信，提升思想道德素质，塑造良好社会精神风貌，是物质发展的精神动力，提供生产力发展源源不断的精神支撑。生态文明与物质文明是相伴而生的，发展的不可持续必然会带来生态问题，进而影响发展的质量。绿色科学发展才是可续性发展，是现代化建设需要的发展，能够超越西方现代化发展带来的生态文明，创造美丽生活环境、安全物质产品，推动物质文明健康发展。政治文明、社会文明与物质文明发展息息相关，政治清明、制度优势明显、治理能力不断提升，能够最大限度促进生产的发展，社会和谐、文明程度提高同样能够促进物质文明的发展。"五位一体"整体布局不可分割，"五大文明"建设要整体推进，这五个方面构成现代化建设的重要内容，贯穿文明发展的始终，只有从文明整体性、全局性的角度进行物质

---

① 中共中央文献研究室编：《邓小平思想年编（1975—1997）》，中央文献出版社 2011 年版，第 589 页。

文明建设，才能真正理解物质文明，真正推动物质文明走向更高层次。

三、中国式现代化对人类物质文明的伟大贡献

与西方现代化创造的物质文明相比，中国式现代化在物质文明的经济发展模式、经济制度基础、理想价值目标和世界发展图景上表现出明显的不同，是一种超越西方现代化的人类物质文明新路，铸造了人类物质文明发展史上的中国奇迹，开创人类文明发展的物质新形态，为第三世界国家发展物质文明提供中国智慧，重塑人类物质文明发展的世界图景。

（一）铸造了人类物质文明发展史上的中国奇迹

2018 年，李克强总理在回答中国经济对世界发展贡献问题时说，"中国这些年来对于世界经济增长的贡献率超过 30%"。[①] 中国经济的发展，物质文明的进步，不仅仅造福中国自身，也辐射世界，成为世界经济发展的重要力量。特别是自 2008 年金融危机后，世界经济发展陷入泥潭，中国经济的快速发展有效拉动世界经济的增长，促进了整个世界经济走向复苏。中国式现代化开创的中国经济奇迹、人类减贫奇迹，铸造了人类物质文明发展史上的中国奇迹。从时间维度看，西方经历了 500 多年的经济积累，实现了现代化的物质文明发展，带来了现代化经济的巨大飞跃，而新中国历经 70 多年的经济发展，从 1978 年至今，年均保持 9.4% 左右的经济增速，在极短时间创造了经济发展的奇迹，为现代化建设创造了坚实的物质基础；从规模程度来看，中国在极短的时间内完成了绝对贫困人口的消除，完成了 14 亿人口的现代化建设，这已经超越了西方发达国家的总人口数量，彻底改变了现代化的世界版图，创造了人类空前规模的现代化奇迹。可以说，中国的物质文明发展铸就了人类文明发展史上的中国奇迹，成为世界物质文明发展的新典范。

---

① 《李克强总理会见采访两会的中外记者并回答提问》，《人民日报》2018 年 3 月 21 日。

第一，中国经济发展的巨大成就是人类物质文明发展史上的中国奇迹。新中国成立之初，面对"一穷二白"的国民经济现状，毛泽东感慨现阶段我们"一辆汽车、一架飞机、一辆坦克、一辆拖拉机都不能造"[①]。就是在这种恶劣的经济状况下，经过 70 多年的发展，我们取得了世界经济发展史上的奇迹。有数据统计，在 2013 年至 2019 年之间，在世界经济增速变缓、全球遭遇金融危机影响的情况下，中国生产总值仍然保持年均 7.0% 的增速，比世界平均增速高出 2 倍多，成为现阶段世界经济发展的稳定动力。[②] 可以看出，中国经济发展不仅是自身高速度、稳定性地发展，同时也是对世界经济平稳发展的重要贡献。从经济发展速度来看，2021 年我国的国内生产总值是 1952 年的 1684 倍，人均则从 119 元发展到 80976 元，[③] 中国经济实现全方面跨越式发展，发展速度令世界惊叹，目前已成为世界第二大经济体，形成完整的经济体系，现代化的农业、工业不断发展。中国经济发展的速度、质量都成为世界经济史上的奇迹。中国用了短短 70 多年时间，完成西方 200多年的经济成就，长期保持高速度的经济增速，从速度和时间上来看，这在人类经济发展史上从未发生过。[④] 从经济发展的质量来看，中国走出完全不同于西方依靠资本驱动、完全服务资本和少数人的经济发展之路。不依靠掠夺，而是充分利用国内国际双循环最大程度地发展经济；没有带来生态的不可逆，而是建设绿色经济；没有带来极端的经济分化，而是以全体人民的共同占有为经济发展价值指向。从经济发展的最终目标来看，西方的经济发展

---

① 《毛泽东文集》第 6 卷，人民出版社 1999 年版，第 329 页。

② 李龙强、罗文东：《中国式现代化新道路：历程、特征和意义》，《马克思主义与现实》2021 年第 5 期。

③ 寇美琪、商志晓：《中国式现代化道路的创造性成就与创新性价值》，《东岳论丛》2022年第 4 期。

④ 林毅夫：《新中国成立 70 年和中国经济发展奇迹的解读》，《科学社会主义》2019 年第3 期。

不是以人为目的的，而让物占据了主体，带来了经济发展的诸多矛盾。中国经济发展指向人，是为了人的发展，最终指向人的全面进步。中国的经济奇迹不仅仅指向中国，更是服务世界的经济发展。目前，中国已经成为"世界工厂"①，不断谋求同其他国家的经济合作，在促进自身发展之时，对世界经济的贡献不断提升。特别是近年来，西方经济遭受国内国际复杂局势的冲击，发展缓慢甚至停滞，难以成为拉动全球经济发展的引擎，相反，中国经济的健康发展，对世界经济发展的巨大贡献，正在逐步引导全球经济走向复苏。面对中国经济发展的奇迹，国外学者沃尔夫宣称，美国经济是全球经济的现在，中国经济则是全球经济的未来，这似乎必定会来到。马丁·雅克也预言，面对中国式现代化的发展，全新的世界文明秩序正在生成，世界文明版图的重心将会发生转移。②

第二，中国减贫的巨大成就是人类减贫发展史上的中国奇迹。贫困是世界物质文明发展史上的人类难题，如何解决贫困是人类物质文明发展至今一直思考和实践的主题。贫穷带来的是物质文明发展的受阻，解决贫困成为推进物质文明发展的必由之路。在解决贫困问题中，西方现代化的高速发展，物质的丰富，生产的发达，似乎让人们看到解决贫困的曙光，人们一度备受鼓舞，试图通过西方现代化建设彻底解决全球贫困问题。马克思尖锐批判西方现代化的经济发展模式，认为资本的增殖伴随的是财富的两极分化，财富的一头是富裕、奢侈、浪费、骄奢淫逸，另一头则是"贫困、劳动折磨、受奴役、无知、粗野和道德堕落的积累"③。这让人们清醒看到西方现代化之路

---

① 中华人民共和国国务院新闻办公室：《新时代的中国与世界》，人民山版社 2019 年版，第 24 页。

② 马丁·雅克：《当中国统治世界——中国的崛起和西方世界的衰落》，张莉、刘曲译，中信出版社 2010 年版，第 292 页。

③ 《马克思恩格斯文集》第 5 卷，人民出版社 2009 年版，第 743—744 页。

不仅不能消除贫困，反而制造更多的贫困人口，让广大贫困人口饱受奴役、折磨，成为剥削、牺牲的对象。西方经济陷入自我无法解决的矛盾之中：物质愈发达，资本愈集中，财富更加分化，贫困人口更加增多。中国式现代化发展之路指向人的发展，致力于消除贫困，带来人民的共同富裕。邓小平曾说，如果中国人解决了贫困问题，彻底摆脱贫困，这就"表明占人类四分之一人口的国家做到了这件事，就可以给人类做更多贡献"。[①] 从中国的减贫史来看，从普惠式扶贫到开发式扶贫再到精准扶贫，中国历经几代人的努力，依靠发展生产、经济变革、人民奋斗、发挥制度优势，最终实现了全面脱贫的目标，实现了脱贫史上"一个也不掉队"的人类奇迹，让7亿多的巨大农村人口摆脱贫困，谱写出人类脱贫史上的新奇迹。这也向世界表明，"一个也不掉队"的脱贫不是空想，完成人类历史上"一个也不掉队"的脱贫是可以实现的，增强了人类脱贫的决心，提供脱贫的新范本。从世界脱贫的角度来看，今天全球的发展差距越来越大，假如去除中国巨大人口规模的脱贫，世界的贫困人口反而在增加，中国在全球减贫中地位越来越重要，对脱贫的世界贡献达到70%，对世界物质文明发展带来巨大贡献。[②] 看到中国脱贫的奇迹，英国共产党书记罗伯特·格里菲思给予高度赞扬，认为"这是人类历史上无与伦比的成就"[③]。

（二）开创人类文明发展的物质新形态

中国式现代化创造了"人类文明在物质生产方面的新形态"[④]，实现了人

---

① 《邓小平年谱（1975—1997）》下，中央文献出版社 2004 年版，第 1035 页。

② 周文：《中国共产党百年历程与中国经济发展伟大成就》，《东北财经大学学报》2021 年第 4 期。

③ 《积力之所举　众智之所为——国际社会为中国共产党全球治理观点赞》，《新华每日电讯》2018 年 7 月 2 日。

④ 王伟光：《中国特色社会主义创造"人类文明新形态"和"中国式现代化道路"》，《哲学研究》2022 年第 9 期。

类物质文明的跨越式发展。人类物质文明的发展历经奴隶社会、封建社会、资本主义社会的发展历史。在不同的历史发展阶段，物质文明表现出明显的历史动态性、前进性和文明性特征，可以说历史的前进车轮推动物质文明向着其最理想的目标迈进。马克思设想了社会主义和共产主义阶段的物质文明，那时候的生产力极其发达，社会的物质财富极其丰富，实现按需分配，人们可以从事自己自由喜好的物质生产活动。显然，马克思设想的理想社会是物质文明发展的终极阶段和终极目标，现阶段中国式现代化建设已经展现出社会主义发展生产力的优越性，在这个时代开创出人类文明发展的物质新形态，展现出未来广阔的物质文明发展前景，是顺应时代发展、顺应历史规律、顺应生产力发展需要的物质新形态。物质文明发展程度高低的衡量标准以生产力为最根本指标，以文明的发展性、人道性、持续性、价值性为评价基本准则，物质文明发展受到自身内部生产力各要素的制约，也受制于制度文明、精神文明的发展水平，最大限度释放物质文明的发展潜力，需要与之相适应的生产关系，需要高度的制度文明、精神文明、生态文明。显然，西方现代化创造的物质文明是对人发展的制约而非解放，是财富创造的极端分化而非共同占有，是遵循资本逻辑而非人本逻辑的现代文明。因此，西方现代化的发展之路并非是推进人类物质文明发展的理想道路和现实选择。与西方现代化创造的物质文明相比，中国式现代化在物质文明的经济发展模式、经济制度基础、理想目标和全球目标上表现出明显的不同，是一种超越西方现代化的人类新物质文明形态。①

第一，在物质文明创造的经济发展模式方面，中国式现代化创造了新的发展道路。西方现代化奉行资本逻辑，坚持自由市场的发展道路，以私有制

---

① 何爱国：《中国式现代化新道路的文明内涵、基本特征与重大意义》，《理论与现代化》2021 年第 5 期。

为根本经济基础，在资本积累方面表现出明显的侵略性、不平等性，这种发展模式带来的是资本肆虐，发展缺乏可持续性，通常伴随着不可解决的经济危机等矛盾，带来生态破坏、两极分化，制造了贫困、奴役和广大人民的苦难。总体来说，这种经济发展方式带来历史上生产力的跳跃式发展，创造了巨大的财富，但其自身不可解决的矛盾、资本的不驾驭，必然带来经济发展的最终崩溃和物质文明发展的巨大创伤。中国式现代化在批判吸收西方发展模式的基础上，走出一条以公有制为根基，以最大限度释放生产力为第一要务、实现市场和政府的良性互动，以科学发展理念为引领、推进人的现代化的全体人民共同富裕之路。这条道路更加体现物质文明的人道性，需要以人的发展为最终目标，需要的是人的富裕，以人为本，而非遵循资本逻辑；更加体现对市场和政府作用的发挥，打破"二元对立"的固有观念，充分释放二者对经济发展的推动作用，创新经济发展理论；更加体现文明的持续性，致力于推动文明走向更高水平，展现出远大的发展前景；更加体现文明发展的多样性和平等性，在尊重世界文明多样性的前提下，独立发展自身的文明，不以破坏其他文明为目标。

第二，在物质文明创造的经济制度方面，中国式现代化开创了新的经济制度模式。经济发展需要以制度来推进，确立什么样的制度就会有什么样的经济发展模式，经济制度的好坏就决定经济发展的水平和经济发展的目标，同时，经济制度也作为制度文明的重要组成部分，推动制度文明的发展。西方现代化的经济制度确立了高度自由市场的主导地位，明确经济私有制，反对政府干预。这样的制度设计来源于亚当·斯密等西方经济学家的理论。在他们看来，市场可以自发实现经济最大增殖，只需要明确自由竞争、产权清晰、减少干预，经济就能得到增长，现代化就能实现。马克思批判这种高度依靠自发市场进行现代化建设的西方经济模式，认为这种私有制度之下资本家无限地占有工人劳动所得，生产资料、雇佣劳动都归资本家所有，这种剥削性的生产关系带来资本对人的掠夺、压榨，必须发现一种新的文明取代这种生产关系。中国式现代化的经济制度以公有制为主体，开创出一条发挥市场与政府作用的市场经济，建立起相应的市场制度、价格机制、社会保障机制、宏观调控机制、分配制度等，走出一条不断发展生产力、满足人民需要的发展新路。可以说，中国的经济发展制度是与西方根本不同的，成功开创出有别于西方的、发展中国家走向现代化的经济制度新模式。

第三，在物质文明创造的发展目标指向方面，中国式现代化更富人道性和道义性。西方现代化发展以资本为核心，遵循资本增殖的发展逻辑，根本目标是满足少数人的需要，最终带来的是劳动的异化、人的物化，"在生产中，人客体化，在消费中，物主体化"。①资本逻辑下的发展必然带来资源的疯狂使用、浪费，最终是资源的枯竭，生态的破坏，人被资本主宰，在这样一种生产中，资本主义"追求的西方式现代化是不能实现的，它是人类的一个陷阱"②。近年来，一些发展中国家试图通过西方现代化之路实现经济现代化，反而带来国家发展的混乱和经济发展的停滞。由此看出，这样一种服务少数人的文明、一种资本主导下的文明必将走向文明的崩溃。与西方不同，中国式现代化发展不仅仅着眼于增进生产发展，还在于在生产发展的基础上消除贫困、消灭剥削、消灭两极分化。中国式现代化是全体人民的发展，"一个也不能掉队"，不断满足人民的物质需要，不断创造人民更高需要的物质基础，不断促进人的现代化，最终建设一个物质发达基础上的人的自由全面发展的美好社会。这种以人为本的发展目标和逻辑遵循，能最大限度团结人们的奋斗，带来文明发展的持续性，彰显文明的人道性，具有光明的未来。

---

① 《马克思恩格斯文集》第 8 卷，人民出版社 2009 年版，第 13 页。
② 习近平：《之江新语》，浙江人民出版社 2007 年版，第 118 页。

第四，在物质文明创造的全球视野方面，中国式现代化致力于构建人类共同发展的命运共同体。西方现代化建设中，资本的扩张性决定其不满足于国内的市场和资源，必须要侵入他国的市场和资源，这样在资本逻辑的主导下必然要去抢占世界市场，通过剥削、掠夺等不平等经济交往满足资本增殖的需要。西方几百年的资本积累就是很好的证明。为了扩张市场，他们不惜发动战争，贩卖人口，推行殖民主义，大肆破坏他国经济生产来满足自身发展所需。这种以自我为中心的、具有扩张性的发展模式必然带来霸权主义、强权主义，必然以牺牲他人利益为代价，最终带来的是整个世界市场的崩溃，整个全球贫困的增加，全球生态的破坏，严重破坏世界经济发展。由此可以断言，以资本为主导的现代西方文明，不仅不能带来文明的同步发展，反而制造"文明的冲突"。中国式现代化不走资本的扩张之路，通过劳动、制度设计、文化价值引导驾驭资本发展，抛弃霸权逻辑、资本逻辑，奉行共同治理、共同发展的理念，致力于通过中国的发展带动世界的发展，构建人类共同发展的命运共同体。

（三）为第三世界国家发展物质文明提供中国智慧

经济现代化是现代化建设的重要内容，关乎现代化建设的成败。中国的现代化建设之路带来中国经济奇迹，推动了物质文明的发展，在中国这样一个比世界上所有发达国家人口总数还多的最大发展中国家建设现代化，可以说具有特殊的世界意义。尤其是今天，西方的现代化发展模式被西方人奉为现代化建设的"圣经"，以至于后发民族国家在探索自身现代化建设之时，不自觉会走向西方模式，但盲目移植抑或西方翻版的现代化都很难走向成功。中国式现代化的成功，开创了世界上人口最大国家的现代化，开创了从"一穷二白"到世界第二大经济体的经济奇迹，对于那些后发民族国家具有特殊的意义。中国式现代化推动物质文明的道路不仅仅是中国的，具有明显的外溢性，也是世界经济发展的典范，克服了西方现代化的弊端，建立了适合自己的发展道路和社会制度，完全代表了物质文明发展的新高度和未来发展方向，为第三世界国家现代化建设提供中国经验和借鉴。

第一，打破"现代化就是西方化"的论断，为后发民族国家探索经济现代化建设之路提供重要借鉴。在西方现代化建设思想理论中，许多学者奉行"现代化就是西方化"的论断，认为西方的现代化是"普世的现代化"，任何其他的现代化道路都是行不通的，更有西方学者宣称"历史已经终结"，盲目自诩西方经济制度是通向现代化的唯一道路。西方现代化的巨大成就和先发性让其将自身发展道路奉为现代化的单行轨道，多种道路、多种选择似乎是对现代化的背叛，这些的思维方式和价值理念对后发国家发展现代化带来严重影响。回溯历史，在殖民主义时代，西方国家通过战争、掠夺、殖民的方式摧毁其他现代化的探索之路，将所有国家纳入自己的市场之中。今天，西方国家通过对世界市场规则的设定，通过经济、政治优势，妄图通过霸权和不平等关系控制他国的现代化道路。以拉美地区进行现代化的探索为例，早在 19 世纪，拉美国家就开始了对现代化的探索之路。21 世纪，拉美大多国家陷入经济发展的停滞，采用西方经济发展模式之后，经济不仅没能发展，反而成为西方经济发展的资源地和重要市场，国家发展面临西方打压，带来物价飞涨、两极分化、生态破坏等一系列问题，完全西化的发展模式宣告失败。[①] 如何探索自己的发展道路，既保持独立，又寻得经济发展，这已经成为后发现代化国家进行现代化建设时面对的最大问题。中国的现代化建设之路向世界表明，现代化并非是单向性的，而是多元的、多种模式的、多种道路的，并非必须走西方现代化之路，有时恰恰相反，要走一条批判西方、适合自己的道路。习近平总书记就强调，现代化道路好不好，并非是看

---

① 韩喜平、郝婧智：《中国式现代化道路的世界意蕴》，《马克思主义理论学科研究》2022年第 2 期。

那些戴着有色眼镜的人的抹黑、臆断，而要看自身国家人民的评判。① 中国的现代化发展之路为第三世界国家发展物质文明建设提供了信心，为探索契合自身现代化建设之路提供了重要经验。

第二，遵循"本国的历史和现实"进行现代化探索之路。许多第三世界国家，跟中国类似，都在 20 世纪中叶结束了被侵略、被殖民的历史，成为完全独立的国家。中国依据本国的历史、文化和现实进行自身现代化建设，完全摒弃西方资本逻辑主导的发展之路，主张以人为本，全民共同富裕，共享发展成果，通过和平发展的现代化之路推动物质文明发展。遵循"本国的历史和现实"，依据各国的文化、历史、现实，最终选择一条人民信服，能够增进经济发展，惠及人民的现代化道路是中国现代化建设的宝贵经验，也是中国创造经济奇迹的成功密码。我们既没有走完全西方的道路，又没有走苏联模式的老路，而是在自身"摸着石头过河"的实践之下，吸收全世界现代化的经验，走出一条适合自己的道路。广大发展中国家同样如此，任何现代化的道路，任何经济发展方式都是借鉴性的，只有与自己民族国家的历史、文化、传统、现实结合起来，依据各自国家的特点选择适合自身发展道路，才是现代化的最优解。历史已经表明，完全西方，照抄西方发展模式，不顾自身国情，只会沦为西方的附庸，丢失自身国家发展的独立性，不仅不能促进经济的发展，反而带来严重的经济停滞、经济崩溃问题。亨廷顿对这一问题评价道，西方经过几百年的现代化积累，在发展中遇到一种危机一般能够解决和应付，但是那些后发国家走西方现代化之路就会让各种问题同时出现，各种危机同时需要应付，西方国家尚且不能同时应付多种危机，这样西方现代化建设就不是"示范"，反而在加剧失败的"挫折感"。② 对于后发

① 习近平：《习近平谈治国理政》第 2 卷，外文出版社 2017 年版，第 37 页。

② 亨廷顿：《变革社会中的政治秩序》，李盛平、杨玉生译，华夏出版社 1988 年版，第 47 页。

国家而言，需要准确认知西方现代化道路的优劣，结合自身实际，遵循"本国的历史和现实"，走出一条独立发展的现代化之路，这样才能真正走向现代化。

第三，为第三世界国家进行现代化经济建设提供新样本。中国和绝大多数第三世界国家同属于后发现代化国家，不可避免被卷入西方现代化浪潮之中，不可避免受到西方模式的影响，不可避免受到西方的打压和抵制，不可避免面临复杂的国内国际经济发展局势。因此，同其他第三世界国家一样，中国式现代化建设中同样面对如何在"一穷二白"之下实现工业化、建立现代经济体系，如何处理西方经济发展模式和本国发展实际，如何应对世界市场的冲击，如何快速发展经济的问题。习近平提出，对于广大的后发现代化国家而言，都会面临相同的问题，就是"都面临着加快发展、改善民生的共同使命"①。无疑，发展和民生很大部分属于物质文明发展的范畴，也就是说后发现代化国家要想进行现代化建设都要面临如何快速发展、建设高度物质文明的难题。今天，"中国道路""中国模式""中国式现代化""中国奇迹"已经得到全球的认同，人们看到中国在经济建设、消除贫困、改善民生、服务世界等方面的巨大成就，成为人类文明发展新的力量。与西方现代化道路相比，中国的发展"更加平衡、更少阵痛、更加和谐"②。我们进行的经济建设注重"五位一体"整体推进，注重发展的质量，注重政策的延续，注重人民的感受和需要，注重遵循经济发展规律，更加符合现代化建设的未来走向。中国曾经和现在面临第三世界国家发展经济同样的问题，中国在摆脱贫困、改革经济体制、开放发展、文明交流、民生建设等方面贡献了中国经验和智

---

① 习近平：《弘扬万隆精神　推进合作共赢——在亚非领导人会议上的讲话》，《人民日报》2015 年 4 月 23 日。

② 陈学明、金瑶梅：《中国特色社会主义道路的世界意义》，《中国社会科学报》2012 年 2 月 8 日。

慧，成为后发现代化国家发展的新样本，具有重要借鉴意义。

（四）重塑人类物质文明发展的世界图景

西方现代化的发展打破了原有自给自足、手工作坊式的物质生产方式，经济发展不再局限于有限的商品交换、地域流动，各地割裂的市场被整体卷入世界市场之中，工业生产、流水线、机器制造成为新的生产模式，世界被打造成一个整体市场，没有哪个国家能够逃离这个市场，融入市场发展经济成为大趋势。可以说，资本主义世界市场的开辟带来了人类物质文明的巨大飞跃，创造了前所未有的生产力总量，人类物质文明发展到一个新阶段。然而，资本的特性决定了沿着这条西方现代化道路进行物质文明建设，短暂时间内能够推动人类物质文明的发展，带来物质财富积累，推动社会发展，从长期来看，这种经济发展方式带来的并非具有高度文明前景的、可持续性的、世界共同繁荣的物质文明世界图景，反而会带来人类物质文明发展的诸多危机。资本主义自身无法解决的矛盾，资本带来的剥削、浪费、两极分化、侵略、殖民等都将给世界物质文明的发展笼罩上迷雾，人类需要探寻真正走向更高文明的科学发展之路。中国式现代化发展道路以科学先进的理论为指导，克服和超越西方文明的弊端，是具有远大发展前景的现代化之路，能够重塑人类物质文明发展的世界图景。

第一，西方物质文明发展之路具有自身局限性，不能引导人类物质文明的美好未来。西方物质文明发展的开端就充斥着掠夺、剥削、战争、殖民的血腥，是一条依靠对外扩张带来财富占有、资本积累的侵略之路。回顾西方现代化的历史，可以得出这样结论：西方经济发展每扩大一步都要伴随其他国家的衰落。伴随战争侵略和殖民掠夺，数以百计的国家沦为西方资本积累的附庸，现代西方物质文明发展的历史就是一部饱含侵略、战争和殖民的历史，就是让世界走向对抗和灾难的历史，就是让东方与西方对抗的历史。西方物质文明发展遵循资本主导，但"资本来到世间，从头到脚，每个毛孔都滴着血和肮脏的东西"。① 资本发展带来人从属于物，人的自主性被剥夺，沦为资本的附庸，资本构造的生产关系充满剥削、压迫和掠夺，资本造成人与自然相处的危机，人与人相处的危机，带来文明发展的危机。列宁对资本主义发展的历史进行考察，断言资本主义必将走向帝国主义，这是其最高阶段。帝国主义阶段全球扩张更为明显，全球的经济危机、发展赤字、信任危机、生态危机、贫困危机蔓延，带来更多的无产者和贫困人口，文明冲突不断，世界经济发展将会举步维艰，物质文明发展面临严峻挑战。西方学者托马斯·皮凯蒂在其著作《21世纪资本论》中就阐述了资本主义发展带来的全球问题，加大了世界财富分配的不均，财富越来越走向两级，只能通过战争等手段转嫁资本带来的经济危机，这样带来的物质文明的发展只能是虚假繁荣的物质文明，不能引导人类走向物质文明的更高层次。

第二，中国物质文明发展之路是社会主义之路，代表着人类物质文明发展的未来走向。中国经济发展的奇迹，现代经济体系的建立，对西方现代化全面的超越，归根结底来源于科学理论的指导和社会主义制度的优越性。马克思早已断言，资本增殖的本性决定其生产具有无法克服的自身矛盾，资本增殖的速度带来无产阶级"贫困比人口和财富增长得还要快"。② 这样资本越发展，贫困的人口就会越多，无产阶级的力量就会越壮大，资本主义发展必然走向"资产阶级的灭亡和无产阶级的胜利"③。这种"灭亡"的最终结果不会一蹴而就，其自身无法克服的矛盾长期存在必然带来其自身的陨落。可见，资本主义的物质文明发展之路最终必将走向崩溃，而只有那代表先进社会制度和社会生产力的社会主义才是物质文明发展的最终归宿。因此，邓小平就强调，无论如何改革，我们都必须坚持"社会主义制度，社会主义公有

---

① 《马克思恩格斯选集》第2卷，人民出版社2012年版，第297页。
② 《马克思恩格斯文集》第2卷，人民出版社2009年版，第43页。
③ 《共产党宣言》，人民出版社2014年版，第40页。

制，那是不能动摇的。我们不能允许产生一个新的资产阶级"。[①] 正是在这样的根本制度支撑下，中国经济取得了巨大的成就，完成世界上规模最大的人口脱贫，为中国物质文明持续发展贡献力量，代表了人类物质文明发展的最终方向。

第三，中国物质文明发展之路全面超越西方，为人类解决全球经济问题提供中国智慧。中国式现代化以经济发展、贫困治理、制度设计等多种方式实现共同富裕，超越西方经济发展带来的两极分化、制造贫困，具有物质文明发展的道义性和价值性优势。西方现代化遵循资本主宰的发展逻辑，人成为被主宰的对象，这样的发展逻辑下带来人的异化，人的现代价值被剥夺，无法真正实现人价值的回归和超越。中国式现代化发展为了人，为了满足人的需要，以人的劳动来驾驭贪婪的资本，使资本为人服务，成为经济增长的手段，带来全民富裕，彰显文明的人本性，带来人的价值提升。西方学者马尔库塞提出的"单面社会""单向度的人"是对西方现代工业化社会发展下塑造的文明的批判，这样的文明造就的是单面的经济人、单面的经济社会，无法实现整个社会的全面进步和均衡发展。中国式现代化则是超越单面经济人、单面经济社会的，以"五位一体"整体推进破局西方资本主导社会发展的文明局限性，以文明的多样性、广泛性、均衡性、协调性发展建设更高水平的文明社会。中国经济发展的过程是自身奋斗的过程，没有经历殖民、侵略、战争、剥削等，完成依靠自身改革，人民奋斗带来经济发展的奇迹，是一条自我和平发展的现代化之路。不仅如此，中国经济的发展还惠及世界，依靠自身经济发展带动世界经济的复苏和发展，为全球减贫、生态治理、经济赤字、粮食危机、人口危机等贡献中国力量，致力于构建人类命运共同体，建设人类物质文明发展的新图景。

[①] 《邓小平文选》第 2 卷，人民出版社 1994 年版，第 133 页。

第三章
中国式现代化对人类政治文明的伟大贡献

　　政治文明是中国式现代化的重要组成部分。中国共产党自成立之日起，就在中国式现代化道路的探索过程中，开启了政治文明的建设之路。政治文明是马克思主义政党追求的目标，马克思、恩格斯在《关于现代国家的著作的计划草稿》中，指出政治文明[①]是现代政治思想、政治活动和政治制度等的集中体现。"对无产阶级来说，共和国和君主国不同的地方仅仅在于：共和国是无产阶级将来进行统治的现成的政治形式。"[②] 在这里，马克思、恩格斯把"共和国"作为现代政治文明的主要体现形式之一。毛泽东早在新民主主义革命时期，就开始思考政治文明的问题，在《新民主主义论》中以五个层次、十个要点明确提出了中国走向民主化、现代化的纲领；在《论人民民主专政》中提出："工人阶级（经过共产党）领导的以工农联盟为基础的人民民主专政……是我们的主要纲领。"[③] 据此指导思想和理论依据，新中国建立起有别于西方政治制度和苏联社会主义模式的独特的政治制度和国家体制，为中国的现代化进程奠定了基础，有力地推动了生产力的发展。

---

① 《马克思恩格斯全集》第42卷，人民出版社1972年版，第238页。
② 《马克思恩格斯选集》第4卷，人民出版社1995年版，第734页。
③ 《毛泽东选集》第4卷，人民出版社1991年版，第1480页。

社会主义制度在中国确立后，中国共产党不断探索政治文明发展的新方向，在经历了初期的曲折探索之后，确立了以坚持党的领导为核心，追求社会主义民主和法治的政治文明发展目标。邓小平在改革开放之初，即提出了"没有民主就没有社会主义，就没有社会主义的现代化"[①] 的著名论断，并对坚持和发展党的领导、社会主义法制建设等问题进行了论述，为中国特色社会主义政治文明的发展指明了方向。进入新时代以来，习近平坚持马克思主义政治文明思想，继承和发展了百年来中国共产党关于政治文明的理论成就和实践经验，创造性地提出新时代中国社会主义政治文明发展的具体方略，成为中国式现代化道路的重要组成部分，推动了人类政治文明的进步。

《中共中央关于党的百年奋斗重大成就和历史经验的决议》中指出："改革开放以后，党领导人民坚持中国特色社会主义政治发展道路，发展社会主义民主，取得重大进展。"[②] 在党的二十大报告中，对中国式现代化的政治意蕴进行了明确阐释，"中国式现代化的本质要求是：坚持中国共产党领导……发展全过程人民民主"。[③] 因此，可以说，中国共产党领导人民开展的百余年的社会主义现代化道路的实践及形成的理论成果，对人类政治文明做出了巨大的贡献。

一、新型政党制度：人类政治文明的伟大创举

中国共产党自成立之日起，就把领导团结各族人民和各个党派，争取民族独立，开展社会建设作为己任。中国共产党领导人民开展的革命、建设、

---

① 《邓小平文选》第 2 卷，人民出版社 1994 年版，第 168 页。

② 《中共中央关于党的百年奋斗重大成就和历史经验的决议》，人民出版社 2021 年版，第 39 页。

③ 习近平：《高举中国特色社会主义伟大旗帜　为全面建设社会主义现代化国家而团结奋斗》，《人民日报》2022 年 10 月 25 日。

改革的实践，及其取得的伟大成就，成为世界政党推动国家发展的典范，也是中国式现代化道路之所以取得成功的"密钥"。可以说，中国共产党的领导下的新型政党制度，是人类政治文明发展史上的伟大创举。

（一）勇于自我革命使中国共产党始终站在时代的前列

勇于自我革命是中国共产党的优秀品质，也是中国共产党能够始终走在时代前列，始终领导中国人民推进中国特色社会主义事业的根本所在。马克思、恩格斯指出："在当前同资产阶级对立的一切阶级中，只有无产阶级是真正革命的阶级。"[①] 正因为中国共产党是无产阶级的先锋队，代表无产阶级和广大人民群众的利益，中国共产党才能称得上是"真正革命的政党"。这里的"真正革命"不仅表示中国共产党能够领导人民开展社会革命，进行社会建设；还意味着中国共产党具有"刀刃向内"的勇气，敢于进行自我革新、自我革命。对此，毛泽东曾指出，要"建设一个全国范围的、广大群众性的、思想上政治上组织上完全巩固的布尔什维克化的中国共产党"。[②] 这里的"思想上政治上组织上完全巩固"的中国共产党，实际上就是说中国共产党要根据时代的变化和现实的需要，进行不断的自我革新、自我革命，时刻走在时代的前列。邓小平也指出，在社会主义现代化建设过程中，只要抓住了党建这个关键问题，就能够确保改革、开放的各项事业顺利推进，即"只要抓住整党这个中心环节，各个方面的整顿就不难。"[③] 对于新时代中国特色社会主义事业的发展，习近平指出："既要培元固本，也要开拓创新……特别是要发挥彻底的自我革命精神。"[④] 党的自我革命的决心、勇气、实践，推

---

① 《马克思恩格斯选集》第 1 卷，人民出版社 1995 年版，第 282 页。
② 《毛泽东选集》第 2 卷，人民出版社 1991 年版，第 602 页。
③ 《邓小平文选》第 2 卷，人民出版社 1994 年版，第 35 页。
④ 习近平：《以时不我待只争朝夕的精神投入工作 开创新时代中国特色社会主义事业新局面》，《人民日报》2018 年 1 月 6 日。

动着中国共产党领导人民群众，将中国式现代化事业不断推向新的高度。正如党的二十大报告中所指出的，"党找到了自我革命这一跳出治乱兴衰历史周期率的第二个答案"。[①]

首先，在坚持理论创新中进行自我革命。中国共产党十分重视运用马克思主义的理论、观点和方法，根据时代变化和现实需要，进行理论创新，在理论创新的过程中，进行自我的思想革命。中国共产党成立后，共产党人根据半殖民地半封建的旧中国的社会主要矛盾，把马克思主义基本原理同中国实际相结合，实现了马克思主义在中国的第一次理论飞跃，形成了毛泽东思想。在毛泽东思想的指引下，中国共产党领导各族人民经历了浴血奋战，赶走了帝国主义，打败了国民党反动派，成立了新中国，建立了社会主义制度，人民群众真正当家作主，成为国家的主人。改革开放以来，中国共产党人积极把马克思主义基本原理同中国实际相结合，对什么是社会主义、怎样建设社会主义，建设怎样的党、如何建设党，实现什么样的发展、怎样实现发展等一系列根本性、关键性问题进行了探索，形成了邓小平理论、"三个代表"重要思想、科学发展观等中国特色社会主义理论。进入新时代以来，以习近平同志为核心的党中央对什么是中国特色社会主义、如何建设中国特色社会主义等根本性问题进行了探索，形成了习近平新时代中国特色社会主义思想。可见，中国共产党始终把理论创新作为自我革命的首要问题，在任何时候，都坚持用创新了的马克思主义理论武装头脑、指导革命、建设和改革，取得了伟大的成就。

其次，在直面突出问题中进行自我革命。习近平指出："中国共产党的伟大不在于不犯错误，而在于从不讳疾忌医，敢于直面问题，勇于自我革

---

① 习近平：《高举中国特色社会主义伟大旗帜　为全面建设社会主义现代化国家而团结奋斗》，《人民日报》2022 年 10 月 25 日。

命，具有极强的自我修复能力。"① 中国共产党向来以科学的态度对待自身所犯的错误，认为错误本身是一种客观存在，"说错误都可以避免，只有正确，没有错误，这种观点是反马克思主义的"②。即中国共产党坚持辩证唯物主义的认识论，认为在认识世界、改造世界的过程中，对事物的认识不是一蹴而就的，而是要经历一个不断循环往复的过程，在这个过程中，出现认识上的错误进而影响决策是在所难免的。在科学认识错误的前提下，要坚持从实际出发，敢于向思想上、体制上的顽疾开刀，坚决破除一切阻碍党的建设和社会发展的突出问题，即"敢于向积存多年的顽瘴痼疾开刀，敢于触及深层次利益关系和矛盾，……坚决清除各方面体制机制障碍"。③ 如，党的十八大以来，党中央对党内贪腐问题重拳出击，"苍蝇""老虎"一起打，惩治了一批贪腐干部，使党的风气、社会风气为之一清，取得了党的自我革命的又一次重大胜利。

再次，在现代化建设中进行自我革命。党的自我革命，根本目标是为了中国的现代化建设。新中国初期，党的自我革命的重心是如何从一个革命党尽快转变为执政党。面对这一难题，党坚持从实际出发搞建设，通过"三大改造"确立了社会主义制度；通过立法工作，形成了社会主义中国的第一部宪法；通过对社会主要矛盾的正确认识，确定了社会主义现代化建设的目标和方向。总之，在社会主义建设和探索的过程中，中国共产党根据现代化建设的需要，不断进行自我改造、自我优化、自我提升，以适应社会发展的需要。在改革开放进程中，面对改革进程中出现的市场经济、社会民主等一系列新的问题，中国共产党坚持在推进改革开放的进程中进行自我改革、自我革命。党确定了"以经济建设为中心"的改革路线，并不断加强党的自身建

---

① 《十八大以来重要文献选编》下，中央文献出版社 2018 年版，第 589 页。

② 《毛泽东文集》第 7 卷，人民出版社 1999 年版，第 375 页。

③ 习近平：《在学习〈胡锦涛文选〉报告会上的讲话》，人民出版社 2016 年版，第 14 页。

设。如，"三个代表"重要思想的提出和实施，意味着党根据改革开放的需要，不断进行自身建设的现实实践与理论升华。进入新时代，党的自我革命的目标是如何不断推进中国式现代化的发展。基于此，习近平提出"党是领导一切的"论断，也就是说，党通过不断自我加压、自我净化，加强自身能力建设，并把党组织的功能延伸到社会各个领域，使党真正担负起现代化建设的主体责任，成为人民群众的主心骨、现代化建设的掌舵人。

最后，在强化权力监督中进行自我革命。党的十九大报告指出："要加强对权力运行的制约和监督，让人民监督权力，让权力在阳光下运行，把权力关进制度的笼子。"[①] 党一直重视对自身权力的制约和监督，通过《中国共产党党章》《中国共产党纪律处分条例》等制度文件，对党员干部的权力进行监督。党的十九大报告提出要把制度建设贯穿于党的建设的全过程。习近平提出要用制度管理人，加强制度的执行力。党的二十大报告提出要通过制度建设推进自我革命，以加强政治监督的方式，为党的自我革命赋能等。此外，中国共产党还通过巡视巡察、党外监督、人民群众监督、新闻媒体监督等多种方式，加强党风廉政建设。通过外部力量的推动，促进自身的革命。

（二）坚持群众路线使中国共产党始终保持生机和活力

群众路线是党能够始终坚持正确领导的宝贵经验，也是中国共产党百余年以来形成的宝贵的工作方法。早在新民主主义革命时期，毛泽东就强调，"我们共产党人区别于其他任何政党的又一个最显著标志"，就是"一刻也不脱离群众"，共产党员"不是高踞于群众之上，而是深入于群众之中"[②]。在经历了新民主主义革命、社会主义改造、社会主义建设和改革开放，群众路线从党的根本工作方法上升为党的群众路线理论。在党的七大之前通过的《关

---

① 《习近平谈治国理政》第 3 卷，外文出版社 2020 年版，第 52—53 页。
② 《毛泽东选集》第 3 卷，人民出版社 1991 年版，第 1094—1095 页。

于若干历史问题的决议》，对群众路线进行了系统阐述；在十一届六中全会上通过的《关于建国以来党的若干历史问题的决议》，把群众路线上升为毛泽东思想三大活的灵魂之一；在十九届六中全会上通过的《中共中央关于党的百年奋斗重大成就和历史经验的决议》，突出了群众路线在党的百年奋斗中的显著作用，指出"党的最大政治优势是密切联系群众，党执政后的最大危险是脱离群众"。[①] 也正如习近平所指出的，"群众路线是我们党的生命线和根本工作路线，是我们党永葆青春活力和战斗力的重要传家宝"。[②]

首先，坚持群众路线是加强党的自身建设的内在要求。党的自身建设是中国共产党领导人民群众开展中国特色社会主义事业的前提和基础。俗话说，"打铁还需自身硬"，党领导人民进行社会建设，前提是党自身具有过硬的本领，具有领导人民开展社会建设的能力和水平。而要做到"打铁还需自身硬"，就需要向人民群众学习，从人民群众中汲取智慧和力量。新民主主义革命时期，党就重视从人民群众中汲取智慧，先后总结提出了"农村包围城市""工农武装割据"等一系列正确的革命思想和战略，推动了中国革命不断向前发展。特别是中国共产党在开展革命过程中，一直重视占中国当时人口比例90%以上的农民的作用，充分体现了党的群众路线的工作方法。新中国成立之后，党仍然坚持"从群众中来，到群众中去"的群众路线，坚持在社会建设和改革开放过程中，注重发挥人民群众的积极性、创造性。因此，习近平总结提出，"中国共产党的一切执政活动，中华人民共和国的一切治理活动，都要尊重人民主体地位，尊重人民首创精神，拜人民为师……"[③] 即是说，在党开展的社会主义建设活动中，人民群众的支持和拥护

① 《中共中央关于党的百年奋斗重大成就和历史经验的决议》，人民出版社 2021 年版，第66 页。

② 《习近平谈治国理政》第 1 卷，外文出版社 2018 年版，第 27 页。

③ 《习近平关于社会主义政治建设论述摘编》，中央文献出版社 2017 年版，第 70 页。

是基础。党领导人民开展的建设活动，需要党根据实际情况出发制定和实施相关的政策方针，而最大的实际情况，就是人民群众的所思所想所需。只有深入群众之中，倾听群众呼声、了解群众诉求、解决群众难题，才能使党的一切方针政策具有扎实的群众基础。这样，既加强了党的自身建设，也推动了党的各项工作不断向前发展，可以说，坚持群众路线使党的自身建设和党的事业相得益彰。

其次，坚持群众路线是党员干部健康成长的重要保证。习近平总书记指出："好干部要做到信念坚定、为民服务、勤政务实、敢于担当、清正廉洁。"[1] 党员干部来自人民，为了人民，只有把为人民服务落到实处，处处接受人民群众的监督，才能不断增长才干，保持"身心健康"。

群众路线可以检验党员干部的政治定力。检验一名党员干部是否对党忠贞，是否牢固树立共产主义理想和社会主义信念，是否时刻拥护党中央的权威等，就要看他/她是否坚持了群众路线，是否对人民群众怀有深厚的感情，是否真的把人民群众的诉求当作工作的重心，即是否全心全意为人民服务。全心全意为人民服务就是要把党和人民的利益放在首要位置，强化人民公仆意识和责任，站在人民群众的立场去思考问题和解决问题，主动深入到人民群众当中去，了解人民群众的需求，关心普通老百姓的民生疾苦，千方百计为人民谋福利，为人民群众办实事，真正成为人民群众中的一员，不断增强为人民服务的自觉性和主动性。

群众路线可以提升党员干部的才干能力。党员干部只有不断向人民群众学习智慧，才能不断增长才干。习近平总书记指出："群众的实践是最丰富最生动的实践，群众中蕴藏着巨大的智慧和力量。"[2] 对于党员干部来说，只

---

① 《习近平谈治国理政》第 1 卷，外文出版社 2018 年版，第 412 页。

② 习近平：《之江新语》，浙江人民出版社 2007 年版，第 61 页。

有深入基层，在基层中摸爬滚打，不断历练，才能从人民群众中汲取智慧，才能锻炼出解决复杂社会问题的能力。党员干部只有相信和依靠人民群众，才能取得各项事业的发展和创新。党中央的各项重大战略部署要想落到实处，仅仅依靠各级政府的推动是不行的，关键是要依靠广大人民群众。各级党员干部要在实际工作中，把党中央的重大战略部署与人民群众的切身利益结合起来、统一起来。从根本上看，党中央的重大战略部署是符合人民群众的根本利益的，各级党员干部要广泛宣传、积极动员，发动人民群众及时回应党中央的重大战略部署。同时，要把解决实际问题与贯彻落实重大战略部署结合起来，在解决人民群众的现实问题、急难问题的过程中，依靠人民群众，贯彻落实党中央的重大战略部署。

群众路线可以净化党员干部的思想意识。党风廉政建设要求党员干部保持廉洁作风，树立不想腐、不愿腐的思想和意识。如何形成这种思想意识呢？根本的途径就是走群众路线。党员干部要和人民群众在一起，真正了解人民群众的所思、所想、所需、所要，了解民生疾苦，了解人民群众对于干部贪腐行为的深恶痛绝，了解贪污腐败对人民群众的危害、对党和国家的危害等。党员干部只有和人民群众心连心、手牵手，才能够在具体的工作中，把人民放在心上，把党和国家的事业放在最高位置，不会为了个人私利做出贪污公款、徇私枉法的行为。与党员干部通过学习净化个人思想意识相比，走群众路线能让党员干部对党的廉政要求、廉政文件有更加直观、深刻的理解，能够真正把党风廉政建设的要求"刻在骨子里、嵌入意识中"。

（三）坚持集中统一领导使中国共产党始终能够总揽全局

党的十九届六中全会《决议》指出，"党中央集中统一领导是党的领导的最高原则，加强和维护党中央集中统一领导是全党共同的政治责任"。[①] 中

---

① 《中共中央关于党的百年奋斗重大成就和历史经验的决议》，人民出版社 2021 年版，第 28 页。

国共产党百年来的政治实践表明，坚持党中央的集中统一领导，是中国革命、建设、改革取得一个又一个胜利的根本保证，也是中国特色社会主义始终沿着正确方向发展的根本保证。早在 100 多年前，马克思、恩格斯在马克思主义经典著作中就对权威、集中统一领导等进行了科学论述。恩格斯指出："我们看到，一方面是一定的权威，不管它是怎样造成的，另一方面是一定的服从，这两者，不管社会组织怎样……都是我们所必需的。"① 列宁也对党的集中统一领导进行了阐述。列宁认为，无产阶级政党只有具有了铁一般的纪律，能够一丝不苟、不折不扣地执行上级党组织的命令，才能取得革命的胜利和建设的成功。列宁指出："谁哪怕是把无产阶级政党的铁的纪律稍微削弱一点（特别是在无产阶级专政时期），那他事实上就是在帮助资产阶级来反对无产阶级。"②

坚持集中统一领导事关中国式现代化发展的方向和大局。习近平指出："党中央是大脑和中枢，党中央必须有定于一尊、一锤定音的权威。"③ 党的集中统一领导，既是党在革命、建设、改革的实践中形成的有益经验，也是无产阶级政党之所以能够取得革命、建设、改革胜利的关键。在无产阶级政党领导的革命、建设运动中，不乏因放弃集中统一领导而导致失败的情况。如，巴黎公社的失利，根本原因就在于缺乏一个集中统一领导的无产阶级政党；东欧社会主义国家的巨变和苏联的解体，一个重要原因在于当时的苏联共产党、东欧各国共产党主动放弃了党的集中统一领导，使敌对势力有机可乘，夺取了政权。在中国共产党的革命历史上，"遵义会议"是中国革命的转折点，从"遵义会议"开始，中国共产党领导的革命才真正进入了正确轨道，最后取得了革命的胜利。而"遵义会议"恰恰就是党确立集中统一领导

---

① 恩格斯：《论权威》，人民出版社 1973 年版，第 4—5 页。
② 《列宁全集》第 39 卷，人民出版社 2017 年版，第 25 页。
③ 习近平：《在全国组织工作会议上的讲话》，《人民日报》2018 年 7 月 4 日。

的一次重要会议。进入新时代，党和国家面临的形势更加严峻，国际不确定性因素增多，国内改革发展稳定的任务艰巨，面对这样的形势，只有坚持党的集中统一领导，才能够确保中国特色社会主义的方向，也才能够不断推进中国式现代化的发展。因此，可以说，党的集中统一领导事关中国式现代化发展的方向，也事关中国特色社会主义现代化建设的全局。

辩证处理好民主与集中的关系是坚持集中统一领导的关键。中国共产党在长期的革命、建设、改革实践中，成功地运用马克思主义科学理论，处理好民主与集中之间的关系，最大程度发挥了二者的优势，达成了"一加一大于二"的目标。在实践中，一方面，要强调党中央的权威和集中统一领导。在关系到党和国家的前途命运、关系到民族复兴的大业时，必须把全党和全国人民的思想统一到党中央的决策上来。只有这样，全体党员和全国人民才能在思想认识上高度一致，行动上拧成一股绳，集中力量把事情做好。另一方面，要在坚持民主的基础上坚持集中统一领导。自共产党成立以来，坚持遇到大事时通过集体讨论决定，在积极听取来自不同方面的不同意见的基础上，完全了解了事情的来龙去脉和复杂背景，最后做出正确的决策。毛泽东曾风趣地说，"就是要像房子一样，经常打开窗户让新鲜空气进来"。① 意指在党的领导下，要善于听取不同的意见建议，尤其是一些正确的批评建议，只有让所有人都发表了意见，才能真正解决人民内部矛盾，才能统一意见，为集中统一领导打下基础。

集中力量办大事是坚持集中统一领导的具体体现。党中央的集中统一领导体现在中国特色社会主义各项事业中，就是集中力量办大事。即，在党中央的领导下，根据中国特色社会主义事业的发展需求，在一些关系国计民生、关系社会主义成败的核心关键领域，集中全国之力，运用科学的手段和

---

① 《毛泽东文集》第 3 卷，人民出版社 1996 年版，第 339—340 页。

方法，达成既定的目标。集中力量办大事在中国共产党百年社会主义运动实践中有生动的体现。在新民主主义革命时期，"反帝反封建"是这一时期党和人民的"最大事"，党中央通过土地革命、统一战线、武装斗争等形式，团结一切可以团结的力量，与帝国主义、封建主义进行了殊死搏斗，取得了新民主主义革命的胜利。在新中国成立初期，反击帝国主义国家的核威慑是一件大事。在党中央的决策部署下，集中全国优秀人才和力量开展核武器和航天工程研究，中国很快就造出了核武器，研发出了航天技术，成为世界上掌握这些核心技术的少数国家之一，有效反击了帝国主义国家的核威慑，确保了社会主义事业的外部环境稳定。改革开放以来，解放和发展社会生产力是党和人民的"最大事"。在党中央的决策部署下，通过实施改革开放、建立社会主义市场经济体制、加入 WTO、实施"一带一路"倡议等多项举措，着力推进社会生产力的发展，使国民经济长期保持快速健康发展，极大提高了人民生活水平，在 2020 年全面建成了小康社会。可以说，在不同历史时期，党中央抓住了社会发展的"牛鼻子"，集中力量把大事办好了，也带动了整个国家和社会的发展。正如习近平总书记所说，"'分则力散，专则力全。'……集中优势兵力打歼灭战要从各地实际出发，充分发挥我们集中力量办大事的制度优势。"[①]

（四）团结领导民主党派使中国共产党始终处在事业核心

与西方资本主义政治文明不同，中国共产党领导的中国式现代化道路超越了西方现有的政党制度，以一种新的政党合作制度，既最大限度地发挥各民主党派的力量，又确保政治稳定和统一，使中国社会长期稳定，为经济发展和人民幸福奠定了政治基础。一直以来，西方资本主义国家的"两党

---

① 习近平：《在深度贫困地区脱贫攻坚座谈会上的讲话》，人民出版社 2017 年版，第 14 页。

制""多党制"的议会民主制度被吹捧为世界上最先进、最优秀的民主制度，尤其是各党派在政府领导人选举过程中的相互竞争，被认为是民主的最佳体现形式。然而，随着社会的发展和时间的推移，人们逐渐发现，无论是"两党制"，还是"多党制"，无论是代议制政府，还是总统制政府，其实质是一样的，即代表少数财团和财阀的利益。许多西方学者认为，西方政党制度并非为了人民当家作主，而是对资本主义工业不平等的政治确认。"我们一向称之为民主政治的代议制政府，实际上是对工业技术不平等的确认。代议制政府是挂羊头卖狗肉的冒牌货。"①美国劳工领袖也一针见血地指出了美国"两党制"的实质，他说："在这个国家并没有两党制，我们只有一党——'民主共和党'，这便是商团阶级的党，民主党和共和党不过是这个党的两翼而已。"②而中国共产党领导下的多党合作制度，则超越了西方资本主义国家的政党制度，走出了一条完全不同于西方的现代化政党制度发展之路。

首先，确立政治协商制度。在新民主主义革命时期，中国共产党就十分重视民主党派在中国革命中的积极作用。1949 年解放战争胜利、新中国成立之际，中国共产党邀请各民主党派、民主人士共商国是，在各党派共同协商的基础上成立了中华人民共和国。新中国成立后，中国共产党依旧重视民主党派在建设和改革中的作用。在《论十大关系》中，毛泽东明确指出："究竟是一个党好，还是几个党好？现在看来，恐怕是几个党好。不但过去如此，而且将来也可以如此，就是长期共存，互相监督。"③改革开放以后，邓小平多次指出，要发挥好民主党派的积极作用，并着手推进政治协商的制度

---

① ［美］阿尔温·托夫勒：《第三次浪潮》，朱志焱等译，三联书店出版社 1984 年版，第 136 页。

② ［美］迈克尔·帕伦蒂：《美国的民主》，韩建中等译，河南人民出版社 1988 年版，第 192 页。

③ 《毛泽东文集》第 7 卷，人民出版社 1999 年版，第 34 页。

化。"在中国共产党的领导下，实行多党派的合作，这是我国具体历史条件和现实条件所决定的，也是我国政治制度中的一个特点和优点。"①1982 年的《宪法》进一步明确了民主党派的地位、作用，使中国共产党领导下的多党合作制度不断完善。1989 年，中共中央颁发了《关于坚持和完善中国共产党领导的多党合作和政治协商制度的意见》，其中规定："中国共产党领导的多党合作和政治协商制度是我国一项基本政治制度……是符合中国国情的社会主义政党制度。"②1993 年的宪法修正案正式把这一制度写入宪法，这标志着政治协商制度的正式确立。

其次，政治协商制度成为团结凝聚力量的纽带。中国共产党领导下的政治协商制度，能够在最大范围内团结各领域的人士，投身社会主义现代化建设。政治协商制度可以把全体社会主义建设者、拥护中国特色社会主义的全体爱国者，以及支持中国特色社会主义的港澳同胞、台湾同胞、海外侨胞等凝聚起来，通过参政议政、民主监督等手段，参与国家大事的制定和实施。政治协商制度可以推进中国共产党与国内其他党派、世界其他党派之间的联系，让共产党可以团结国内外政党为社会主义现代化建设服务；政治协商制度可以推进民族团结，通过各族人民共同参政议政，让各族人民的诉求得以实现，最大程度地保障全国各族人民的利益，铸牢中华民族共同体意识；政治协商制度可以团结海内外同胞及支持社会主义的各国人士，使这些人士能够参与中国特色社会主义现代化建设，发挥他们的各方面才能，为社会主义建设添砖加瓦。通过政治协商制度，无论是海内外同胞，还是世界各国人士，在参政议政的过程中，凝聚了共识、增进了友谊、促进了团结，使中国特色社会主义现代化事业有了最广泛的群众基础。

---

① 《邓小平文选》第 2 卷，人民出版社 1994 年版，第 205 页。
② 《新时期统一战线文献选编（续编）》，中共中央党校出版社 1997 年版，第 145 页。

二、实施全过程人民民主：人类政治文明的伟大创新

现代意义上的民主理论发端于西方，在第一次工业革命之后，随着资产阶级的产生而产生的。但是，资产阶级的民主理论有其先天的缺陷。马克思、恩格斯的经典著作对资产阶级的议会制和普选权进行了全面和透彻的批判。对于议会制，马克思、恩格斯认为，议会制在维持社会秩序、实现人民利益上具有内在的矛盾性。即由于资产阶级内部利益的冲突，"不仅议会党分裂为原来的两大集团，不仅其中的每一个集团又各自再行分裂，而且议会内的秩序党和议会外的秩序党也分裂了"。① 中国共产党在继承和发展马克思主义民主思想的基础上，结合中国革命、建设、改革的实践，经过百年的探索，走出了一条超越西方民主理论和实践的新型人民民主之路，为人类政治文明的发展注入了生机和活力。

（一）全过程人民民主继承发展了马克思主义民主思想

全过程人民民主是对马克思主义民主思想的继承和发展。习近平指出："新中国成立后，我们党创造性地运用马克思主义国家学说，为建设社会主义国家制度进行了不懈努力。"② 在社会主义国家制度建设的探索过程中，中国共产党的核心价值追求就是让人民当家作主，真正成为社会和国家的主人。要实现人民当家作主，关键是要坚持马克思主义民主思想，把马克思主义民主思想中的理论、观点、方法应用到中国民主理论发展和实践探索当中，真正践行马克思主义民主思想。基于这样的逻辑，中国共产党经过长期的理论发展和实践探索，提出了全过程人民民主的思想。

全过程人民民主继承了马克思主义关于"阶级民主"的思想。马克思

---

① 《马克思恩格斯文集》第 2 卷，人民出版社 2009 年版，第 546 页。

② 习近平：《坚持、完善和发展中国特色社会主义国家制度与法律制度》，《求是》2019 年第 23 期。

主义民主思想是在对黑格尔《法哲学原理》中关于民主的思想的批判下形成的。黑格尔认为，国家应优先于社会而存在，他推崇"大一统"的国家形态，认为国家在社会生活中具有至高无上的地位，社会、个人、家庭都应该从属于国家而存在。黑格尔的国家观念符合当时普鲁士期望统一德意志各邦国的现实，但过于强调国家的力量，会忽视人民的存在。马克思对黑格尔的国家观念进行了无情的批判，指出黑格尔过分强调抽象的国家，忽视具体的人民，这样的国家观念下，难以"生长"出真正的民主社会。马克思认为，民主的本质有两个层面的意义。第一层面意指民主是对人民权益利益的保护；第二层面意指民主是人民对自己本质的全部占有。马克思指出，真正的民主制，是把"国家的人民"变成"人民的国家"，"是一切形式的国家制度的已经解开的谜"。① 在君主制及其他形式的国家制度中，人民是从属于国家的政治制度的，人民只是国家的一部分，而不是全部。在真正的民主制度下，人民是国家的全部。国家制度是由人民所创造的，国家制度的目的是为了人民、保护人民、实现人民，因此，真正的民主制度是"人民的自我规定和人民的特定内容"②，民主制度必须以"人民"为目的和原则。

此后，列宁对马克思主义的"阶级民主"观点进行了阐发。列宁站在历史唯物主义的立场，认为在整个人类历史的发展进程中，无论是奴隶制社会、封建社会，还是资本主义社会，民主都带有强烈的阶级性。在不同的社会制度下，民主的概念和指向的对象是不同的，民主会随着时代的变化而变化，也会随着阶级的变化而变化。"在古希腊各共和国中，在中世纪各城市中，在各先进的资本主义国家中，民主的形式都不同，民主的运用程度也不同。"③ 可见，民主具有显著的阶级性特征，这就决定了在共产主义社会实现

---

① 《马克思恩格斯全集》第 3 卷，人民出版社 2002 年版，第 39 页。
② 《马克思恩格斯全集》第 3 卷，人民出版社 2002 年版，第 41 页。
③ 《列宁选集》第 3 卷，人民出版社 2012 年版，第 699 页。

之前，民主制度不可避免地带有阶级性，民主必然是一个阶级对另一个阶级的统治。全过程人民民主继承了马克思主义"阶级民主"的核心观点，在实现人民当家作主的基础上实施民主制度，使人民成为国家和社会的主人。

全过程人民民主发展了马克思主义关于"实质民主"的思想。人民民主理论和实践的目标，是为了让人民享有民主权利，实现对自己本质的全部占有，也就是马克思所说的"实质民主"。马克思对"实质民主"进行了理论阐释和分析，为社会主义国家开展民主建设奠定了理论基础。马克思主义"实质民主"观点的现实形式取决于经济基础。马克思主义认为，民主形式与生产关系密不可分，有什么样的生产关系，就有什么样的民主形式。在资本主义社会，资本主义生产关系决定了其民主形式只能是资产阶级民主；在社会主义社会，社会主义生产关系决定了其民主形式是社会主义民主，是真正的人民当家作主。即在阶级消灭之前，民主的形式是由经济基础决定的，抛开生产关系谈民主，"不能说明任何问题"①。民主的形式还与财产掌握在谁的手里密切相关，在一个社会中，财产掌握在谁的手里，民主的形式就由谁来决定。在资本主义社会，财产掌握在资本家手里，即使实施了所谓的"平等投票""一人一票""普遍选举"，也不能真正保障普通人民群众的民主权利，真正的民主不可能存在于"资本、财产的占有者和现代雇佣奴隶之间"②。

马克思主义认为，"实质民主"不仅仅是政治上的民主制度，关键要实现社会民主。马克思、恩格斯认为，开展无产阶级革命，第一步是建立无产阶级专政和民主国家，进而要实现社会民主。即马克思、恩格斯认为的："无产阶级为了夺取政权也需要民主的形式，政治民主构成了社会民主的前

---

① 《列宁选集》第 4 卷，人民出版社 2012 年版，第 405 页。
② 《列宁选集》第 35 卷，人民出版社 2017 年版，第 428 页。

提和基础，但革命绝不能就此止步，因为民主形式同一切其他政治形式一样都只是手段，社会民主才是民主的落脚点和归宿。"① 因此，马克思主义认为，真正的民主并非只是从国家制度上体现出来，而是要在经济活动、社会活动中体现出来的，是全面的而非部分的民主形态。全过程人民民主正是对上述马克思主义"实质民主"的继承和创新，把民主的精神和形态贯穿于社会生活的各个领域，在各个领域保障人民的民主权利。

（二）全过程人民民主是对资产阶级民主制度的超越

在继承和发展马克思主义民主思想的基础上，全过程人民民主经历中国革命、建设、改革的长期实践，在民主的经济基础、民主的社会基础、民主的内容基础和民主的革新特质等方面，全方位超越了西方资本主义的民主制度。

全过程人民民主以公有制经济为基础，是对西方资本主义社会以私有制为基础的民主的超越。以私有制为基础的资本主义民主，存在先天缺陷和不足。首先，资本与民主的内在张力使得一切企图调整民主与资本主义社会关系的努力都变为徒劳，因为在私有制的前提下，一切努力最终都会导致"以其自己的方法巩固资本主义而侵蚀民主"②。马克思曾指出资本的贪婪本性，资本的一切活动和目的都是为了获取金钱和利益，为了这一目标，资本可以为所欲为，置道德、良心、羞耻于不顾，只追求自己的利益。在资本私有的情况下，资本家追求的必然是自己的利益，为了获取更多的金钱，他/她可以把亲情、道德都抛下，更毋庸说是社会所追求的公平和正义。因而，资本与民主之间具有先天的矛盾性。资本追求的是获取更多的利益和为了利益不择手段，民主则追求的是公平、正义等美好的价值目标，这二者显然是不能

---

① 《马克思恩格斯选集》第 4 卷，人民出版社 2012 年版，第 565—566 页。

② ［美］塞缪尔·鲍尔斯、［美］赫伯特·金蒂斯：《民主与资本主义》，韩水法译，商务印书馆 2018 年版，第 263 页。

融为一体的。其次，资本主义社会的市场经济追求效率第一，为了提高效率，也可以不择手段，这与民主的公平显然是不能"友好共处"的。可以看出，民主是建立在一个社会的经济基础之上的，在私有制为经济基础的社会中，由于其先天缺陷，民主很难发挥自身的全部功能。全过程人民民主以公有制为基础，追求的是整个社会的利益，是在效率优先的前提下兼顾公平，能够在社会发展的情况下不断提高人民群众的生活水平。

全过程人民民主以社会公平为目标，超越了西方经济社会不平等情况下的民主。西方民主以政治权利的平等为噱头，广泛宣传每个公民都可以投票决定选择国家领导人，每个公民都可以对国家领导人提出批评及每个公民都有言论自由等等。实际上，在这些政治权利平等之下，是人们经济与社会地位的实际不平等。资本家、利益集团等社会上的少数人决定着"民主自由"，他们的自由才是西方国家所支持的自由，而他们的自由则是以牺牲大多数普通民众的自由为代价换来的。近年来在西方社会出现了一种极端民粹主义现象，这背后实际上就是由"社会民主与政治民主的互动通道断裂"[①]造成的，政治民主倡导自由、平等，在现实生活中却处在极度不平等和不自由的状态下，这就容易造成极端主义的出现。与之不同的是，全过程人民民主的基础是社会公平，这种社会公平体现在"共同富裕""脱贫攻坚""基层社会治理"等实实在在的社会发展战略和措施当中，人民是能够从中感受到党和国家在不断推进社会的公平发展，这显然是对西方政治民主的平等自由的超越。

全过程人民民主强调民主的内容，而西方民主强调民主的形式。如前所述，资本主义国家重视政治民主，轻视社会民主。原因在于，资本主义社会发展过程中，基于对社会主义的敌视，资本主义国家往往会以自由为名，逐渐削弱社会民主的范围，把其局限在狭小的范围内。在欧洲的资产阶级革命

---

① 李笑宇：《全过程人民民主：运行机制与显著优势》，《科学社会主义》2021 年第 5 期。

过程中，资产阶级为了联合无产阶级与封建主义斗争，对无产阶级所追求的社会主义持容忍的态度，一旦革命成功，就把无产阶级无情地抛弃。如，法国大革命常被西方现代民主理论家们称之为"雅各宾主义"造成的"劣质民主"。而实际上，西方"民主政体的一个最声名狼藉的缺陷是民主权利形式上的普遍性（所有市民皆平等）与实际行使这些权利的能力不够普及之间的矛盾"。① 因而，在西方现代民主理论和实践的发展过程中，"把民主和选民参与缩减为一系列互不相干的选择点，就贬低了民主，损害了选民参与。一旦我们把公民参与的要义界定为全体选民的投票能力，代议制民主的目标、结果和过程就都会落空"。② 显然，全过程人民民主是民主形式与内容的有机统一，在确保人民具有选举权、被选举权的基础上，人民还在社会中广泛享有管理参与权、参政议政权等。

全过程人民民主的革新特质与西方民主的绝对化倾向形成鲜明对比。近年来，西方民主理论具有显著的绝对化、价值化倾向。在国际范围内，西方国家和其学者们总是以西方民主范式为标杆，认为凡是符合西方民主范式的国家，才能称之为民主国家，如果与西方的民主范式相左，那么就会被不断地妖魔化。这在西方国家对待发展中国家的民主进程中表现得尤为明显。被誉为"民主典范"的牙买加经历了近 60 年的民主化进程，仍然是犯罪率、失业率居高不下，社会经济发展迟缓的国家。然而，西方国家和学者们却称之为"民主有问题"的国家，需要进一步的民主化去解决。"这意味着发展中国家可能遭遇的政治衰败会被统一归因为'民主未能巩固'或'民主化程度不够'，于是，'不够民主'便被确定为政治衰败的根源，而'民主巩固'

---

① 佟德志：《现代西方民主的困境与趋势》，人民出版社 2008 年版，第 42 页。

② 王绍光：《选主批判——对当代西方民主的反思》，北京大学出版社 2014 年版，第 88—89 页。

则理所当然地成为应对政治衰败的方案。"① 全过程人民民主则把"刀刃"向内，在社会发展的过程中，不断丰富民主的内涵，完善民主的内容，推动民主不断向前发展。

（三）全过程人民民主遵循以人民为中心的价值观念

全过程人民民主之所以能够超越西方民主理论，成为人类政治文明的新成果，根本在于其坚持了以人为中心的价值观念，时刻从人民立场出发，坚持一切民主工作立足人民、依靠人民、为了人民，目标指向人民美好生活的实现。毛泽东在"五四"时期就认识到了人民的重要性，他指出："什么力量最强？民众联合的力量最强。"② 正是依靠人民，中国共产党才能战胜革命、建设、改革中的各种困难，把中国特色社会主义推向新时代，也正是为了人民，中国共产党才领导人民开展了以人民为中心的人民民主政治实践活动。正如习近平所指出的："江山就是人民、人民就是江山，打江山、守江山，守的是人民的心。"③ 而要守住人民的心，就是要在坚持人民至上的前提下开展中国特色社会主义政治建设。

坚持人民主体地位是全过程人民民主的基石。坚持人民主体地位，是中国共产党对人类政治文明的伟大创举。习近平指出，"人民是历史的创造者、人民是真正的英雄，必须相信人民、依靠人民"。④ 在中国的革命、建设、改革过程中，人民始终是最根本、最持久的动力。首先，人民创造了中国特色社会主义的现在和未来。在历史长河中，人民推动历史的向前发展。在中国特色社会主义发展过程中，物质文明的进步、精神文明的发展、生态文明的

---

① 袁超、张长东：《民主化范式的四大命题及其批判——从政治衰败研究的视角切入》，《上海行政学院学报》2017 年第 4 期。

② 中共中央文献研究室：《毛泽东新闻作品集》，新华出版社 2014 年版，第 1 页。

③ 习近平：《在庆祝中国共产党成立 100 周年大会上的讲话》，人民出版社 2021 年版，第 11 页。

④ 《习近平谈治国理政》第 3 卷，外文出版社 2020 年版，第 137 页。

提升等都是由人民创造出来的。人民的意志、人心的向背决定着社会历史的发展方向。就连美国学者也认识到这一点，"中国民主的优势在于关注社会共识的形成与共产主义价值的实现"。① 其次，人民是中华民族伟大复兴的脊梁。近代以来，中华民族在遭受到前所未有的苦难时，是人民站了起来，在中国共产党的领导下，开展了民族独立的伟大斗争并取得了胜利。可以说，中国共产党的最大优势是始终与人民群众保持密切的联系，中国共产党之所以战无不胜的根本原因在于其始终依靠人民群众。正是中国共产党始终坚持马克思主义历史唯物主义史观，始终注重发挥人民的历史主体地位，才会取得一个又一个胜利，才能领导中国特色社会主义事业走向美好的未来。

坚持人民至上是全过程人民民主的价值遵循。坚持人民至上，就是坚持把人民的意志上升为国家的意志，坚持把人民的利益上升为国家的利益，在维护国家意志、追求国家利益的基础上，实现人民的利益、人民的意志。马克思曾指出："国家制度一旦不再是人民意志的现实表现，它就变成了事实上的幻象。"② 全过程人民民主之所以是人类政治文明的伟大创举，关键在于全过程人民民主体现了全体人民的意志和根本利益，这与西方民主制度有本质的区别。西方民主制度"以资本为中心"，是"维护各种利益冲突的场所，而不是建设共同目标的一个步骤"③。当然，充分表达和体现人民的意志，并非需要每一位公民都要直接参与表达意见，而是需要一个集体表达的代表和机制，这就是中国共产党领导下的人民代表大会制度。中国共产党作为工人阶级的先锋队，是集中代表人民意志和利益的政党，中国共产党领导下的人

---

① Peter Zarrow：Democary in Twentieth-Century China：Notes on a Discourse，Journal of Chinese Philosophy，1999（1）.

② 《马克思恩格斯全集》第3卷，人民出版社2002年版，第73页。

③ ［法］米歇尔·克罗齐等：《民主的危机——就民主国家的统治能力写给三边委员会的报告》，马殿军等译，中华书局1990年版，第175页。

民代表大会制度、政治协商制度、民族区域自治制度、基层群众自治制度等，都是体现集中人民意志的制度安排，为人民意志和利益的表达奠定了制度基础。此外，党的主张来自人民是中国共产党一直坚持和贯彻的方针，中国共产党深刻把握人类社会发展规律、社会主义建设规律和党的执政规律，自诞生之日起，就把为人民谋幸福、为民族谋复兴作为自身的初心和使命。因此，中国共产党一直坚持人民至上的价值取向，坚持党的主张与人民的意志高度统一。

坚持人民共享是全过程人民民主的价值追求。"为了谁"的问题一直是中国共产党时刻思考和回答的根本问题。"为了谁"既是价值判断，又是价值目标。中国共产党在 100 多年的历史进程中，一直秉承"为了人民"的价值取向和价值目标进行奋斗。习近平指出："中国共产党始终代表最广大人民根本利益，与人民休戚与共、生死相依，没有任何自己特殊的利益，从来不代表任何利益集团、任何权势团体、任何特权阶层的利益。"[①] 这里的代表人民根本利益，实际上就是坚持人民共享的原则。中国共产党自成立起，就把让人民过上好日子作为奋斗目标，在实践中不断提升人民生活水平，让人民共同享有经济社会发展的成果。如，2006 年的中央第 1 号文件宣布取消农业税，推动了农业和农村的现代化进程，使农民生活水平上了一个新台阶。2020 年，中国共产党使全体中国人民从此摆脱了贫困，使所有老百姓都过上了好日子。当前，中国共产党把共同富裕作为党和人民的奋斗目标，提出到 2035 年"全体人民共同富裕取得更为明显的实质性进展"[②]。在推进中国现代化进程中，中国共产党始终坚持人民共享的价值逻辑，时刻注意在推动

---

① 习近平：《在庆祝中国共产党成立 100 周年大会上的讲话》，人民出版社 2021 年版，第 11—12 页。

② 《中共中央关于制定国民经济和社会发展第十四个五年规划和二〇三五年远景目标的建议》，《人民日报》2020 年 11 月 4 日。

人民生活水平不断提升的过程中，推进中国特色社会主义现代化事业的向前发展。

（四）全过程人民民主是民主实践与理论创新的结合

全过程人民民主是在实践中发展起来的。从土地革命时期的中华苏维埃共和国尝试进行中国自己的民主实践，到延安时期广泛的民主活动，中国共产党在新民主主义革命时期就获得了丰富的民主实践经验。在延安时期，中国共产党实施了统一战线性质的"参议会"，政府机关人员配备实行"三三制"，实行普遍、直接的选举制度，这使得延安的政治风气为之一新，就连当时到延安考察的美国观察团也不得不承认，"共产党正在得到全国人民的支持"①，而这种支持，正来自共产党实施的广泛的、普遍的、真实的民主实践，激发了人民大众参与国家政治生活的积极性。新中国成立之后，中国共产党领导人民开展了"三大改造"，在中国确立了以生产资料公有制为基础的社会主义经济制度，并于 1954 年召开第一届人民代表大会，制定颁布了新中国的第一部《宪法》，即"五四宪法"。从政治制度上明确了人民当家作主的主体地位，人民是国家的主人，人民群众通过人民代表行使民主权力等。此后，在长期的社会主义建设、改革过程中，中国共产党领导人民形成了人民代表大会制度、区域自治制度、共产党领导的多党合作与政治协商制度、基层自治制度等一系列民主制度。这些制度在保障人民的民主权利、扩大民主范围、夯实民主基础等方面起着十分重要的作用，由此形成了全过程人民民主制度。

全过程人民民主是在民主理论的创新中发展起来的。全过程人民民主是中国共产党对民主理论的创新和发展。从价值内涵上看，全过程人民民主追

---

① ［美］D. 包瑞德：《美军观察组在延安》，万高潮、卫大匡等译，解放军出版社 1984 年版，第 54 页。

求公共利益、公共价值。西方现代民主理论追求程序民主、形式民主，用投票权代替民主，实际上忽视了人民的根本利益，忽视了社会的公共利益，最终造成民主的失效和人民利益得不到满足。全过程人民民主是对西方基于个人主义、工具理性价值基础至上的民主理论的创新和超越。在价值追求上，全过程人民民主追求的是公共价值、普遍价值，即社会的"最大公约数"。全过程人民民主在制度设计、制度实施的过程中，把社会公共价值、普遍价值嵌入其中，并在制度实施中彰显这些价值，从而追求整个社会的利益，而不是个人的、私人的利益。从民主结构看，全过程人民民主具有科学的、复合型的民主结构体系。从性质上说，全过程人民民主是人民民主专政下的全体人民共同享有的民主政体。其中，工人阶级和广大人民通过共产党实现对国家政权的坚强领导；广大人民广泛参与国家、社会、社区的管理。从制度上说，全过程人民民主具有完善的制度体系。人民代表大会是根本政治制度，政治协商制度、民族区域自治制度和基层群众自治制度是基本政治制度。在这些民主制度之下，还有信访制度、监察制度等一系列制度作为全过程人民民主制度的支撑。

因此，可以看出，全过程人民民主是在中国共产党领导的民主实践过程中产生的，既具有扎实的实践基础，又具有科学的理论创新，是理论与实践的有机结合，具有鲜明的特色。

一是实践性。全过程人民民主是在实践过程中形成和发展起来的，没有中国共产党领导人民开展的百余年的民主实践运动，就没有全过程人民民主的产生和发展。毛泽东早在土地革命时期，就指出要反对本本主义，注重把马克思主义同中国的具体实际相结合："以为上了书的就是对的，文化落后的中国农民至今还存着这种心理。不谓共产党内讨论问题，也还有人开口闭口'拿本本来'。""马克思主义的'本本'是要学习的，但是必须同我国的实际情况相结合。我们需要'本本'，但是一定要纠正脱离实际情况的本本主义。"①不能依靠"本本"解决中国的实际问题，那么，依靠什么来解决呢？毛泽东进一步指出，需要在实践中认识问题、解决问题。"无论何人要认识什么事物，除了同那个事物接触，即生活于（实践于）那个事物的环境中，是没有法子解决的……只有在亲身参加变革现实的实践的斗争中，才能暴露那种或那些事物的本质而理解它们。"②全过程人民民主的形成，正是中国共产党遵循实践的观点，坚持实践的思路，在实践中形成和发展起来的。

二是创新性。全过程人民民主是一种创新的民主实践，也是一种创新的民主理论。从实践上看，全过程人民民主的制度设计、制度实施等民主实践过程不同于西方的民主实践，是对西方民主实践的超越和创新。从民主理论上看，全过程人民民主中蕴含的民主价值观、民主思维、民主逻辑、民主框架等理论内容与西方民主理论有根本的区别，是对西方民主理论的超越。可以说，全过程人民民主是被实践证实了的具有科学性、可行性的现代化的民主理论，是一种新型的民主形态。

三是发展性。全过程人民民主是一种发展性的民主理论。从民主的内容看，全过程人民民主强调的是民主的过程性，也就是说，在实施民主的过程中，要求全体人民都能够参与到民主实践中，都能够在民主实践中贡献自己的力量；同时，全过程人民民主追求的是人民的根本利益，即在民主实践过程中，要体现出全体人民的根本利益，要把人民的利益同制度设计、制度实践结合起来。从民主的本质看，全过程人民民主是一种具有自我革命精神的民主理论。全过程人民民主能够根据社会生产力的变化，进行不断的自我完善和自我优化提升。在中国共产党带领人民进行民主实践的不同历史阶段，民主的具体体现形式是不一样的，民主的制度安排和实践方式也是不一样

---

① 《毛泽东选集》第 1 卷，人民出版社 1991 年版，第 111—112 页。

② 《毛泽东选集》第 1 卷，人民出版社 1991 年版，第 286—287 页。

的。但是，其中蕴含的价值观念是一致的。如，以人民为中心的价值取向，一直是中国共产党开展民主实践的根本价值取向。因此，全过程人民民主是一种发展性的民主理论，具有不断的自我革新能力。

三、推进全面依法治国：人类政治文明的伟大实践

依法治国是中国共产党探索国家治理的一次伟大创新，是中国共产党以科学理论为指导，在新时代进行政治文明建设的一项伟大探索和实践。习近平指出："推进全面依法治国是国家治理的一场深刻变革，必须以科学理论为指导，加强理论思维，从理论上回答为什么要全面依法治国、怎样全面依法治国这个重大时代课题。"[1] 新时代以来，全面依法治国在党的领导下取得跨越性发展，无论是从立法的实践上，还是从法律制度的实施上，抑或是在全社会的法治素养上，都取得长足进步。因此，党的二十大报告做出了"全面依法治国总体格局基本形成"[2] 的重要论断，这是党在重要文件中首次提出这样的论断的。

（一）依法治国是中国共产党坚持的一贯原则

中国共产党自成立之日起，就非常重视法律的制定和实施。1931 年中华苏维埃共和国成立之初，即开始了立法工作，注重用法律法规创造出一个超越半殖民地半封建社会的"新社会"。"据不完全统计，这一时期制定的规范性法律文件，达 180 余件，其内容涉及国家生活和社会生活的许多方面。"[3]中华苏维埃共和国的立法工作，既有对国家政权的立法，如《中华苏维埃共

---

① 习近平：《坚定不移走中国特色社会主义法治道路　为全面建设社会主义现代化国家提供有力法治保障》，《求是》2021 年第 5 期。

② 习近平：《高举中国特色社会主义伟大旗帜　为全面建设社会主义现代化国家而团结奋斗》，《人民日报》2022 年 10 月 25 日。

③ 张明之：《中华苏维埃共和国立法工作浅议》，《党的文献》1998 年第 3 期。

和国宪法大纲》《苏维埃暂行选举法》等；也有关于民事、经济等领域的立法，如《中华苏维埃共和国婚姻条例》《中华苏维埃共和国暂行税则》等。这一时期的立法工作，一方面是为了巩固新成立的中华苏维埃政权，另一方面则是党通过立法管理社会进行法制建设探索和实践。中华苏维埃共和国的立法实践，是中国共产党领导下开展法制建设的一次有益探索，取得了一些宝贵经验。这些宝贵经验包括：法制工作要坚持党的领导，才能确保正确的政治方向；立法主体要多元广泛，才能代表最广大人民群众的根本利益；立法形式要丰富多样，才能满足社会发展的多元需求；立法内容要反映时代，才能适应时代发展的现实需要；立法要规范有序，才能保障法律的科学权威等。此后，在延安时期、解放战争时期，党一直非常重视法制建设，在坚持马克思主义法治思想的基础上，进行了立法、执法等的实践探索，积累起丰富的法制建设经验，为新中国的成立和社会的法制进程做好了科学的理论准备、积累了丰富的实践经验。

新中国成立之初，党就领导人民开始了新的法制建设探索工作。1949年，在党的领导下，各族人民和民主党派一起，制定了《中国人民政治协商会议共同纲领》，并以此为基础，开始了以立法方式在中国确立社会主义制度的尝试，进而巩固了人民民主专政的社会主义新中国。毛泽东指出，"用宪法这样一个根本大法的形式，把人民民主和社会主义原则固定下来，使全国人民有一条清楚的轨道，使全国人民感到有一条清楚的明确的和正确的道路可走"[1]。1954年9月，新中国第一部宪法颁布实施，中华人民共和国的国体、政体、民族区域自治制度等新中国的权力来源、治理方式等以宪法的方式确立下来，"五四宪法"成为党领导人民开展法治实践的一项重要成果。在《共同纲领》和《五四宪法》的指引下，新中国先后制定实施了婚姻法、土

---

[1] 《毛泽东文集》第6卷，人民出版社1999年版，第328页。

地法、工会法等系统的法律体系。新中国成立初期的法制实践首先是巩固革命胜利果实，推动新政权朝着社会主义国家方向前进，因而，这一时期的法制实践具有重要意义。

首先，新中国成立初期的法制实践使新中国由新民主主义国家顺利过渡到社会主义国家。在《共同纲领》《五四宪法》及一系列法律体系的保障下，确保了过渡时期的基本方向必须是社会主义。其次，建立起相对完备的法律体系，是党领导人民开展社会主义建设和探索的法制基础。建立起符合我国社会主义国家性质的法律体系，并进一步巩固社会主义政权，是这一时期法制建设的重要任务。相对完善法律体系的建立，一方面巩固了社会主义制度，另一方面则规范了社会主义社会的秩序，为进一步的社会主义建设和探索提供了健康稳定规范有序的社会环境。最后，进行了法治与德治协同推进的有益探索。毛泽东指出，"法律这个东西，没有也不行，但我们有我们这一套，调查研究，就地解决，调解为主。不能靠法律治多数人，多数人要靠养成习惯。"[1] 显然，毛泽东在这里不仅强调了法律在规范人们社会生活中的重要性，还指出了法律并非万能，需要其他方式的辅助，而这里"养成习惯"，实际上说的就是要从社会道德规范方面着手规范人们的行为。

改革开放以后，随着社会政治经济文化的发展和变化，法制建设显得尤为重要。邓小平非常重视法制建设，改革开放伊始，邓小平就强调要反对人治，推崇法制。邓小平指出："如果一个党、一个国家把希望寄托在一两个人的威望上，并不很健康。"[2] 邓小平还特别重视法制教育及法制观念的形成，在他看来，只有社会上的每一个人都树立了法制观念，都能维护法律的尊严和权威，才能够真正实现社会的法制化。而要达成这一目标，就要加强法制

---

① 《毛泽东年谱（1949—1976）》第 3 卷，中央文献出版社 2013 年版，第 421 页。
② 《邓小平文选》第 3 卷，人民出版社 1993 年版，第 272 页。

教育，教育人民知法、懂法、守法、护法。邓小平指出："法制教育要从娃娃开始，小学、中学都要进行这个教育，社会上也要进行这个教育。"[①] 邓小平还重视建立完备的社会主义法制。一方面，强调民主与法制之间的互补关系，通过民主制度的法制化，推动社会主义民主化的进程。对此，邓小平指出，"要加强民主就要加强法制。没有广泛的民主是不行的，没有健全的法制也是不行的"。[②] 另一方面，强调通过制定不以领导人意志为转移的法律，推进社会主义法制化的进程。邓小平认为，完备的社会主义法制，是人民意志、国家意志的体现，而不是领导人意志的体现，法律不仅要完备，还要稳定而有序。即，法律不能朝令夕改，要成熟稳定。江泽民、胡锦涛把建立完备的社会主义法制体系推向前进，并在实践过程中，提出用法治替代法制，推动了社会主义法治建设不断深入发展。

进入新时代之后，面对社会主义法治建设面临的新形势，习近平提出全面依法治国的法治战略，为新时代中国特色社会主义法治建设指明了方向。习近平从社会主义法治的政治性、战略性、人民性、系统性、实践性等特征出发，对社会主义法治建设的内容和方向进行了明确规定。从中国共产党成立至今，在100多年的时间里，共产党无论是在革命、建设年代，还是在改革开放、新时代，都坚持依法治国的法治建设思路。可以说，依法治国是中国共产党长期坚持的一贯原则，是中国共产党革命、建设、改革的重要内容。

（二）全面依法治国的核心是正确处理党与法之间的关系

习近平指出："党和法治的关系是法治建设的核心问题。"[③] 正确处理党和法治之间的关系，是能否顺利推进全面依法治国的关键问题。长期以来，受到西方三权分立思想的影响，有一部分人认不清中国特色社会主义法治的

---

① 《邓小平文选》第3卷，人民出版社1993年版，第163页。
② 《邓小平文选》第2卷，人民出版社1994年版，第189页。
③ 《习近平关于全面依法治国论述摘编》，中央文献出版社2015年版，第22页。

独特性与优越性，纠结于"党大还是法大"的伪命题，认为坚持党的领导就不能维护宪法的权威，这种认识实际上是割裂了党的领导与依法治国之间的必然联系，势必会导致法治的失败和历史虚无主义。

习近平对"党大还是法大"的问题进行了明确回答。习近平认为，全面依法治国就是要加强党的领导，而不是削弱党的领导，对于"党大还是法大"的问题，应予以明确的回答，含糊其辞或者模糊对待反而不利于全面依法治国的开展。习近平指出："'党大还是法大'是一个政治陷阱，是一个伪命题。对这个问题，我们不能含糊其辞、语焉不详，要明确予以回答。"[1] 从逻辑上看，党的领导和社会主义法治是内在统一的。那是因为，中国共产党作为工人阶级的先锋队，代表着广大人民群众的根本利益，党的意志是人民意志的集中体现。社会主义法治体系的形成以及包含的各项具体法律条文，都是党的意志通过一定的法定程序转化成为国家意志的。因此，"党的政策成为国家法律后，实施法律就是贯彻党的意志，依法办事就是执行党的政策"[2]，实际上也就是贯彻人民的意志，这充分体现了党的领导、依法治国和人民意志的高度统一。

从实践上看，党的领导是推进全面依法治国的有力武器。针对社会主义法治进程中出现的立法部门化、立法滞后、立法违背上位法等不良现象，只有坚持党的领导，吃透吃准党中央的精神，才能科学立法。对此，习近平指出："地方立法要有地方特色，需要几条就定几条，能用三五条解决问题就不要搞'鸿篇巨制'，关键是吃透党中央精神，从地方实际出发，解决突出问题。"[3] 在这里，习近平讲到了两个问题，一是立法的针对性问题；二是立法的统一性问题。立法有针对性，才能真正解决老百姓关心的疑难问题，真

---

① 《习近平关于全面依法治国论述摘编》，中央文献出版社 2015 年版，第 34 页。

② 《习近平关于全面依法治国论述摘编》，中央文献出版社 2015 年版，第 20 页。

③ 中共中央宣传部：《习近平法治思想学习纲要》，人民出版社 2021 年版，第 83 页。

正用法律为老百姓办实事；立法有统一性，才能使法律真正代表人民的根本利益，体现人民的诉求。此外，党的领导在严格执法、公正司法、全民守法等社会主义法治实践过程中，都有十分重要的意义。以全民守法为例，坚持党的领导，一方面要加强党对普法教育的领导，做好学校法治教育、社会法治教育、组织法治教育的一体化推进。若没有党的领导，则很难协同各种资源，协调推进法治教育。另一方面，党的领导则体现为党员干部带头遵纪守法，为社会做出正面榜样。党的十八大以来，党中央坚持高压反腐败态势，"老虎""苍蝇"一起打，惩治了一批党内腐败分子，使党内风气为之一新。党中央带头反腐败，表明了共产党坚持"把权力关进笼子"的决心，也体现了在党的领导下，法律面前一律平等的社会主义法治精神。

可以说，在党的坚强领导下，社会主义法治建设稳步推进，全面依法治国得到切实落实。党的领导是全面依法治国的前提和基础，没有党的坚强领导，全面依法治国很难顺利开展，更难以取得实际效果。全面依法治国是党领导下社会主义政治文明建设、社会主义法治建设的重要成果，全面依法治国为新时代党领导人民推进社会主义现代化事业提供了坚强的制度保障。

（三）全面依法治国的目标是走中国特色社会主义法治道路

推进全面依法治国，根本上是要走中国特色社会主义法治道路。与西方发达国家建立在生产资料私有制基础之上的法律体系不同，在党的领导下，中国坚持社会主义生产资料公有制，坚持人民民主专政，坚持在中国大地上探索符合自身特点与实际的法治体系、法治道路，走出了一条符合中国特色的社会主义法治道路。

中国特色社会主义法治道路的核心是坚持党的领导。党的领导是社会主义法治最显著的特征，也是社会主义法治的根本属性。首先，坚持党的领导，可以确保社会主义法治道路的方向。方向问题是中国特色社会主义的根本性问题，在中国特色社会主义现代化进程中，必须坚持正确的政治方向，必须坚持社会主义方向发展不动摇。法治建设亦是如此，必须沿着中国特色社会主义道路前进。其次，坚持党的领导，可以最大程度发挥法律的效力，为中国特色社会主义现代化服务。在实践中，党的领导不仅能确保法治建设的方向，还能在很大程度上推进科学立法、严格执法、公正司法和全面守法等法治实践的顺利开展。党既可以通过一定的程序把自身意志转化为国家意志，成为法律；也可以通过组织的形式，推进法律的制定和实施，尤其是针对一些法律执行不到位的情况，可以解决因法律空白带来的社会问题。

中国特色社会主义法治道路的关键是建立起完善的法治体系。推进全面依法治国，关键是建立起完善的社会主义法治体系。习近平指出："建设中国特色社会主义法治体系，要顺应事业发展需要，坚持系统观念，全面加以推进。"[①] 首先，要加强立法工作。针对一些法律空白领域、法律短板问题及社会新领域、新形态的法律问题，加强立法工作。如，应加强数字经济领域的立法工作、生态领域的立法工作、国家安全领域的立法工作等。其次，要深化法治改革。针对立法、执法过程中出现的问题，特别是法律的制定和实施无法保障人民群众对于社会正义、社会公平等的追求的问题，加强立法和执法过程的改革，确保有法可依、执法有序。针对法律的监督问题，加大改革力度，建立起相互制约的体制机制，确保对法律制定、执行过程的有效监督。针对法治人才培养问题，要加快各级法治人才队伍建设，着力培养一批具有国际视野、战略眼光、尊法守法、忠法爱法的法治人才队伍。最后，要加强研究与宣传。着力研究"法治"与"德治"、社会主义法治建设的特点与优势等全面依法治国实践中的理论问题，从学理上构建社会主义法治体系。加强法治宣传工作，通过宣传教育，使社会形成"尊法守法护法"的良

---

① 习近平：《坚持走中国特色社会主义法治道路　更好推进中国特色社会主义法治体系建设》，《求是》2022 年第 4 期。

好氛围。

中国特色社会主义法治道路的实践主体是人民群众。推进全面依法治国，根本上是要维护人民群众的利益，保障人民群众过上美好生活。因此，在中国特色社会主义法治道路的实践中，必须坚持人民至上的价值取向和实践方向。也就是说，在中国特色社会主义法治建设进程中，要回答好"为了谁"这一根本性的问题。从价值上看，我国法治建设具有人民属性，是为了人民、服务人民而制定实施的。我国是人民当家作主的社会主义国家，国家的任何行为，包括法治建设，从逻辑上说，都是为了保障人民当家作主地位、为了保护人民群众的根本利益。这就要求我们"要把体现人民利益、反映人民愿望、维护人民权益、增进人民福祉落实到依法治国全过程，使法律及其实施充分体现人民意志"[①]。从主体上看，人民群众是法治实践的主体，中国特色社会主义法治建设能否顺利开展，关键看人民群众是否真正作为主体参与进来。一方面，党和国家要把人民的意志转化为国家意志，成为法律法规；另一方面，人民群众要积极参与法治建设的全过程，在法律宣传、守法执法等过程中扮演主力军的角色。

中国特色社会主义法治道路体现为法律面前人人平等。法律面前人人平等是现代法治思想的核心观点之一。资产阶级在同中世纪的、封建的、农奴制的等级特权作斗争的时候，提出了全体公民权利平等的要求。与资产阶级法律所提出的法律面前人人平等不同，社会主义法治中追求的法律面前人人平等具有更加丰富的内涵。社会主义法治的法律面前人人平等是实质的平等而非形式上的平等。"首先要求法律应具有内在的平等精神，内容应符合社会主义本质特征和社会主义道德要求，不得对人作不合理的区分；其次法律

[①]　习近平：《加快建设社会主义法治国家》，《求是》2015 年第 1 期。

应得到严格的遵守和执行，不得对法律上同类的人差别对待"①。而生产资料的社会主义公有制、坚持党的领导、坚持人民至上的法治价值取向等，又能确保法律面前人人平等这一法治思想由观念转变为现实，使社会主义法律真正能够保障人民的各项权益。

（四）全面依法治国的关键是"法治"与"德治"的有机结合

全面依法治国要坚持"德治"与"法治"的有机结合。那是因为，法律是社会的底线，道德则体现了社会对于真善美的追求，是高于法律、高于一般社会规范的高尚的人格追求和社会理想。马克思、恩格斯在《共产党宣言》中指出："每一历史时代的经济生产以及必然由此产生的社会结构，是该时代政治和精神的历史的基础。"②可见，我国社会中的法律与道德作为社会主义公有制基础之上的"政治产物"，其存在和发展的根本目标是一致的，即作为中国式现代化的政治文明的重要组成部分，是为中国现代化的推进"保驾护航"的。党的二十大报告指出："坚持依法治国和以德治国相结合，把社会主义核心价值观融入法治建设、融入社会发展、融入日常生活。"③也就是说，"法治"与"德治"要相得益彰、有机结合，才能最大限度发挥各自的功能，为现代化建设服务。

第一，中国自古就有"法治"与"德治"结合的传统基因。在中国传统文化中，一直有"德主刑辅"的理念。即是说，在社会治理中，坚持道德教化优先，以刑法辅助之。孔子、孟子均提出了道德教化与法律规范结合起来才能促进社会发展的思想。尤其是汉朝董仲舒提出"罢黜百家、独尊儒术"之后，以道德教化为主、法律规范为辅的中国古代社会治理格局已然形成。

---

① 朱玉苗：《平等实现的道路》，《西南民族大学学报（哲学社会科学版）》2001 年第 5 期。

② 马克思、恩格斯：《共产党宣言》，人民出版社 2018 年版，第 7 页。

③ 习近平：《高举中国特色社会主义伟大旗帜　为全面建设社会主义现代化国家而团结奋斗——在中国共产党第二十次全国代表大会上的报告》，《人民日报》2022 年 10 月 25 日。

对此，习近平指出："尽管古人对德法的地位和作用认识不尽相同，但绝大多数都主张德法并用。"①纵观中国古代历史可以发现，任何一个朝代，如果只重视道德教化，或者只重视严刑苛法，都不会长久，只有把二者结合起来，才能国祚绵长、兴旺发达。因此，在全面依法治国的实践中，一定要把"法治"与"德治"有机结合起来。那是因为，几千年德法并用的历史传统已经深深地刻在每一名中国人的血液里、骨子里和理念中，只有继承优良传统，并根据现实情况将其发扬光大，才能顺利、有效地推进全面依法治国的进程。

第二，"法治"与"德治"有机结合是对全面依法治国规律的把握和运用。习近平指出："这既是历史经验的总结，也是对治国理政规律的深刻把握。"②在中国的现代化发展过程中，运用法律武器维持社会稳定，为中国特色社会主义市场经济的平稳有序运行保驾护航，和运用社会主义道德教育凝聚力量，团结不同领域不同行业的人们积极投身社会主义现代化建设，是一个问题的两个方面。因此，可以说，在中国式现代化发展进程中，"法治"与"德治"的有机融合，是中国特色社会主义现代化道路的鲜明特征和显著优势。从现代化发展的内在要求看，一般意义上的现代化，即包括了法治的现代化。执政党要根据社会发展需要、人民群众需要不断运用法律武器调整社会关系，维持社会的稳定健康发展。如，新时代以来，《民法典》《国家安全法》等一系列法律的颁布和实施，体现了党领导人民开展全面依法治国以维持社会稳定健康发展的伟大实践。从现代化发展的实践目标看，现代化发展是要为人民群众创造出更加优质的生活条件、更加丰富的精神资源等，这就需要发挥道德教化的作用。中国共产党正是认识和把握了"法治"与"德治"之间的内在关系，把其运用到社会主义现代化建设实践中，才极大推动

---

① 习近平：《论坚持全面依法治国》，中央文献出版社 2020 年版，第 178 页。
② 习近平：《论坚持全面依法治国》，中央文献出版社 2020 年版，第 166 页。

了中国式现代化政治文明的发展。

第三，以"法治"促"德治"是全面依法治国的前提。高尚的道德人格、完美的道德生活是中国人自古以来就追求的理想境界，也是全面依法治国的目标追求。那是因为，"没有道德就不会有任何社会生活"。① 因此，在社会生活中崇德向善，在政治生活中崇尚"德治"是必然要求。那么，如何促进"德治"呢？一条重要的途径就是通过"法治"促进社会道德建设。具体来说，包括三个层面的内容。一是通过立法保障社会道德的底线。"法律是底线、道德是准绳"，在社会生活中，道德并不具有强制约束力，这就需要"法治"这一武器发挥底线功能，为社会守好底线，只有这样，才能营造良好的社会环境。二是通过执法推崇美好的道德追求。执法机关在执法过程中，不仅要保障人民群众的人身财产权益，更重要的是要通过执法在社会上崇尚公平、正义的道德追求。即如习近平所说的："要坚持严格执法，弘扬真善美、打击假恶丑。要坚持公正司法，发挥司法断案惩恶扬善功能。"② 三是在守法中追求高尚的道德价值。也就是说，要通过引导人们用法、守法，运用法律武器保障社会道德和价值，提升社会道德水准，达到全面依法治国的要求。

第四，以"德治"促"法治"是全面依法治国的支撑。习近平指出："没有道德滋养，法治文化就缺乏源头活水。"③ 要达成全面依法治国的目标，必须要有社会道德建设的支撑。具体来说，包括两方面内容。一是社会道德建设对法治文化的支撑作用。全面依法治国，根本上是建立起现代化的法治文化，用法治文化促进中国的法治进程。在这一过程中，需要用道德滋养法

---

① ［英］米尔恩：《人的权利与人的多样性——人权哲学》，夏勇、张志铭译，中国大百科全书出版社 1995 年版，第 43 页。

② 习近平：《论坚持全面依法治国》，中央文献出版社 2020 年版，第 166 页。

③ 习近平：《加快建设社会主义法治国家》，《求是》2015 年第 1 期。

治精神，再以法治精神建设法治文化。二是社会道德建设对法治实践的促进作用。社会道德建设落实到具体实践中，可以提升人们的思想道德素养，让人们在法治实践中以公平、正义、善等道德要求开展法治实践，从而提升了法治实践的质量和水平。

第五，"法治"与"德治"有机结合是全面依法治国的具体实施和实践。"法治"与"德治"相结合，就是要在实践中综合运用好法律与道德两种武器，推进中国的现代化发展。一是运用法治手段解决社会道德难题。习近平指出："要依法加强对群众反映强烈的失德行为的整治。"①针对人民群众反映强烈的拜金主义、扶不扶现象、食品安全、侮辱英烈等社会道德难题，国家果断立法、加强执法，通过法治保障和现代化技术手段，严厉打击社会上的不道德行为、不道德现象，社会风气逐渐好转。二是社会主流价值观融入法治建设。我国社会主流价值观就是社会主义核心价值观，把社会主义核心价值观融入法治建设，就是要在国家立法、执法的全过程，彰显核心价值观的价值取向、价值追求。如，"诚信"作为社会主义核心价值观的组成部分，在《民法》《经济法》等立法和修法的过程中，突出彰显"诚信"价值观，运用法律武器鼓励和保障法人主体在市场活动中坚持"诚信"的价值观，解决了社会主义市场经济体制建设进程中的道德缺失难题，推进了中国的现代化发展进程。

---

① 习近平：《论坚持全面依法治国》，中央文献出版社 2020 年版，第 167 页。

第四章
中国式现代化对人类精神文明的伟大贡献

精神文明是人类从事物质生产实践凝结的精神成果，是人类思想道德的进步。文明系统中的精神文明建设主要指"思想文化的现代化"①。思想文化的现代化是现代化建设的核心要素，代表文明的最高层次，能够引领现代化发展的方向，指引文明朝向高层次发展，能够提供现代化建设的精神力量，为经济建设和社会建设提供智慧支持，能够规范和调整人们的道德行为，建构公序良俗的社会，能够通过教育、文化、思想的发展为现代化建设提供价值支持。可以看出，以思想文化为核心内容的精神文明建设是解读一国文明形态的精神密码，是理解一国现代化道路的文化基因。中国式现代化历经百年历程推进精神文明不断发展，马克思主义持续创新，焕发出蓬勃生机，是推动中国式现代化的精神文化灵魂，不断赋予中华优秀传统文化时代内涵，源源不断提供精神文明建设的文化力量。中国式现代化并非其他文明的翻版，而是中华文明的辉煌再续，贡献马克思主义中国化最新理论成果，创造人类"精神文明新形态"②，校正人类精神文明发展的方向。

---

① 杨金海：《人类文明新形态提出的深远历史意义》，《思想理论教育导刊》2021 年第 7 期。
② 项久雨：《人类精神文明新形态论要》，《学校党建与思想教育》2022 年第 19 期。

一、中国式现代化推进精神文明发展历史进程

精神文明建设是中国式现代化的重要内容。要对中国式现代化对人类精神文明的伟大贡献进行考察，首先就需要回到历史深处，深刻总结百年来精神文明建设的历程。从历史分期的视角来看，中国式现代化推进精神文明建设大体历经艰辛探索阶段到社会主义精神文明奠基、创新发展和精神文明新形态的创造的历史进程。

（一）新民主主义革命时期精神文明建设的艰辛探索

近代以来，西方列强通过坚船利炮摧毁了中国国门，中国的经济、文化、政治遭遇几千年历史上最严重的危机，如何图强就成为关系中国发展命运的最大问题。在历史的重要关头，各个阶级的先进分子都在探索如何通过现代化实现国家富强，使国家摆脱屈辱。封建保守派的洋务运动倡导者主张利用技术变革，引进先进技术发展中国。资产阶级分为保守和激进两派，保守派主张学习西方政体，效仿日本进行政治制度改革，以制度革新实现现代政体建立；激进派则主张以文化图强，发展西方先进的民主和科学文化对中国进行改造，开启现代化之路。总体来说，近代中国探索现代化道路经历从以技术为代表的器物强国到改革政体的制度强国，再到推翻旧文化以"新文化"救中国的文化发展道路。然而，这些变革在复杂的国内外局势下都没有最终成功。正如习近平所说，这个阶段"中国迫切需要新的思想引领救亡运动，迫切需要新的组织凝聚革命力量"。[①]十月革命的爆发，马克思主义开始传入中国，至此中国人找到解救自身的"文化主心骨"。1921年，一个高举马克思主义的先进政党诞生，开始引领中国走向复兴的艰难探索之路。自党

成立以后，我们党就开始进行传播、创新马克思主义的文化建设之路，开始马克思主义政党精神文明建设的初步探索。1927 年，大革命失败之后，我们党开辟了农村革命根据地，在发展生产的同时开展文化建设，宣传教育马克思主义，革命文化建设成为党精神文明建设的重要内容。抗战之后，毛泽东结合中国的国情，公开发表《新民主主义论》，明确要求建设新民主主义文化。这是一条与西方文化和中华传统文化根本不同的文化建设之路，成为抗战时期进行精神文化建设的纲领性文献。抗战胜利后，为巩固胜利成果，拓展马克思主义的影响力，我们党积极创办文化社团、报纸刊物，开展文化教育宣传党的最新思想和理论。这段时期的文化建设培养了大批的无产阶级革命者，为革命的最终胜利提供了精神支柱，对马克思主义的科学运用和发展创新，也为新中国成立后精神文明建设提供了方法和经验。总体来看，这段时期的精神文明建设呈现以下特点：

一是"破"与"立"相结合，破除"旧文化"对社会的影响，确立起马克思主义在精神文化建设中的指导地位。近代以来，曾经创造文明辉煌的"旧文化"已经难以再续辉煌，反而成为中国走向现代化的制约力量。人们认识到在中国进行现代化建设必须破除封建"旧文化"对人们精神的麻痹作用，需要对"旧文化"进行批判创新发展。同时，完全西化的思想也成为中华文明前进的又一制约力量。不可否认的是，在一定时间内，西方文化推动着国人走向现代化，成为现代文化觉醒的重要资源。但是，如果陷入完全西化的陷阱中，让西方文化主导中国走向现代化道路，那么中国就会沦为西方的附庸，被帝国主义所奴役。中国共产党打破了"旧文化"和西方文化的冲击，确立马克思主义为文化建设的指导思想，开启新文明的建设历程。毛泽东探讨了文化与社会变革的关系，揭示了文化并非独立存在的，而是特定社会"政治和经济的反映"①，由此进行新文化建设和新的社会革命就要革除旧

① 《毛泽东选集》第 2 卷，人民出版社 1991 年版，第 663 页。

经济、旧政治和旧文化，建立全新的新文化、新政治和新经济。

二是提出建设新民主主义文化。新民主主义文化理论系统回答了在当时的中国建设何种文化、谁来领导文化建设、为谁发展文化的关键问题，引领中国文化建设取得了诸多重要成果，民众的思想道德素质不断提升。毛泽东认为，对于新文化的领导权问题不存在争议，只能是无产阶级思想来领导，而不可能是任何其他阶级的思想。毛泽东创造性地将其概括为"无产阶级领导的人民大众的反帝反封建的文化"①。这样就对文化的性质、领导权和核心内容进行了精准概括。当然，由于历史所处阶段的时代制约，就决定了这时期的文化建设还是"新民主主义的，不是社会主义的"。②

三是明确新文化"新"的地方，确立新民主主义时期文化建设的根本方向。毛泽东提出，新民主主义文化并非是已存在的资产阶级的文化，也不是纯粹无产阶级社会主义的文化，而是在特殊历史时期同人民实践结合的文化，即"民族的科学的大众的文化"③。所谓的民族性是指，中国要反对帝国主义、封建主义，赢得民族独立，文化要为民族独立服务，具有明显的时代性和民族文化特征。所谓的科学性是指，科学对待一切旧文化、西方文化，以批判态度合理吸收借鉴，反对错误思潮和错误理论对中国人民思想的侵蚀。所谓大众化是指，文化要成为大众的文化，要为大多数的人民服务，成为人民享有的文化。可以说，正是民族、科学、大众的文化特性让"新文化"展现出强大的生命力，成为文化自信的根源，奠定党精神文明建设的良好开端。

（二）社会主义革命和建设时期精神文明建设的奠基阶段

1949年9月，毛泽东就提出"中国人被人认为不文明的时代已经过去

---

① 《毛泽东选集》第2卷，人民出版社1991年版，第698页。
② 《毛泽东选集》第2卷，人民出版社1991年版，第705—706页。
③ 《毛泽东选集》第2卷，人民出版社1991年版，第706页。

了，我们将以一个具有高度文化的民族出现于世界"。① 向世界宣告了，中国人民对于建设新的文明、新文化的高度自信。1950 年 6 月，针对如何从新民主主义文化过渡到社会主义文化，如何对待旧学校、旧文化事业的问题时，毛泽东提出，既不能有不改革懒惰思想，也不能急功近利，而是要通过教育让爱国人士为人民服务。1951 年，毛泽东提出要在教育战线和知识分子中进行思想改造，通过引导进行自我教育、自我改造，让思想文化适应新的社会发展，这种思想领域的革命是"各方面彻底实现民主改革和逐步实行工业化的重要条件之一"。② 正是精神文化领域的思想改造凝聚了国民经济恢复和社会主义改造的强大精神力量，促进了工业化的大发展，为经济建设提供精神保障。1954 年，毛泽东从文明的高度，明确我们要"建设成为一个工业化的具有高度现代文化程度的伟大的国家"。③ 这就要求现代化建设在发展工业化的同时，要注重文化建设，形成物质与精神的协调，这也成为中国进行现代化建设的宝贵经验。1956 年，社会主义制度的最终确立，开启社会主义文化建设的新篇章。针对文化发展问题，我们党提出"百花齐放，百家争鸣"的"双百"文化发展方针。毛泽东对这一方针进行科学定位，认为"这是一个基本性的同时也是长期性的方针，不是一个暂时性的方针"。④ 这一方针明确了如何对待文化艺术中不同思想体系、不同流派的科学态度，针对文化艺术的争议给予高度的自由，给予思想创新足够的空间，为这一段时期文化的发展奠定了科学的方法论支撑。这一段时期，精神文明建设取得了重要的发展，明确文化建设的根本方针，搭建了社会主义文化建设的主阵地，人民的文化水平得到显著提升，提供了现代化建设的精神文化力量，为开创社会主

---

① 《毛泽东文集》第 5 卷，人民出版社 1996 年版，第 345 页。
② 《毛泽东文集》第 6 卷，人民出版社 1999 年版，第 183—184 页。
③ 《毛泽东文集》第 6 卷，人民出版社 1999 年版，第 350 页。
④ 《毛泽东文集》第 7 卷，人民出版社 1999 年版，第 278 页。

义精神文明建设奠定了坚实基础。总体来说，这一时期精神文明建设主要有以下特征：

一是确立了马克思主义在文化建设中的主导地位，不断提升人民的文化水平。新中国成立之后，我们党就开启宣传和学习马克思主义的热潮，通过教育改革、艺术创作、文化宣传等多种手段，不断提升人们的马克思主义素养，奠定经济建设的思想基础。面对知识分子中信仰马克思主义人数较少的问题，通过教育、引导等思想改造将广大知识分子吸纳到党的队伍之中去，成为文化教育的主力军。新中国成立之初，我国的文盲率高达 80%，人民文化素养较低，不足以支撑工业化的发展，成为现代化建设的阻力。从 1950年开始，我国开始了"扫盲"工作，在全国开启学习文字，清除文盲的教育热潮。到 1965 年，我国"文盲率"得到有效减少，文化教育取得初步成效。

二是探索文化建设的科学规律，形成文化发展的科学有效方针。文化建设有其固有的规律，遵循文化发展规律能够带来文化发展的繁荣，倘若违背规律则会带来文化发展的歧途，现代化建设也会失去有效精神支撑。毛泽东深刻把握文化建设规律，提出繁荣文化的科学方法，明确对于文化艺术的争论"应当通过艺术界科学界的自由讨论去解决，通过艺术和科学的实践去解决，而不应当采取简单的方法去解决"[①]。在面对现实中存在的非马克思主义者和社会思潮，毛泽东提出只要不是反革命人士，就不能简单禁止思想，需要让其在社会主义文化感悟、比较中，在文化自由思考中走向社会主义。针对社会主义文化代表谁、为谁发展的问题，明确提出文化建设只能是为了人民，代表人民，这就确立了文化建设的性质和根本方向，回答文化的意识形态性问题。针对中国传统文化、西方外来文化的问题，提出"古为今用、洋为中用"的科学方针，以批判性态度选择适宜今用的传统文化，发展民族传

---

① 《毛泽东文集》第 7 卷，人民出版社 1999 年版，第 229 页。

统文化的力量，以开放吸收、批判借鉴的态度对待外来文化，彰显文化建设的包容性、开放性和先进性。这些科学的文化建设方法和思想体系都成为中国精神文明建设的基本遵循和根本原则，对促进精神文明建设具有重要意义。

（三）改革开放新时期精神文明建设的创新发展

面对"文化大革命"对我国经济、文化等领域的破坏，中国的现代化建设速度变缓，亟须解放思想，破除各种束缚经济文化建设的观念、制度，以改革开放开启现代化建设的新征程。1979 年，邓小平提出"中国式的现代化"的新概念，并且对现代化的历史特点进行全面分析，作出要从中国实际出发发展现代化的重要论断。经济建设成为发展现代化的重心，如何服务经济发展成为文化建设新的使命。邓小平明确提出对于社会主义来说，"不但要有高度的物质文明，而且要有高度的精神文明"[1]，不能只注重物质方面，而忽视精神文明发展。这时期精神文明建设需要服务于市场经济的发展，需要发展与市场经济适应的现代文化，不断提升人们的思想文化素质，提供经济发展的精神支撑。

20 世纪 90 年代，世界形势发生重大变化，社会主义遭遇重大挫折，面对复杂的国际环境，我们党坚定走社会主义道路，在文化领域继续推进社会主义文化建设。江泽民创造性提出"三个代表"重要思想，引导文化建设发展。为进一步提升精神文明建设水平，"科教兴国"和"以德治国"成为这一时期文化建设的最新战略部署。21 世纪，胡锦涛直面社会主义文化的核心问题，回答了现代化建设的核心价值和精神密码，回应了现代化建设需要怎样的价值观，首次提出"社会主义核心价值体系"，强调是"社会主义意识

---

[1] 《邓小平文选》第 2 卷，人民出版社 1994 年版，第 367 页。

形态的本质体现"[①]，是中国式现代化的价值内核。这一时期精神文明建设内容丰富，明确了精神文明建设的初步体制机制，推动了社会主义精神文明建设的创新发展。

一是不断推进精神文明建设，形成精神文明现代化建设的新局面。为进行拨乱反正，扭转"两个凡是"错误思想对现代化建设和经济文化发展的束缚，我们党开始了思想领域大讨论，作出要将工作重点转移到经济建设的决定。这种具有划时代意义的拨乱反正在"中国文化发展史上，也具有里程碑式的意义"[②]。由此，中国式现代化开启经济和文化共同发展的协调发展之路。党的十二大对精神文明建设的具体内容、方针政策进行详细诠释，明确了精神文明的发展方向，将精神文明确立为社会主义的重要特征，能够体现社会主义制度优越性，这是我们党对精神文明建设的最新定位，是文化建设理论的重大创新。1986 年，党中央全面部署改革开放新时期的精神文明建设工作，作出《中共中央关于社会主义精神文明建设指导方针的决议》，明确进行文化建设的指导思想、原则、内容、行动方案、战略意义等，成为推动精神文明建设的重要决议。该决议明确教育、科学的重要性，人们逐渐认识到只有教育和科学文化得到良好发展，精神文明才能得到较高层次的发展，进而推动经济社会的发展。1996 年，党中央针对精神文明建设中存在的突出问题，作出《中共中央关于加强社会主义精神文明建设若干重要问题的决议》，再次明确精神文明建设的方向、原则和行动目标等。1997 年，党的十五大提出要"建设有中国特色社会主义的文化"[③]的最新战略目标，成为精神文明建设的最新发展。党的十六大明确文化在国际竞争中占据越来越重要位置，是

---

① 《十七大以来重要文献选编》上，中央文献出版社 2009 年版，第 26 页。

② 《中国共产党与中国先进文化》编写组：《中国共产党与中国先进文化》，中共中央党校出版社 2001 年版，第 96 页。

③ 《十五大以来重要文献选编》上，人民出版社 2000 年版，第 19 页。

一个民族的血脉，提出了发展先进文化的目标，要求建立与经济体系适配、承接传统文化、与法律规范协调的思想道德文化体系，阐明文化发展以提升人的发展，满足人的需要为最终目标。党的十七届六中全会进一步对现代化建设中精神文明发展的未来走向进行科学研判，明确要推动文化"走出去"，在文化交流中提升核心竞争力，不断扩大中国文化的国际影响力，"建设社会主义文化强国"。这一目标的提出把精神文明建设提高到新的高度，成为衡量国家核心竞争力的关键内容，通过顶层设计、制度建立等一系列的战略部署，精神文明建设的体制机制更加完善、政策保障更加健全，文化竞争力不断提升。

二是确立社会主义核心价值体系，推动精神文明繁荣发展。伴随改革开放的深入，经济发展中的道德、伦理问题越来越突出，西方文化渗透到人们生活的各个空间，不断侵蚀精神信仰，磨灭人们的奋斗意志，传统的道德文化已经不能解决文化领域的突出问题，不得不思考社会主义的核心价值观是什么？需要怎样的价值观来引导经济和文化建设，凝聚国人价值情感，抵制西方腐朽思想的蔓延。党的十六届六中全会提出了"社会主义核心价值体系"，开启了宣传社会主义精神价值的宣传教育活动，不断推动人们内化于心，外化于行，自觉践行核心价值体系的内容要求。21世纪，文化成为核心竞争力和软实力的重要部分，如何提升文化软实力，促进文化领域的繁荣成为顶层设计的重要内容。党的十六大，针对中国的文化建设进行"文化产业"和"文化事业"的划分，并制定专门的政策、制度推动文化全面发展，建设繁荣的文化局面。2011年，党中央作出《关于深化文化体制改革　推动社会主义文化大发展大繁荣若干重大问题的决定》，全面部署文化体制的革新，解放文化生产力的发展，推动社会主义精神文明建设繁荣发展。

（四）新时代人类精神文明新形态的创造

党的十八大以来，中国式现代化在精神文化建设方面不断铸就新辉煌，围绕增强"文化自信",不断加强文化强国建设,提升文化核心竞争力,形成了一系列新的文化理论,指引精神文明新形态的不断创新发展。新时代,我国文化建设面临更为复杂的国际国内环境。国际上,文化安全成为新的交锋点,不同文化的竞争日趋激烈,主流意识形态安全受到严峻挑战。国内文化发展的主要矛盾发生转变,文化发展不平衡、不充分成为制约人民文化更高需要的核心问题。与此同时,产业技术、数字技术的变革,西方思想文化不断冲击人们的精神价值,如何促进文化建设的平衡充分,如何引导核心价值观的确立,凝聚人们的思想价值共识,为中国式现代化建设提供精神力量,成为精神文明建设必须回应的现实问题。党中央高度重视意识形态领域的建设,强调"意识形态工作是党的一项极端重要的工作"[1],在思想文化领域要以制度化形式确立马克思主义在意识形态领域的指导地位,以制度化形式推进思想道德建设,文化宣传工作必须进行技术变革、话语变革,占据主流阵地,成为主流话语,讲好中国故事,不断满足人民对更高水平文化建设的需要。党的二十大报告提出要"推进文化自信自强,铸就社会主义文化新辉煌"[2],要通过文化建设不断增强中国式现代化建设的精神力量。总的来说,新时代文化建设以问题为导向,产生了一系列重大的文化创新理论,坚定文化自信,不断促进文化强国建设,不断拓展人类精神文明新形态的核心内涵,呈现出以下几个主要特征:

一是坚定文化自信。党的十八大以来,文化领域的意识形态斗争日趋复杂,文化安全成为安全建设的重要领域。为了能够坚定人们对中华文化的认同,筑牢意识形态的文化根基,我们党提出"文化自信"思想,并将之确

---

[1]　中共中央文献研究室:《习近平关于社会主义文化建设论述摘编》,中央文献出版社 2011 年版,第 33—34 页。

[2]　习近平:《高举中国特色社会主义伟大旗帜　为全面建设社会主义现代化国家而团结奋斗——在中国共产党第二十次全国代表大会上的报告》,人民出版社 2022 年版,第 42 页。

立为"四个自信"的重要内容，成为新时代中国式现代化建设的重要战略方针。习近平提出："没有高度的文化自信，没有文化的繁荣兴盛，就没有中华民族伟大复兴。"[①] 这样精神文化与民族复兴紧密结合在一起，进一步提升了文化建设的战略高度，凝聚起"中国梦"建设的磅礴力量。习近平提出文化自信的内容，是由革命文化、社会主义先进文化和中华传统文化构成，进一步明确精神文化现代化的核心要素。

二是以社会主义核心价值观引领现代化建设。世界各国的现代化建设之路都有其核心价值和精神内核，决定着现代化建设的道义力量和价值取向。对于中国式现代化而言，其价值优越性充分体现在核心价值观内容之中，成为中国式现代化建设的精神文化支撑。对于核心价值观的重要性，习近平强调，核心价值观要成为人们内心的价值观，真正做到"像空气一样无处不在、无时不有"[②]，要真正成为人们价值追求、行动的行为准则、独特的精神支柱。党的十九大进一步论述了社会主义核心价值观的内涵、要义、战略价值，提出通过制度保障、教育引导、文化宣传、舆论导向等多种手段培育核心价值观。同时，将核心价值观写入《中国共产党章程》，明确在全党培育和践行核心价值观的新要求。

三是对中华优秀传统文化进行科学定位和创造性转化发展。党的十八大以来，习近平针对传统文化的战略价值、核心要义、精神灵魂、转化方式、时代价值、创新发展等进行系列论述，形成传统文化创新发展的最新指导思想。习近平明确中国式现代化要持续进行文化建设，注重中华优秀传统文化的创造性转化发展。党的十九大报告要求"推动中华优秀传统文化创造性转

---

① 习近平：《决胜全面建成小康社会　夺取新时代中国特色社会主义伟大胜利——在中国共产党第十九次全国代表大会上的报告》，人民出版社 2017 年版，第 41 页。

② 《十八大以来重要文献选编》中，中央文献出版社 2016 年版，第 134 页。

化、创新性发展"。①明确了新时代对待传统文化的科学方法论，既不能全盘否定，也不能简单挪移今用，更不能曲解抹黑滥用，而是应该立足新时代建设的需要，结合社会主义的特质，民族发展的需要，当下的思想文化特点，进行转化发展，让其成为推动文明发展的精神支柱和重要资源。

四是提出"两个结合"的重大论断。习近平提出"坚持把马克思主义基本原理同中国具体实际相结合、同中华优秀传统文化相结合。②"两个结合"理论成为新时代文化建设的智慧结晶，引领中国式现代化建设的稳步发展。"两个结合"新理论既是我们党总结百年奋斗经验的高度提炼，也是新时代继续推进现代化建设的根本指导思想，只有将马克思主义扎根在中国具体实践中，才能让马克思主义展现出旺盛生命力，绽放真理的光芒，也只有将马克思主义融入中国的文化土壤，在中华文化大地上落地、生根，才能成为中华文化的精神家园。坚持"两个结合"理论成为新时代继续创新马克思主义的根本原则和前进方向，需要在不断总结党的百年奋斗经验中，需要在不断探索现代化建设规律中，需要在不断把握中华传统文化的转化发展中，找到能够激发马克思主义发展的增长点，促进文化建设重大理论创新成果的产生，创新发展 21 世纪的马克思主义，引领中国式现代化建设，丰富人类精神文明的思想宝库。

二、中国式现代化推动精神文明发展的重要特征

精神文明建设是中国式现代化的文化价值元素，是其深层次内容，也是区别于西方现代化的重要特征，构成其独特的文化特质。从本质来看，中

---

① 习近平：《决胜全面建成小康社会　夺取新时代中国特色社会主义伟大胜利——在中国共产党第十九次全国代表大会上的报告》，人民出版社 2017 年版，第 23 页。

② 习近平：《在庆祝中国共产党成立 100 周年大会上的讲话》，人民出版社 2021 年版，第 13 页。

国式现代化能够成功的根本在于马克思主义的指导，是其文化之魂和精神内核，社会主义核心价值观的引领是中国式现代化发展的价值支撑，中华优秀传统文化是中国式现代化发展的文化之源，文化自信是中国式现代化发展的信心源泉。

（一）马克思主义是中国式现代化的精神内核

马克思主义赋予中国式现代化特定的阶级属性、精神内核和价值意义。马克思主义在中华大地的实践引领中国式现代化的发展，是中国文化建设的核心内容和价值内核，也是推动中国式现代化持续发展的文化灵魂。[1] 考察党的百年奋斗历程，可以发现无论哪个时期，马克思主义都是推动中国发展的思想武器，都是引领中国进行现代化建设的精神密码。自党成立开始，马克思主义就成为中国共产党寻求独立、自强的科学"秘方"，成为先进文化的代表，引领中国走上光明之路。在社会主义革命与建设时期，马克思主义的科学真理指导人民进行艰苦卓绝的社会主义建设，夯实现代化建设的物质基础。改革开放之后，马克思主义在中国实现创新发展，丰富自身的思想体系，成为中国经济飞速发展的思想灵魂。新时代，马克思主义成为我们党不断推进现代化建设，揭示改革发展本质和社会发展规律，持续化解现代化建设风险挑战，提供解决共同发展难题，建设美好世界的思想武器，是我们党不断胜利、持续成功的精神密钥。今天，马克思主义已经焕发出耀眼的光芒，代表人类精神文化发展的最新方向，推动人类精神文明向着更高层次迈进。

一是以马克思主义为指导是开创精神文明新形态的思想保障。"指导思想是一个政党的精神旗帜"。[2] 以什么样的思想作为政党建设的核心指导思想，

① 代玉启：《中国式现代化道路的文化逻辑——学习党的十九届六中全会精神》，《浙江社会科学》2022 年第 1 期。

② 习近平：《论党的宣传思想工作》，中央文献出版社 2020 年版，第 241 页。

就决定这个政党的价值内核，决定了文化建设的方向，决定精神文明建设的核心内容，也决定了政党本身先进与否。根本指导思想的不同必然带来与西方精神文明发展截然不同的现代化道路。中国精神文明发展展现出文明的先进性，代表文化前进的方向，超越资本主义的精神文明。关于马克思主义的优越性，毛泽东认为"西方资产阶级的文化，一遇见中国人民学会了的马克思列宁主义的新文化，即科学的宇宙观和社会革命论，就要打败仗"。① 马克思主义正是在批判吸收资产阶级文化的基础上，创造出超越资产积极文化的科学真理。马克思主义对资本主义文化的本质进行了科学揭示，对资本主义发展的内在逻辑、结构内容、主要矛盾、未来走向进行了科学阐释，在此基础上实现对资本主义全方位的超越，克服其文化缺陷和发展弊端，代表更加科学先进的文化发展道路。因此，在中国式现代化中进行文化建设必须坚守社会主义方向，必须对腐朽、落后的资产积极文化进行批判和超越，必须坚持以人民需要为文化生产的根本要求，更加注重文化的质量和人民性，通过文化建设满足人民的精神需要，凝聚起现代化建设的精神力量。马克思主义在中国的蓬勃发展打破了西方文化对全球的思想控制，打破西方文化是"通向现代化必由之路"的文化谬论，建构起现代化建设新的思想体系和话语内容，为后发国家进行现代化建设提供多样文化选择，实现全球文化发展的多元、开放和活跃。因此，从文化视角考察文明，可以发现中国式现代化创造的精神文化超越西方现代化的资本文化，不断释放文化发展的优越性，已经成为人类进行精神文明建设的样本典范。

　　二是以制度形式推动马克思主义建设，明确马克思主义的根本地位。党的十九届四中全会提出要"坚持马克思主义在意识形态领域指导地位的根本

---

① 《毛泽东选集》第 4 卷，人民出版社 1991 年版，第 1515 页。

制度"①。制度具有稳定性、根本性，以制度形式确立马克思主义的地位是党的最新文化发展成果，确保文化建设根本方向的正确。当前，世界各国的交锋更加复杂化，文化领域已经成为各国斗争的重要战场，一些西方学者宣传"马克思主义过时论""普世价值"等错误思潮，企图以错误思想误导人们的价值判断，推行西方的思想价值体系，扰乱中国人的精神信仰，妄图以这种行径实现其推行西化思想、否定马克思主义的阴谋。为维护文化安全，以制度形式巩固马克思主义的根本地位，通过教育制度、宣传制度、法律制度等多种手段回击西方文化的入侵，牢牢确立马克思主义的核心地位，引领人们确立正确的价值观，推动精神文明建设走向文化制度文明。

三是坚持"两个结合"，推动马克思主义不断创新发展。"两个结合"最新理论成果是我们党对待马克思主义的科学方法论，也是中国式现代化建设的具体指导思想，是党总结百年奋斗历史的智慧凝结。其中，中国的具体实际指向现代化建设中的中国，具体指中国的文化、历史和现实，是中国的历史文化、精神价值特质、民族性格等具体实际，是中国式现代化建设面临的时代特征、社会矛盾等实际。与中国实际的结合就是要扎根中国大地和血液之中，真正融入中华文明之中，创造出中国化的马克思主义最新成果，实现创造性发展。同时，中华优秀传统文化是中华文明的重要成果，也是中国的文化命脉，其思想主张和精神内核具有与马克思主义结合的现实性和必要性。具体而言，中华优秀传统文化的精髓与马克思主义在思想主张上相契合，民本、和谐、大同等思想富有现代价值。当然，传统文化的思想因其历史局限性，必须进行创新转化，这就需要与马克思主义相结合，用中国化的语言表达马克思主义的观点，激活传统文化，实现马克思主义映照中国文化

---

① 《中共中央关于坚持和完善中国特色社会主义制度　推进国家治理体系和治理能力现代化若干重大问题的决定》，《人民日报》2019 年 11 月 6 日。

现实。"两个结合"的内涵之一是"针对把马克思主义教条化倾向，强调马克思主义要与时俱进"[①]，要反对教条主义的简单对照、简单照搬，要根据时代的发展变化具体把握马克思主义的科学真理，而非"放之四海皆准"，要在中华文明的文化土壤中，在中华大地的具体实践中，发展出适应中国实际和文化传统的马克思主义思想成果，引领文化建设和中国式现代化建设。

（二）社会主义核心价值观是引领中国式现代化的价值支撑

任何国家进行现代化建设都会伴随经济发展带来文化的跃迁，都会是文化创造的一个过程。现代化建设的核心是推动生产发展，提升物质文明的水平，但现代化发展都有其内在精神价值体系，都有其付之于实践的价值诉求，展现一个国家和民族独特的精神文化标识。无论中西方现代化建设的发展都是以新思想启蒙和新文化变革为开端，带来了社会革命、经济革命和新文化的发展，超越以往精神文明的建设水平，成为其现代化建设的文化支撑和价值内核。与西方现代化相同的是，思想启蒙和文化变革揭开了中国式现代化发展的序幕，引导一个新文明的诞生。中国作为后发现代化国家，现代化发展本身就是与西方现代化共存的，西方思想文化不可避免对中国式现代化带来影响，甚至掣肘中国式现代化的发展。中西不同的文化性质也决定西方会不遗余力对中国的现代化建设进行思想文化入侵，对中国的政治经济进行破坏。在这种情况下，更加迫切需要中国建立自己核心的价值理念，赋予自身现代化独特精神价值符号，引领自身精神文化建设的发展，抵御他者文化对国民精神的侵蚀，凝聚全民向心力，共同推进现代化建设。社会主义核心价值观就是中国式现代化的价值内核，是中国式现代化发展的价值支撑，为中国式现代化提供价值合理证明，引领人类精神文明新形态的开创。

[①]　韩庆祥：《全面深入理解"两个结合"的核心要义和思想精髓》，《马克思主义研究》2021 年第 10 期。

第一，社会主义核心价值观引领中国精神文明建设的前进方向。习近平提出，世界各种文明冲突，"本质上是价值观念之争，也是人心之争、意识形态之争"①。因此，各国现代化建设中都会确立自己一套独特的精神文化体系，作为国家发展的精神象征，引领文化建设的前进方向。核心价值观是新时代中国的文化核心竞争力，来源于几千年的传统文化凝练、百年革命文化的思想智慧和社会主义建设中实践智慧的总结，是中国式现代化建设的文化表达和价值图景叙事，集中表达中国的价值追求和发展愿景。核心价值观的独特价值就决定其成为新时代文化建设的核心标准、评价指标、前进方向，是规范人们行为的价值准则，凝聚人心的价值力量，推动现代化建设的思想武器，构成人类精神文明新形态的核心价值和重要内容。

第二，社会主义核心价值观是中国式现代化建设的精神旗帜。现代化建设需要精神价值的支撑，需要有能够凝聚人心、统摄思想的价值文化内核，为现代化建设提供精神动力。无疑，只有核心价值观才是现代化建设的价值决定性力量，是中国式现代化发展的精神旗帜，决定现代化的发展方向、精神特质与价值意义。这就要求在中国式现代化建设过程中需要不断践行核心价值观，作为文化创作、艺术发展、理论创新的价值内核，引领多元思想发展，凝聚价值共识，提供现代化建设的精神动力。社会主义核心价值观最终着眼于人的现代化，着眼于人的发展，提供中国人在现代化发展中的精神家园，从国家的价值层面、社会发展的价值层面和个人的价值目标，构建一个精神文明高度发展的现代化国家，也让人的精神世界更加富足，是中国人的精神依托和价值关怀。精神文明建设的核心要义在于不断完善人，不断调整人走向自我完善。② 社会主义核心价值观正是致力于提升全民的道德水准，

---

① 《习近平关于社会主义文化建设论述摘编》，中央文献出版社 2017 年版，第 105 页。
② 周薇：《当代精神文明建设的价值定位和历史转型》，《广东社会科学》2016 年第 5 期。

维系民族发展的精神血脉，提供中华民族安身立命的精神圭臬。

第三，社会主义核心价值观是中国式现代化建设的思想保证。现代化建设的初期，人们简单将现代化理解为经济的现代化，认为建立高度发达的工业，推动经济发展就是现代化的唯一目标，而思想文化领域、生态环境领域、社会建设领域的问题会随着现代化发展自然而然得到解决。在这种思想的引导下，西方现代化建设过度注重物质生产的发展，在资本增殖逻辑的推动下，带来物质财富的极大富足，但物质的快速增长没有带来人们设想的精神富足，精神文化建设没有跟上物质发展的脚步，带来人们精神文化危机，精神文明建设面临考验。随着现代化发展文化危机的出现，人们逐渐意识到现代化发展是全面的发展，特别是精神文化的现代化意义重大，倘若只追求物质的发展，忽视精神文明建设，不仅不会带来更高水平的现代化，反而会带来现代化发展的不平衡、不协调，缺失现代化发展的核心价值力量。联合国教科文组织重新定义发展的含义，提出文化的繁荣才是发展的最终指向，这是人类发展史上的一次重要变革。由此，现代化的发展被不断赋予文化内涵，人们更加注重发展的多样性和发展的均衡性，注重文化的发展对现代化建设的重要作用，文化建设成为现代化的核心内容和显著标志。习近平强调："当高楼大厦在我国大地上遍地林立时，中华民族精神的大厦也应该巍然耸立。"[①]中国式现代化建设中高度重视经济和文化发展的协调、均衡，突出"两手抓""两手都要硬"的现代化发展理念。在中国式现代化开启的初期，我们党就意识到发展现代化不能仅仅注重经济发展，不能带来文化发展与经济发展的不协调。但不能否认的是，"两手抓"一直是过去中国式现代化建设的重要方针，"两手都要硬"存在着发展不均衡、不和谐的内在矛盾。中国经济飞速发展的过程中，精神文明建设的问题也在逐步放大，利己主义

---

① 习近平：《在文艺工作座谈会上的讲话》，人民出版社2015年版，第6页。

抬头、功利主义盛行、诚信危机、信仰迷失、价值混乱等成为思想文化领域的突出问题，困扰经济的发展，制约现代化建设的进程。社会主义核心价值观正是直面现代化建设中思想文化领域的问题应运而生，能够治愈思想文化领域的病痛，引领人们的价值判断，抵御西方错误价值的误导，为经济建设提供思想保证，确保"两手都要硬"。

（三）中华优秀传统文化是中国式现代化的文化之源

习近平强调："独特的文化传统，独特的历史命运，独特的基本国情，注定了我们必然要走适合自己特点的发展道路。"[①]中华民族曾创造了领先世界、富有东方特色的独特中华文明，是世界精神文明发展的瑰宝。作为世界上唯一一个文明不曾中断、文化传统不曾中断、民族精神文化延续至今的国家，不可能脱离自身的文化传统进行现代化发展，恰恰相反，需要在对自身文化和自身文明充分继承的基础上开创文明发展的新辉煌，不断激活中华文化的生命力。需要注意的是，今天讲回到传统，激活传统，发展传统，并非是对传统文化的简单移植和回归，而是要挖掘传统中的优秀文化内核，让具有永恒性、民族性、持久性、发展性的文化得到现代发展，提供现代化建设的文化资源。中国式现代化扎根了中华民族悠久的、繁荣的、独特的文化沃土之中，走出了延续中华文明发展的新文明形态。中国式现代化内含现代化建设的方方面面，总能在其中找到传统文化的身影，总能发现对"人"的关爱，为人发展，这种人本精神的一以贯之。如，中华传统文化中就已提出"天下共富""小康社会"的理念。今天，我们党继承中华传统民本经济思想，建成小康社会，正在朝向共同富裕稳步迈进。中华传统文化主张德治、民本、构建大同社会，这与中国共产党提出"以德治国""以人为本""人类命运共同体"等密切相关。社会领域，"以和为贵""和谐社会"的思想；对外关系中，

---

① 《习近平在全国宣传思想工作会议上强调：胸怀大局把握大势着眼大事　努力把宣传思想工作做得更好》，《人民日报》2013 年 8 月 21 日。

"协和万邦""天下一家"的理念；生态领域中，"休养生息"、遵循自然规律等思想，都成为中国式现代化的重要精神文化资源，体现中华文化的传统底蕴和文明特质。因此，新时代在进行文化创新和精神文明建设中，需要注重传统的力量，将传统文化的现代转化发展成为精神文明建设的重要财富。

第一，中华优秀传统文化是中国式现代化的文化之根。今天中国创造的现代化文明并非是割裂的现代文明，而是在中华古老文明的积淀之中，在中华文明的智慧精华之上文明的延续，只是这种文明早已超越了传统文明的历史局限性，早已超越传统文明生产力发展的局限性，让中华文明成为21世纪的新文明形态。在现代化建设之初，关于如何对待传统文化，存在几种代表性的观点：第一种是"否定派"，主张完全否定、抛弃，作为一种旧文化进行批判；第二种是"守旧派"，主张大力吸收和发展，作为现代文化的重要组成部分进行推行；第三种是"革新派"，主张有选择性的、有方法性的应用，不能盲目抛弃或是盲目移植，需要赋予其时代特征，进行现代转换，焕发新生。显然，中国式现代化道路是对中华文明的接续，是在扬弃其固有缺陷、传统糟粕之下，让其文化精华成为现代化建设的精神支撑。中华传统文化，在内容上内涵丰富，涉及治国的方方面面，注重个人修养，强调教化，注重民本，重视农业发展，推崇德治，蕴含丰富的精神养料；在方法论上，讲究辩证、注重规律探究、重视历史经验总结；在价值维度上，探究大同思想、天人合一、中庸之道；在民族性格上，主张自强不息、艰苦奋斗、协和万邦、以孝为先等。这些都是中华民族恒久的精神财富，永不过时，构成中国式现代化独特的精神特质，成为中国向世界展现中华文明、对外交流的精神财富。可以说，五千年的中华传统文化赋予中国式现代化特有的精神气质、文化资源，成为开创人类文明新形态的文化之根。

第二，中华优秀传统文化的现代转化成为现代化建设的应有之义。"优秀传统文化是一个国家、一个民族传承和发展的根本，如果丢掉了，就割断了精神命脉。"① 当然，传统文化在新时代要对其进行现代化发展，让其焕发新生，为文明新形态开创提供文化支撑。传统文化的现代化就是指立足现代化实践，结合现代化发展的实际，对传统文化进行批判转化、创新发展，赋予传统文化新的时代特色和时代话语，激活传统文化的生命力，让传统文化成为现代化建设的思想智慧和精神源泉。中国式现代化的发展展现强大生命力之时，也面临道德领域、经济层面、社会治理、生态保护等各方面难题，都需要我们既要"摸着石头过河"探索新的治理方案，也需要"回头看"总结中华民族的治国经验和智慧，迫切需要对传统文化进行现代化转化发展，充分发挥传统智慧应对现代挑战。传统文化的现代化需要明确的是，绝不是融入西方文化之中，绝不是西方化，不是用西方的理论和话语改造传统文化，也不是传统的简单挪移，不是回到过去，不是教条式的现代应用，而是在与外来文化交流中、在现代化实践中、在科学方法指引下、在应对风险挑战中，不断挖掘传统文化力量，有效转化为推动现代化建设的现代文化，为现代化建设贡献传统智慧。因此，传统文化的现代化打破了简单的中西对立、古今对立的思维，而是实现中西结合、古今结合，最终为我所用，实现传统与现代的接续，现代和未来的接续，发展面向未来的人类新文化。

第三，在与马克思主义结合中推动中国式现代化。习近平总书记多次强调，中华文化富有中国特色，是中华民族复兴的精神宝库，要推动对中华文明的深入挖掘，注重实现传统文化与马克思主义的结合，探索中国自己的道路。1938年，处于革命战争年代的毛泽东就在思考如何科学实现马克思主义在中国发展的问题，明确要真正让其落地、生根，凝结成中国人自己的思想，提出"马克思主义中国化"的新概念，这是人类思想史上的智慧结晶，开启中国推进马克思主义持续创新的历史进程。党的二十大报告要求："坚

---

① 习近平：《在纪念孔子诞辰 2565 周年国际学术研讨会暨国际儒学联合会第五届会员大会开幕会上的讲话》，《人民日报》2014 年 9 月 25 日。

持和发展马克思主义，必须同中华优秀传统文化相结合。"① 这是我们党百年理论创新的成功经验和科学方法总结，也是新时代推进中国式现代化的重要方法论。只有与传统结合，在传统中进行传播和创新发展，才能适应中国发展的实际，凸显理论的中国特色，筑牢文化根基和群众基础。一方面，传统文化提供马克思主义扎根中国大地的中国话语、中国智慧和中国思想体系，在与传统融通中实现创造发展。另一方面，马克思主义也用科学的方法论和科学真理引导传统文化的现代转化发展，在结合中互相汲取养料，促进新思想、新理论的产生，推进中国精神文明建设发展，开创人类精神文明新形态。

（四）文化自信是推进中国式现代化的信心源泉

文化自信是新时代中国文化建设的核心特色，是中国式现代化发展的信心源泉，也是中华民族复兴梦想实现的自信之源。习近平总书记强调，文化自信作为四个自信的重要内容，是"更基础、更广泛、更深厚的自信"②。无论是中国式现代化道路、理论、制度都需要文化的支撑，都需要文化为其价值底色提供精神价值内核，也唯有对自身创造的文化高度自信，才能坚信中国道路的成功，才能坚信中国梦的实现，才能坚守共产主义信仰。回顾党的百年奋斗历程可以发现，百年文化的探索之路就是重塑民族文化自信的历程。曾经在相当长的一段时期内，中华文化都处于世界的领先地位。中华文化的文明力量辐射全球，成为中国长期处于世界前列的核心要素，中国人民对于自己创造的几千年传统文化高度自信。近代以来，西方的入侵打破了中国几千年的民族文化自信心，中国共产党坚定选择马克思主义，创造新民主

---

① 习近平：《高举中国特色社会主义伟大旗帜 为全面建设社会主义现代化国家而团结奋斗——在中国共产党第二十次全国代表大会上的报告》，人民出版社 2022 年版，第 18 页。

② 习近平：《在庆祝中国共产党成立 95 周年大会上的讲话》，《人民日报》2016 年 7 月 2 日。

主义文化、社会主义文化和中国特色社会主义文化，重塑民族文化自信，不断推进文化强国建设。百年文化自信的重塑历程也是精神文明新形态的创造历程，是推进中国精神文明发展的信心源泉。党的二十大报告进一步明确要在新时代"推进文化自信自强"①，不断提供中国式现代化建设的思想文化力量。

第一，党的领导是文化自信的坚实根基，是精神文明新形态创造的决定性因素。中国共产党自成立开始就是文化建设的领导核心，推动中华文化新文明形态的不断创新发展。在新民主主义革命时期，党带领人民进行反帝、反封建的文化斗争运动，形成了灿烂的红色文化和革命文化，推动中国革命走向胜利。在新中国成立初期，我们党对文化体制进行改革，提出文化发展的科学方针，让社会主义文化展现出新的生命力。在改革开放时期，党不断推进精神文明建设，以文化体制的创新发展、文化产业的繁荣，不断满足人民的文化需要。新时代，我们党提出"文化自信"思想，推动文化强国建设，让文化现代化取得丰硕成果，文化软实力不断提升。党的十九届五中全会，首次明确文化建设的未来走向，要在 2035 年"建成文化强国"。可见，党的领导是文化建设的核心保障，是推进文化新理论、新改革、新发展的动力之源。只有党坚持科学的文化建设指导思想和治理方案才能推进文化发展，才能保证文化建设的正确前进方向，才能实现建成文化强国的美好愿景，才能开创更为精彩、更为辉煌、更为灿烂的人类精神文明新形态。

第二，文化自信是对中国式现代化创造的精神文明的自信。从其本源上讲，一个民族的文化是对其历史发展、时代创造、民族气质的总结凝练，既有过去发展的文化，也有当下创造的新文化。我们今天讲的文化自信并非仅

---

① 习近平：《高举中国特色社会主义伟大旗帜　为全面建设社会主义现代化国家而团结奋斗——在中国共产党第二十次全国代表大会上的报告》，人民出版社 2022 年版，第 42 页。

仅是对中华传统文化的高度自信，当然这是文化自信的重要组成部分，还有对我们党创造的革命文化的高度自信，对正在实践发展的社会主义文化的自信。总体看来，新时代文化自信是对精神文明发展的自信，是对中国式现代化创造的精神文明新形态的高度自信，也就是对中华文化的自信，对中华文明的自信，对中国式现代化文化发展成果的自信。文化自信也在推动中国文化的发展，在坚守文化认同的基础上，不断推动文化创新发展，持续进行文化理论创新、方法创新、观点创新，不断进行文化制度创新、文化产业革新、文化事业健康发展，促进人精神文化的现代化，不断满足人们对文化更高的需要，推动精神文明发展。同时，文化自信也是对自己文化的认同，对自身文化的坚守，对自身文化的信仰及对文化尊严的维护。面对西方文化的侵蚀，有的人不断迷失自我、信念淡薄、认同弱化，有的人鼓吹西方话语、西方现代化理论，有的人抹黑中国文化、中国式现代化道路，成为西方的"忠实奴仆"。不断推动文化自信，树立文化自信观，能够提升中华文化的底气、骨气，提升回击西方文化入侵的能力，夯实经济发展的文化基础，塑造文化发展的崭新局面。

第三，文化自信是对创造人类精神文明发展新高度的自信。与西方大肆传播其"普世价值"观念，推行文化扩张根本不同的是，中国推行文化自信并非是对他国文化的"霸权"，而是倡导多文明的文化交流，共同构筑人类美好的文化共同体。习近平总书记提出："以文明交流超越文明隔阂，以文明互鉴超越文明冲突，以文明共存超越文明优越。"[①] 文化自信不仅不奉行"文化优越论"，不仅不主张文明冲突，反而是对自身文化参与文明交流的自信，更为自信推动文化走出去，更为自信推动文明友好交流，让中国式现代

---

① 习近平：《弘扬"上海精神"构建命运共同体——在上海合作组织成员国元首理事会第十八次会议上的讲话》，人民出版社 2018 年版，第 4 页。

化创造的精神文明新形态走向世界，让世界共享中国精神文明的成果。无论是中华文明，抑或是西方文明，都是人类文明史上的智慧精华，都有其辉煌的文化成就和宝贵财富。文明的交流才是文明发展的必然之路，文明的对抗冲突只能带来文明的崩溃。因此，我们需要在坚定自身文化自信、坚定自身根本原则的前提下，广泛参与不同文明交流，学习其他文明优秀的思想文化精华，不断丰富自身的文化成果，以包容、开放、平等、尊重的文化观参与文明的互鉴交流。中华文化自古就有"天下大同"的理念，主张构建世界休戚与共的命运共同体，建设美好世界。新时代，中国在文明交流中吸收优秀的他国文化，积极传播自身优秀文化，不断推动文化创新发展，同时不断挖掘中华文明中引导人类终极精神关怀、命运与共、普遍价值的文化内核，提供人类共同治理世界、友好交流、共同发展、共建命运共同体的中国智慧，不断提升中华文化对世界发展的贡献力。

三、中国式现代化对人类精神文明的伟大贡献

精神文明是一个文明新形态系统的最核心部分，直接指向现代化的终极价值目标和发展愿景。在资本逻辑的推动下，西方现代化过度追求物质的现代化，忽视现代化文化和精神的发展，带来现代人精神的贫瘠、关怀失落、意义迷失。中国式现代化延续再现中华文明的新辉煌，贡献马克思主义中国化最新理论成果，创造人类精神文明新形态，校正人类精神文明发展的方向，为人类精神文明发展贡献中国智慧。

（一）延续和再现中华文明的新辉煌

文化是文明发展的重要体现，在某种程度上说，文化与文明是一体的、相通的，不同文化发展构成了人类文明的多样性，文化的性质和价值主张也决定着现代化的发展方向和文明发展的走向。中华文明过去很长一段时间一直是人类文明发展史上的高点，在人类文明演变过程中具有特殊历史意义，

其辐射力、向心力、持久力创造了人类文明发展的辉煌。无论历经何种挫折、何种历史变迁，中华文明都能接续发展，绵延至今，成为解读人类文明发展的精神宝库，推动人类文明走向更高阶段。中华文明发展创造了自身文明发展的逻辑体系，塑造了东方文明的独特魅力，同时又展现出文明的世界性历史意义。人们在以往的研究中谈到中华文明，更多的是对其历史传统价值的重视，忽视其对世界文明发展的意义。其实，"中华文明不仅促进了资本主义的诞生，而且为欧洲启蒙运动提供了重要思想资源"。[1] 中华文明中诞生的物质生成成果，如火药、指南针、印刷术等重大发明，不仅在当时创造巨大生产力，而且也是"预告资产阶级社会到来的三大发明"，"变成科学复兴的手段，变成对精神发展创造必要前提的最强大的杠杆"。[2] 可以说，中华文明中助推生产力发展的伟大发明，成为资本主义诞生的重要推手。在启蒙运动时期，中国的文化经由西方传教士、商人传播到欧洲，被欧洲的启蒙思想家接纳和吸收，成为其启蒙思想的重要来源，对世界历史的发展产生深远影响。因此，中华5000年的悠久文明，在世界文明发展史上占据重要地位，不仅推动东方文明的繁荣发展，带动东方国家学习中华文化，也为欧洲文艺复兴、社会变革作出了重要贡献，推动人类文明向前发展。今天，中华文明以中国式现代化为契机，重新获得世界的关注，展现出崭新的现代面貌，成为引领世界文明发展的重要力量，重塑中华文明的影响力。

第一，人类精神文明新形态是中华文明的当代发展。人类文明的发展有内源式和外源式两种普遍方式。内源式主张接续自身文明的特点，在保持传统文明核心要素的基础上进行时代变革，并非是割裂文明发展的成果，而是在以我为主的前提下，吸收他者的最新文明成果，结合时代特征进行文明的

---

① 陈金龙：《人类文明新形态的四重意蕴》，《广东社会科学》2021年第6期。

② 《马克思恩格斯全集》第47卷，人民出版社1979年版，第427页。

延续发展。外源式主张抛弃传统文明成果，完全学习和移植他人文明的成功经验，通过文化、技术、制度等多方面现代化的发展推进新文明的创造。显然，中国式现代化创造的文明成果绝不是外来西方文明的移植，也不是中华文明古老形态母版的翻新，而是蕴含中华精神文化与时代结合、与实践结合的、适应文化发展规律的文明新形态。中华精神文明是其重要源泉，没有传统精神文化的丰厚思想资源就不会有精神文明新形态的诞生，就不会有中华文明现代辉煌的重现，就不会有中国式现代化的成功。可以说，中华文明的精神内核和传统力量融入中国现代化建设之中，赋予精神文明发展的超越性、包容性、发展性、世界性，既是对中华文明的接续，也是对中华文明的时代再造。不同于传统意义上简单对中华文明的延续理解，人类文明新形态让中华文明具有更高层次、更高价值、更高文明性质。新时代，对中华文明进行时代再造需要坚守社会主义的制度和文化底线，遵循文明发展的一般规律，符合人民的需要、文明演进需要、社会主义思想道德需要、中国式现代化实践需要，需要发展代表无产阶级的先进文化、代表超越资本主义文明的新文化、代表符合世界人民需要的新文明。总之，在中国式现代化的文明创造中，中华文明得到新发展，重塑文明新辉煌。

第二，人类精神文明新形态是中华文明与马克思主义结合的产物。文明因其历史厚重性而更具内在意义，因其先进性而更具未来发展前景，因其融合发展性而更具文明的独特气质。流淌于中华精神沃土之中的精神文明新形态富有中华文明的历史厚重性，是对中华文明的赓续发展，以马克思主义为指导赋予精神文明新形态先进性和思想性，超越以往各种形态的精神文化类型，校正世界精神文化发展的走向。可以说，中华文明与马克思主义的结合赋予人类精神文明新形态中国特色，让其具有中华文明的独特气质。马克思主义与中华文明天然具有适配性，具有结合的可能性和必要性。中华文明从不是主张文化殖民、文化霸权的文明，从不是主张文化冲突、文明交锋的文明，相反富有包容性，讲究天下一体、人类命运与共、造福人民、平等交流，这与马克思主义致力于解救贫苦大众，致力于人的发展，创造一个人人发展、精神富足、天下大同的新世界具有价值同一性。马克思主义是中国走出苦难、战胜侵略、持续胜利、走向复兴的强大思想武器，是推动中华文明时代再造和焕发生机的根源，与中华文明的结合让马克思主义能够在中国开花，绽放光芒。

第三，中华文明的辉煌再现是人类精神文明发展的全新起点。在人类文明演变历程中，中华文明在相当长的历史时间内是文明发展的中心，其文明辐射世界，达到当时生产力下文明发展的顶峰。然而，现代文明到来之际，西方先进的军事武器让中华文明显得异常脆弱，中华民族遭遇"文明蒙尘"，面对西方资本主义文明的强势冲击，开始面临文明发展危机：文明何去何从，如何再造关乎中华文明发展的命运？今天，人类文明新形态让中华文明再现辉煌，也"为人类的文明提供一个全新的文化起点"[1]，不同于以往任何文明的文化起点，沿着中华文明的新起点将引领人类精神文明发展走向科学之路，超越资本主义文明对人性的压抑、对人精神的摧残、对人的物化、对文化的资本化发展逻辑，真正思考人应该如何体面发展，如何真正推进人的现代化，提供人类文明应该如何发展，如何走向更高层次文明的新文化之路。中华文明自古就有关怀世界发展、关怀天下的传统，对如何构建美好世界进行充分设想和方案构建，其中一些理念至今依然具有世界意义，人类精神文明新形态延续中华文明的世界关怀，提供人类精神文化发展的最新方案。

（二）贡献马克思主义中国化最新理论成果

西方现代化的发展贡献资本主义的最新文化成果，产生自由主义、市场

---

① ［英］阿诺德·汤因比：《历史研究》，刘北成、郭小凌译，上海人民出版社2000年版，第394页。

经济、现代主义等精神成果，推动人类精神文明发展。显然，西方现代化的逻辑体系和价值主张决定其不能代表人类文明发展的走向。部分西方学者也开始对西方现代化进行批判，积极探寻人类文明发展的新道路。与西方不同的是，中国式现代化自从其诞生开始就有先进理论的指导，伴随其发展不断推进人类新文明向纵深发展。可以说，中国精神文明对世界发展的重要意义在于贡献马克思主义中国化的最新理论成果。

经典马克思主义作家在对西方现代化批判的前提下，对未来社会进行了科学的构想，但对如何具体推进社会主义现代化建设并没有详细论证，需要不断对其进行发展和创新。自中国开始现代化探索之后，摆在我们面前的首要问题就是如何发展和应用马克思主义。毛泽东创造性提出对于马克思主义要让其融入中国大地，从中国实际出发去解决现实问题，推进"马克思主义中国化"，不断进行理论创新，回应和引领实践发展。毛泽东在分析中国革命和建设的规律基础上，揭示中国走向胜利的道路，持续进行理论创新，实现了"马克思主义中国化的第一次历史性飞跃"[①]。改革开放后，面对如何推进现代化，最大程度发展社会主义经济，实现人民物质和精神生活富足的现实难题，邓小平回答了如何快速发展生产力、如何建设社会主义等重大理论和现实问题，实现"马克思主义中国化新的飞跃"[②]。新时代，站在"两个大局"复杂时代大背景之下，习近平从现代化建设的各个维度不断推进"中国之治"，在促进国家发展、社会安定、经济奇迹创造、人民幸福、美丽生态、制度完善定型、人类命运共同体等一系列最新理论和实践中不断推进马克思主义发展，形成习近平新时代中国特色社会主义思想，"实现了马克思主义

---

① 《中共中央关于党的百年奋斗重大成就和历史经验的决议》，人民出版社 2021 年版，第 13 页。

② 《中共中央关于党的百年奋斗重大成就和历史经验的决议》，人民出版社 2021 年版，第 18 页。

中国化时代化新的飞跃"①。科学揭示中国式现代化的逻辑结构、价值体系、本质要求和核心要义，深刻回答如何进行社会主义建设，实现人民富裕、国家富强，引领人类走向美好未来的中国方案，创造了人类精神文化发展的宝贵成果，既是引导中华文明走向复兴的科学真理，也是引领世界走向真正文明的宝贵思想财富，是中国对人类精神文明发展的伟大贡献。

第一，中华文化和中国精神的时代精华。②中华文化作为中华民族文明延续的精神基因，成为中国式现代化建设的价值支撑和精神支柱，维系中华文明的延续性、进步性和稳定性。中国式现代化创造的精神文明新形态是中华文化的当代体现，是中华文化的当代精华，是扎根于传统文化和现代文化之中的。习近平新时代中国特色社会主义思想根源于5000年中华优秀传统文化，提出要坚持对中华优秀传统文化的自信，立足中华传统，把继承和发展传统文化作为使命要求，把流淌于中华民族血液的道德、情感转化为推进现代化建设的核心价值、精神支撑和价值追求；推动了人类文明新形态的创立，将传统文化的治理智慧、精神价值、社会理想与时代精神和实践要求相结合，进行现代转化再造，成为人类文明新形态的重要来源和组成部分；蕴含全体人民的精神文化追求，是新时代民族精神、奋斗精神、革命精神、创新精神等高度凝练，是推动中国式现代化的精神力量；为校正人类文明发展贡献智慧，以中华文明关于"人与自然"根本规律的探讨，提出要建设美丽生态，提供共同治理全球生态问题的方案，以中华文明关于"天下大同"世界理想的建构，提出美美与共、世界共存、命运与共的"人类命运共同体"方案等，提供在生态、文明交流、国际秩序等世界文明建设中的中国智慧。

---

① 习近平：《高举中国特色社会主义伟大旗帜　为全面建设社会主义现代化国家而团结奋斗——在中国共产党第二十次全国代表大会上的报告》，人民出版社2022年版，第6页。

② 《中共中央关于党的百年奋斗重大成就和历史经验的决议》，人民出版社2021年版，第26页。

第二，不断开辟马克思主义中国化时代化新境界。[①]新境界的"新"内含三方面的飞跃，是对人类文明发展的新突破，推动马克思主义向前发展。首先，新飞跃以全新视野审视社会主义建设和人类文明发展，确立中国发展的所处方位，提供世界文明发展的中国方案。在人类文明发展中，局部的战争时有发生，但和平已成为全球共识和发展的要求，世界秩序正在发生转变，不同国家隔阂不断打破，世界逐渐成为命运共同体，发展中国家力量逐步增强，世界格局发生变化，中国成为世界第二大经济体，对世界发展的贡献率不断提升，面对发展的共同难题和发展前景，需要提出治理全球问题的中国智慧。从国内发展大局来看，新时代的中国步入新的发展阶段，需要全面部署现代化建设的实施方案，回答"新时代坚持和发展什么样的中国特色社会主义、怎样坚持和发展中国特色社会主义，建设什么样的社会主义现代化强国、怎样建设社会主义现代化强国，建设什么样的长期执政的马克思主义政党、怎样建设长期执政的马克思主义政党等重大时代课题"[②]。其次，新飞跃体现在全新的思想内涵和全新理论体系，全方位系统回答新时代治国理政的各种问题。新飞跃体现在"十个明确"形成的科学思想体系，"十四个坚持"形成的治国理政新方略，全面布局新时代的现代化建设，以新话语、新表达、新理论实现马克思主义的新发展、新贡献、新飞跃。最后，新飞跃体现在其对中国式现代化的拓展方面。在习近平新时代中国特色社会主义思想的指引下，我党第一个百年奋斗目标得到实现，并开启第二个百年目标的奋斗之路，中国式现代化展现出光明前景；党的领导能力不断提升，自身纯洁性、先进性建设不断发展，成为中国发展的最可靠保证，提供中国式现代

[①] 习近平：《高举中国特色社会主义伟大旗帜　为全面建设社会主义现代化国家而团结奋斗——在中国共产党第二十次全国代表大会上的报告》，人民出版社 2022 年版，第 16 页。

[②]《中共中央关于党的百年奋斗重大成就和历史经验的决议》，人民出版社 2021 年版，第 25—26 页。

化的领导力量和执政保障；中国式现代化稳步推进，打破西方现代化对全球的统摄，制度优势得到充分彰显，现代化的优越性得到不断体现；全球治理中贡献不断突出，"一带一路"影响力不断扩大，人类共同价值得到世界认可，不仅成为引领中华民族复兴的精神旗帜，也为引领人类文明发展作出原创性贡献。

（三）创造人类精神文明新形态

中国式现代化创造的人类精神文明新形态，是根本不同于西方现代精神文明的新文明形态，在其价值内核、内容要素、发展愿景等方面实现全面超越，是一种代表人类未来精神文明发展方向的新形态。精神文明是一个文明形态系统的核心部分，是区别于其他文明的重要体现，也是文明发展程度的重要标志，直接指向现代化的终极价值目标和发展愿景。在现代化发展的初期，人们片面看到西方现代化带来的经济财富增长，简单把现代化理解为物质的现代化，忽视现代化的价值和精神的发展，以至于西方物质越发展，人们精神世界却越贫瘠，文化的生态意义、人文关怀、精神支柱、价值校正作用迷失，需要新的文明实现精神文明发展的革新。西方现代化伴随的是文化扩张、思想殖民，企图通过西方的经济、话语优势，推广西方的"普世价值"理念，让资本遍布世界每一个角落，扼杀其他民族国家的文化和主体性。韦伯曾讨论过西方现代化的文化根基问题，提出为何现代化出现在西方，而同期的东方却陷入发展的停滞。在韦伯看来，西方独特的文化价值观，新教伦理文化推动了现代化的产生，这些都是东方缺乏的。由此，一些西方学者站在现代化先发的既定事实之下，断言文化和价值观的独特性是西方率先开始现代化的文化密码，其他国家要想走上现代化的道路，就要以西方的思想文化取代自己本民族的文化。中国式现代化道路打破了"西方价值观等同于现代化价值观"的论断，在自己本民族文化基础之上走出一条完全不同于西方价值文化的现代化道路，成功拓展不同价值文化走向现代化的道路。具体而言，中国式现代化在核心价值内容、文化制度基础、文化价值指向、文明发展的世界图景方面实现对西方的文化价值超越。

第一，在精神文明建设核心内容方面的超越。西方现代化以资本主义的"民主""自由""人权""平等"等所谓"普世价值"的人权宣言为核心价值主张，认为资本主义文明是真正代表人类"自由""民主"的真正文明，资本主义创造的核心价值是全人类的"普世价值"，着眼于全人类的发展。通过"普世价值"的话语宣传伪装其文化的阶级性、价值的差异性和文化的不平等性，实质上西方现代化精神文化的核心内容存在天然的阶级性和差异性，并非是对每个人和每个民族的"自由"和"平等"。列宁批判了资本家虚伪的口号宣传，直言资本主义的民主、自由只能是"资产积极的文明"，"是少数有产者"的文明，而更多的劳动者则是"处于奴隶地位"。① 可见，西方现代化的精神文明更多是资产者进行殖民的虚伪宣传，只能是资产者的文明，不能引导广大劳动者走上真正文明之路。中国的精神文明建设则以马克思主义为指导，坚持文化自信，以社会主义核心价值观为根本价值准则，是真正的精神文明，是为了人的发展、为了人类发展的文明，超越西方现代化的虚伪文明理念。

第二，在精神文明的文化制度基础方面的超越。西方以资本主义制度为前提，建立了为少数资产者服务的制度，制度的价值指向维护少数人的利益，指向为资本增殖和对外扩张服务，这种制度带来的是人权的失落、自由的剥夺和民主的丢失，广大劳动者的利益得不到保障，精神发展沦为空话。制度建构下西方的自由、民主只能是少部分人的自由、民主，广大的无产者成为制度的牺牲品，无法满足其基本权利。根本不同于西方现代化的是，中国实行社会主义制度，各项制度奠定人的主体地位，从法律上赋予广大劳动

---

① 《列宁全集》第28卷，人民出版社1956年版，第398页。

者文化发展的权利，任何制度都是为人服务的，为满足人的各项需要的，真正指向全体大众，构建的是全体人民的美好生活。中国的各项制度都以核心价值观为根本价值依据，将核心价值观融入各项制度的制定和实施全过程，确保核心价值观成为制度建设的价值基石。由此可见，从制度的价值属性和文化确认上可以看出，西方制度文明建构下的文化只能是少数人的文化发展，确认的是少数人的精神需要，而中国制度文明是以人为核心的制度，满足的是所有人文化发展的权利，制度建构上具有文化优越性和价值超越性。

第三，在精神文明的价值指向上的超越。西方精神文明建设是技术理性支配的，带来的是单向度的人，技术理性全面遮蔽价值理性，人们面临着道德失落、精神信仰空虚等现代性危机，文化建设是以经济效益为根本目的，人的价值受到忽视。西方现代化的对外扩张、对内剥削是反"人道"、反人民性的，人不能实现真正的现代化。可见，西方精神文明建设在价值起点上就缺乏道义性，在价值指向上缺乏正义性，只能带来文化的畸形发展。中国精神文明建设把人作为最终价值目标，文化发展为了人，以人的需要为发展的第一目标，在发展中重视发展的社会效益，而非只是以经济为唯一目标。马克思对共产主义社会设想的实现最根本的在于两个条件，一是物质的极大丰富，二是人类精神的极大丰富。精神文明的水平决定能否走向共产主义社会，这也决定其成为中国式现代化的核心要素。中国共产党推进精神文明建设，把人作为发展的终极目标，着眼于提升人的精神文化水平，提供人现代化发展的精神家园，促进人的发展。

第四，在精神文明建构的世界图景方面的超越。西方文明是扩张性的文明，妄图以自己的文化价值观实现"文化殖民"，认为自身的价值观是"普世价值"，具备先天优越性，断言西方现代化发展实现了"意识形态的终结"，以西方话语、文化的强势扼杀他国文化，这种文化世界观只能带来"文化冲突"，不利于人类文明的融合交流，不代表精神文明发展的未来走向。中国精神文明建设超越西方的"普世价值""零和博弈""国强必霸"的霸权逻辑，主张不同文明的汇聚借鉴交流，尊重不同民族的现代化道路和精神文明成果，充分挖掘本民族的文化，为世界发展提供智慧力量，丰富人类精神文明思想宝库，成为不同文明交流的新典范，校正人类精神文明发展的世界图景。新时代，中国提出人类命运共同体的价值理念，对于关乎人类命运的共同问题，倡导全球共同参与、共同治理、平等协商，推动构建人类命运共同体的形成。

（四）校正人类精神文明发展的方向

马克思认为文明发展是有历史阶段的，能够实现文明最高阶段的只能在共产主义社会，在那里人才能是全面发展的社会主体，劳动才能成为人的第一需要。列宁提出，"无产阶级在实际上表明，它而且只有它才是现代文明的支柱"，只有无产阶级才能创造真正的现代精神文化，"它的劳动是我们整个'文化'的基石"。① 可见，人类精神文明发展的最终归宿只能在社会主义社会实现，只有社会主义之下的精神文明建设才是完全以人的发展为核心的，才能有光明的人类发展前景。中国的精神文明建设正是对社会主义如何进行文化发展的具体探索，是对马克思主义文化发展思想的现实实践，代表着人类精神文化发展的未来方向。西方现代化的发展道路过分强调经济本位，物欲刺激下带来价值理性的萎缩，人的主体地位异化，人的劳动沦为机器的附庸，带来片面发展的"单向度的人"。假如按照西方现代化发展之路，资本逻辑成为发展的主流逻辑，那么人类势必会面对精神的贫瘠，文化冲突不断，人的本质被遮蔽，精神家园迷失。因此，资本主义文明并非人类精神文明发展的理想彼岸。人类精神文明新形态超越资本主义文明的"文明冲突""资本本位""单向度人"的发展弊端，主张"天下大同""求同存异""命

---

① 《列宁全集》第 8 卷，人民出版社 1959 年版，第 96 页。

运与共""以人为本",是真正代表先进文明,代表人类精神需要的,是对人类精神文明发展的全方位校正。

第一,校正人类文明发展的价值取向,提供正确文明发展观。西方现代化文明是一部漫长的以西方基督教为思想主导的经济、文化不断变革的最终呈现。① 西方工业文明在相当长一段时期内代表人类文明的先进性,代表文明发展的方向。正如马克思所说,西方工业化带来了世界市场,让文明隔阂成为过去时,让人类生产力取得惊人进步。同时,马克思尖锐批判西方文化的极端扩张性、殖民性,抨击资本的"带血的"贪婪性,这些都带来劳动的异化和以物为本的逻辑。有学者对西方文明的发展前景断言,认为极致的贪婪最终必将走向自己的反面,最终归宿必定是"死于过度"。西方工业化一开始标榜的"民主""自由"的"普世价值",只是极少数资本家的私有物,只是虚伪的政治口号,不能真正带领人类走向文明的更高阶段,只能作为历史发展的一个文明阶段,这个阶段必将被更高文明所取代。人类文明新形态是以社会主义为基础的,代表文明发展的更高阶段,指向文明发展的最终阶段。正如马克思对资本主义必然走向灭亡的预言,现阶段逐步走向成熟的精神文明新形态能够校正资本主义文明发展弊端,引导人类文明发展的正确方向。精神文明新形态打破西方价值观的统摄地位,提供现代化的多元价值基础,提供不同国家进行现代化建设的道路选择和价值依据。

第二,校正"文明冲突"的现代化发展模式。西方现代化的先发优势让部分西方国家鼓吹"文明优越论""西方模式论",主张以西方价值和发展方式作为世界各国现代化的发展逻辑,成为现代文明交往的价值模式,带来的是"文明冲突"的结果,甚至不惜发动战争扩张自身的文明。文明本身就蕴含多样性、共存性和包容性,世界文明正是因为多样化、共存化,才带来

---

①　赵林:《告别洪荒:人类文明的演进》,湖南人民出版社 2019 年版,第 301 页。

文明的互鉴、互用、互动，推动文明的灿烂发展。文明本身就没有"一家独大""自我优越"之说，更不能以扼杀其他文明、扩张自身文明为文明发展的方式。人类发展的文明史已经告诉人类自身，文明的冲突只能带来战争、奴役和牺牲，只能带来文化发展的破坏和退化，文明冲突并非文明发展的方式，反而阻碍文明走向繁荣。因此，西方的文明发展模式不能作为文明交流的方式，需要新的文明形态予以校正和代替，让"文明和谐"成为现代化发展模式。中国式现代化主张消除文明冲突，以文明互鉴为相处之道，主张消除文明之间的隔阂，以文明交流的求同存异为发展之道，消除"文明霸权论""文明优越论"，以文明的共存、文明的共荣为文明进步之道。西方工业化带来的全球市场让所有文明都成为世界文明系统的一元，在全球文明发展多元的今天，扼杀其他文明显然是不现实的，也是不可能的，只能带来冲突和战争，带来文明发展的停滞。中国坚持"一元主导多元发展""一元引导多元"的文化发展之路，马克思主义是我们的一元主导思想，其他价值观念、思想体系都可以作为多元思潮存在，让多种思想、多元文化共存，以文化对话、文化引导代替文化的冲突。

第三，坚定文化自信，构建人类文化命运共同体。新时代文化自信需要抛弃"文化民族主义思维"，需要走文化世界主义之路，"构建人类文化共同体"[①]。人类文明的历史是多种文明的汇聚，因各民族国家的独特文化而构成文明的整体，各民族独特的文化符号也在历史长河中烙下自己的文化印记，共同构成绚丽多彩的世界文化宝库和精神文明发展世界样态。因此，人类文明发展不是静态的、单一的、割裂的，而是动态的、多元的、融合的，每个民族的文化都为人类文明的延续贡献力量，都在探索自己向何处去、世界向何处的问题。中华文明蕴含丰富的文化命运共同体思想，在与周边国家文

---

① 金惠敏：《人类文化共同体与中国文化复兴论》，《人文杂志》2019 年第 2 期。

化交往中主张"与邻为善、睦邻友好",在与自然的相处中主张"天人合一、道法自然",在与世界的交往中主张"协和万邦、天下大同",在与民众的交往中主张"以民为本、惠民利民",在人与人交往中主张"崇德向善、互帮互助",在生存态度上主张"自强不息、与时俱进"等,这些思想精华都成为精神文明新形态的重要内容,为人类文化命运共同体的建设提供丰富精神谱系。今天,我们进行文化建设,要抛弃"文化民族主义""文化霸权主义"的狭隘错误思维方式,要以开放、包容的思维方式进行文明交流,要通过自身文明建设推进世界的发展,以文化自信构筑人类文化命运共同体。

第五章
中国式现代化对人类社会文明的伟大贡献

社会文明、社会建设是中国共产党自成立起就十分关注和持续推进的重要议题。1921 年《中国共产党第一个纲领》中提出："承认无产阶级专政，直到阶级斗争结束，即直到消灭社会的阶级区分；消灭资本家私有制，没收机器、土地、厂房和半成品等生产资料，归社会公有。"[①] 在这里，中国共产党虽然没有提出具体的社会建设目标，但实际上已经对未来社会文明的发展方向进行了展望，即未来的社会主义社会是一个没有阶级剥削、没有压迫、生产资料公有的社会。这里面既蕴含了社会公平正义的目标，也内含着共同富裕的社会建设目标。此后，中国共产党在领导人民开展的新民主主义革命进程中，不断地实践和发展着这一目标。如陕甘宁边区期间，进行了社会建设的有益尝试，为新中国成立后的社会建设积累了丰富的经验。在陕甘宁边区时期，通过"三三制"原则，团结社会各界人士；通过减租减息政策，调节了地主和农民之间的利益关系，使二者由对立转向合作；通过精兵简政，减轻社会负担，使社会各界人士更加拥护共产党；通过开办学校、培训班等

---

① 中共中央文献研究室、中央档案馆：《建党以来重要文献选编（1921—1949）》第 1 册，中央文献出版社 2011 年版，第 1 页。

对老百姓进行文化卫生教育，使老百姓的文化水平大幅提升；通过社会宣传，密切了干群关系，使整个社会更加团结和谐，更有凝聚力。显然，"一切这些的目的，在于建设一个中华民族的新社会和新国家。在这个新社会和新国家中，不但有新政治、新经济，而且有新文化"。①改革开放之后，中国共产党把社会建设与经济建设、政治建设、文化建设结合起来，要在发展社会生产力的基础上，进行社会文明建设。也就是说，这一时期的社会建设，注重社会的物质基础建设，"我们要通过发展社会主义社会的生产力来不断增强和谐社会建设的物质基础"。②

进入新时代以来，在中国式现代化道路的实践中，社会文明建设的内涵不断丰富。民生问题成为社会建设的重要内容。以习近平同志为核心的党中央非常关心民生问题，在多个领域全面推进新时代的民生建设。在教育领域，以建设教育强国为目标，通过发展素质教育，推进教育公平；推动城乡义务教育一体化发展；加快一流大学和一流学科建设；完善职业教育和培训体系等内容，构建起新时代教育强国战略的完善体系，全面贯彻了党的教育方针，落实了立德树人的根本任务。在收入分配方面，坚持按劳分配的原则，完善按要素分配的体制机制，鼓励劳动人民勤劳致富，扩大中等收入群体的数量，调节过高收入，履行好政府再分配调节职能，推动实现第三次分配，实现经济持续增长与居民收入持续增长的同频共振等。脱贫攻坚和共同富裕成为新时代社会建设的重要内容。在党中央的决策部署下，中国脱贫攻坚取得决定性胜利，共同富裕正在稳步推进。社会治理体系与治理能力现代化成为新时代社会文明建设的主要目标，平安中国建设成为新时代社会文明建设的重要保障。可以说，进入新时代以来，"人民群众获得感、幸福感、

---

① 《毛泽东选集》第 2 卷，人民出版社 1991 年版，第 663 页。

② 中共中央文献研究室：《论构建社会主义和谐社会》，中央文献出版社 2013 年版，第53 页。

安全感更加充实、更有保障、更可持续，共同富裕取得新成效"。① 在党中央高度重视、积极推进中国式现代化的过程中，我国的社会文明建设取得了巨大成就，为人类社会文明在新的历史条件下的发展与推进贡献了自己的实践经验和创新成果。

一、在脱贫攻坚胜利基础上全面建成小康社会

全面建成小康社会是中国式现代化的重要内容之一。中国人民对于小康社会的理想可以追溯到先秦时期。《诗经·大雅·民劳》中有"民亦劳止，汔可小康"的追求，孔子在《春秋》中提出"升平、小康、太平"的社会"三世说"等，这些都体现了中国古代人民对于美好生活，也即小康社会的向往。近代以来，随着中国社会发展陷入停滞，沦为帝国主义国家的侵略对象，中国人民对小康社会的渴望更加强烈。在传承中国古代小康、大同思想的基础上，结合现实需求，康有为著《大同书》，对大同社会进行了描绘。在康有为看来，大同社会是一个实行民主制度、没有私产、没有痛苦、物质和精神都极大丰富的社会，小康社会是大同社会的重要体现形式之一。中国传统文化思想中的小康、大同观念为中国共产党确立小康社会的建设目标提供了思想资源。在坚持马克思主义理论的基础上，结合中国实际情况，中国共产党提出了建设小康社会的社会建设目标。

（一）小康社会建设目标的提出

中国共产党关于小康社会建设目标的提出，经历了长期而艰难的探索历程。在新中国成立初期，由于对社会主义建设规律的把握不够准确，中国共产党对社会主义社会建设目标的认识并不清晰，也因此造成一系列问题，

---

① 习近平：《高举中国特色社会主义伟大旗帜　为全面建设社会主义现代化国家而团结奋斗——在中国共产党第二十次全国代表大会上的报告》，人民出版社 2022 年版，第 11 页。

"我国国民经济在一九五九年到一九六一年发生严重困难，国家和人民遭到重大损失"[①]。为了解决这些问题，加快推进社会主义社会的建设进程，1964年的第三届全国人大会议上，提出了"两步走"的社会发展战略，目标是到20世纪末，在建立完备的工业体系和国民经济体系的基础上，基本实现工业、农业、国防和科学技术的现代化。这实际上是中国共产党对小康社会建设目标的初步探索，也是中国共产党对如何实现社会主义社会建设目标的具体部署。

改革开放之后，邓小平在考察了国内外的现实情况之后，认为应该调整"两步走"发展战略，使中国社会的发展战略更加切合实际情况。邓小平指出："最近我们的同志出去看了一下，越看越感到我们落后。什么叫现代化？五十年代一个样，六十年代不一样了，七十年代就更不一样了。"[②]在这里，邓小平已经意识到，中国要想实现现代化发展目标，必须紧跟时代的步伐，结合自身的情况，提出切实可行的发展目标。因此，邓小平在讨论中国未来社会发展目标时，提出了"中国式的四个现代化"的新名词，并指出，到20世纪末，中国要达到一定的发展水平，即达到西方发达国家20世纪70年代的发展水平，仍旧要比西方发达国家落后20多年。

"中国式的四个现代化"社会发展目标的提出，使中国摆脱了过去过于强调宏观远大目标的束缚，开始从实际出发制定自身的社会发展目标。为了让这一目标更加形象，更能够团结、吸引、凝聚人民的力量进行社会主义现代化建设，邓小平提出了"小康社会"的概念。因为小康社会已经在中国传统文化中出现过，又能贴近老百姓的生活实际，在普通老百姓群体中具有很强的认同感和感召力。"我们要实现的四个现代化，是中国式的四个现代化。

---

① 《改革开放三十年重要文献选编》上，中央文献出版社 2008 年版，第 193 页。
② 《邓小平年谱（1975—1997）》上，中央文献出版社 2004 年版，第 372—373 页。

我们的四个现代化的概念，不是像你们那样的现代化的概念，而是'小康之家'。到本世纪末，中国的四个现代化即使达到了某种目标，我们的国民生产总值人均水平也还是很低的。要达到第三世界中比较富裕一点的国家的水平，比如国民生产总值人均一千美元，也还得付出很大的努力。就算达到那样的水平，同西方来比，也还是落后的。所以，我只能说，中国到那时也还是一个小康的状态。"[①] 小康社会的提出，是邓小平对"什么是社会主义，如何建设社会主义"的深入思考和回答，也体现了中国人民对于美好富足生活的向往和追求。邓小平认为，社会主义制度的优越性体现在社会主义社会的生产力发展要比资本主义社会更快，社会主义国家人民的生活要比资本主义国家更为富裕。因此，邓小平指出："生产力发展的速度比资本主义慢，那就没有优越性，这是最大的政治，这是社会主义和资本主义谁战胜谁的问题。"[②] "我们太穷了，太落后了，老实说对不起人民。我们现在必须发展生产力，改善人民生活条件。"[③] 基于这样的现实，我们既要承认我们处在社会主义初级阶段，我们的生产力水平还比较落后；又要奋起直追，提出符合社会发展规律和老百姓向往的发展目标，在不断解放和发展生产力的基础上改善人民生活。

那么，如何认识小康社会，或者说，小康社会主要包括哪些内容呢？关于小康社会，邓小平在历次的讲话中，对这一问题进行了深入的阐释。从数字上看，小康社会具有确定的发展计划和目标，即从 1980 年到 2000 年，中国的人均国民生产总值从 1980 年的 250 美元增长到 2000 年的 1000 美元。也就是说，从 1980 年到 2000 年，在两个十年里，人均国民生产总值要翻两番，人民的生活将由贫困到温饱，由温饱再到小康。从社会状态上看，小康

---

① 《邓小平文选》第 2 卷，人民出版社 1994 年版，第 237 页。
② 《邓小平年谱（1975—1997）》上，中央文献出版社 2004 年版，第 380 页。
③ 《邓小平年谱（1975—1997）》上，中央文献出版社 2004 年版，第 381 页。

社会的实现，将是一个人民生活水平普遍提高的社会。"我们是社会主义国家，国民收入分配要使所有的人都得益，没有太富的人，也没有太穷的人，所以日子普遍好过。"[①] 可见，小康社会的实现，要充分发挥社会主义制度的优越性，在解放和发展生产力的基础上，坚持社会主义公有制和按劳分配制度，提高全体人民的生活水平。在这里，可以看出小康社会发展目标与西方社会的区别，小康社会追求的是整个社会生产力的提高、整个社会人民生活水平的普遍提升，注重的是整体性和公平性。相比较西方社会注重个体生活水平提高、注重个人财富的积累，小康社会发展目标显然具有更为普遍的价值和意义。

同时，小康社会也注重人民精神生活、精神境界的提升。邓小平指出："真正到了小康的时候，人的精神面貌就不同了。物质是基础，人民的物质生活好起来，文化水平提高了，精神面貌会有大变化。"[②] 邓小平在这里是说，小康社会是一个物质生活与精神生活平衡的社会发展目标，小康社会不仅要实现人民物质生活质量的提升，也要提升人民的精神生活质量，要物质文明、精神文明一起抓。因此，在党的十三届七中全会上，对小康社会的发展水平进行了明确界定："人民生活从温饱达到小康，生活资料更加丰裕，消费结构趋于合理，居住条件明显改善，文化生活进一步丰富，健康水平继续提高，社会服务设施不断完善。"[③] 党的十五大报告中，正式明确提出小康社会的概念，并对如何实现小康社会的社会发展目标进行了战略部署。至此，小康社会建设目标正式成为党和国家的社会建设目标。

（二）和谐社会建设对全面建成小康社会的推进

党的十五大报告提出，"展望下世纪，我们的目标是，第一个十年实现

---

① 《邓小平文选》第3卷，人民出版社1993年版，第161—162页。

② 《邓小平文选》第3卷，人民出版社1993年版，第89页。

③ 《十三大以来重要文献选编》中，人民出版社1991年版，第1374页。

国民生产总值比二〇〇〇年翻一番，使人民的小康生活更加宽裕，形成比较完善的社会主义市场经济体制"。[①] 这为进入新世纪的小康社会建设指明了方向。构建社会主义和谐社会的提出，是对小康社会内涵的进一步丰富和发展，推动了小康社会的不断向前发展。

马克思、恩格斯曾经指出，"一切划时代的体系的真正的内容都是由于产生这些体系的那个时期的需要而形成起来的。"[②] 社会主义和谐社会的提出，正是基于小康社会发展到新的历史阶段而提出的。21 世纪初，随着中国特色社会主义事业的发展，中国出现了许多新情况、新问题。2003 年，突如其来的非典疫情给中国的经济社会发展带来严峻挑战，这暴露了中国经济社会发展中的一些短板和问题；2003 年，中国人均国内生产总值突破 1000 美元，标志着中国发展进入了"黄金期"，同时也是"矛盾凸显期"，许多社会矛盾事件集中性爆发，极大影响了经济社会的健康稳定发展。如何应对这些发展机遇和严峻挑战，把小康社会的发展目标继续推向前进，成为摆在中国共产党面前亟待解决的重大现实问题。基于这样的现实，党的十六大报告给出了前进的方向，即"我们要在本世纪头二十年，集中力量，全面建设惠及十几亿人口的更高水平的小康社会，使经济更加发展、民主更加健全、科教更加进步、文化更加繁荣、社会更加和谐、人民生活更加殷实。"[③]

显然，党中央已经意识到在新世纪建设更高水平小康社会的重要性，那么，如何根据时代的需要，在小康社会建设目标上更进一步，提出具体的社会建设目标，成为党和人民需要面对和解决的一项重大战略课题。对此，胡锦涛在对我国基本国情充分认识和把握的基础上，特别是对当时党和国家面

---

① 《中国共产党第十五次全国代表大会文件汇编》，人民出版社 1997 年版，第 4 页。

② 《马克思恩格斯全集》第 3 卷，人民出版社 1960 年版，第 544 页。

③ 中共中央文献研究室：《十六大以来重要文献选编》上，中央文献出版社 2005 年版，第 14 页。

对的发展不协调的矛盾、统筹各方面利益问题的困难等问题的准确把握的前提下，抓住了当时经济社会发展的新变化、新特点，创造性地提出了构建社会主义和谐社会的重大战略。2005 年 2 月 19 日，胡锦涛在省部级主要领导干部专题研讨班上指出："构建社会主义和谐社会，……就是要使经济更加发展、民主更加健全、科教更加进步、文化更加繁荣、社会更加和谐、人民生活更加殷实，还强调要努力形成全体人民各尽其能、各得其所而又和谐相处的局面，巩固和发展民主团结、生动活泼、安定和谐的政治局面。"[1]

构建社会主义和谐社会，第一要义就是科学发展。胡锦涛指出："我们所要建设的社会主义和谐社会，应该是民主法治、公平正义、诚信友爱、充满活力、安定有序、人与自然和谐相处的社会。"[2] 要达成上述目标，关键就是要依靠科学发展。这里所讲的科学发展，与以往的发展在内涵上有很大的不同。在改革开放初期，为了解决人们的温饱问题，当时的发展强调的是物质财富的增加，即要通过发展，使人们能够吃上饭、吃饱饭。到 20 世纪 90 年代末，中国已经基本解决了温饱问题，人民的生活水平、生活质量正在不断提升。在这样的情况下，发展的内涵就不仅仅是物质财富增加的问题了，而是有了更为广阔、更为深刻的内涵。在发展的驱动上，以往的发展依靠资金投入和扩大生产，科学发展依靠的是科技创新，依靠新技术带来新的产业和新的领域的出现，依靠的是创新驱动发展；在发展的模式上，过去的发展强调单一的、孤立的发展模式，科学发展强调可持续、协调的发展模式，也就是说，科学发展要求发展不仅仅是眼前的事情，而要考虑长远，要实现长远的发展，同时，科学发展要破解过去发展的不协调、不平衡的矛盾，实现各地区、各行业、各产业之间的协调发展；在发展的目标上，过去的发展强

---

① 《胡锦涛文选》第 2 卷，人民出版社 2016 年版，第 273—274 页。

② 胡锦涛：《在省部级主要领导干部提高构建社会主义和谐社会能力专题研讨班上的讲话》,《人民日报》2005 年 6 月 27 日。

调物质财富的增加，强调发展是更多商品被生产出来，科学发展则在强调物质生产的同时，更加注重精神财富的增加、注重人的全面发展等。

构建社会主义和谐社会，要坚持和贯彻"四位一体"的总体布局。在社会建设上，邓小平提出要"两个文明"一起抓，既要物质文明发展，也要精神文明进步；江泽民提出"三位一体"的社会主义建设总体布局，即政治建设、经济建设与文化建设要三位一体，协同推进。胡锦涛提出要坚持"四位一体"的社会主义建设总体布局。胡锦涛指出："构建社会主义和谐社会，同建设社会主义物质文明、政治文明、精神文明是有机统一的。……要通过发展社会主义社会的生产力来不断增强和谐社会建设的物质基础；通过发展社会主义民主政治来不断加强和谐社会建设的政治保障；通过发展社会主义先进文化来不断巩固和谐社会建设的精神支撑；同时又通过和谐社会建设来为社会主义物质文明、政治文明、精神文明建设创造有利的社会条件。"[①]

同时，社会主义和谐社会建设要坚持"效率优先、兼顾公平"的原则，更加注重社会公平问题。尤其是对社会主义市场经济建立起来之后，部分地方和领域过分重视效率，只追求效率而忽视了公平的问题，要通过"兼顾公平"的方式予以解决。因此，构建社会主义和谐社会要更加注重社会公平，通过综合运用行政、法制等多种手段，创造出公平的就业机会、公平的规则、公平的分配制度等，使社会更加公平，也更能激发人们投身社会主义和谐社会建设的积极性、主动性。

（三）打赢脱贫攻坚战，为全面建成小康社会奠基

贫困问题成为进入新时代以来，我国全面建成小康社会的最大障碍，也是中国共产党进行社会建设要解决的关键问题之一。到 2015 年，全国还有

---

① 胡锦涛：《在省部级主要领导干部提高构建社会主义和谐社会能力专题研讨班上的讲话》，《人民日报》2005 年 6 月 27 日。

7000 多万贫困人口，如何在 20 世纪第二个十年实现全面脱贫，成为摆在党和人民面前迫切需要解决的问题。对此，中共中央 2015 年 11 月 29 日颁布了《中共中央国务院关于打赢脱贫攻坚战的决定》，对 2015 年到 2020 年的脱贫攻坚任务进行了具体部署，指出："扶贫开发事关全面建成小康社会，事关人民福祉，事关巩固党的执政基础，事关国家长治久安，事关我国国际形象。打赢脱贫攻坚战，是促进全体人民共享改革发展成果、实现共同富裕的重大举措，是体现中国特色社会主义制度优越性的重要标志，也是经济发展新常态下扩大国内需求、促进经济增长的重要途径。"[1]

消除贫困是社会主义的本质要求，体现了社会主义制度的优越性。自 1956 年社会主义制度在中国大地确立起，中国共产党就把带领人民摆脱贫困、过上好日子作为自己的使命。改革开放伊始，邓小平就指出："在社会主义制度下，可以让一部分地区先富裕起来，然后带动其他地区共同富裕。……经济发展起来后，当一部分人很富的时候，国家有能力采取调节分配的措施。"[2] 进入新时代以后，中国社会经济得到快速发展，到 2013 年，中国人均 GDP 达到 7000 多美元，社会物质生活比较富裕，文化生活比较丰富，已经到了可以走向共同富裕的新的历史阶段。因此，习近平指出："贫穷不是社会主义。如果贫困地区长期贫困，面貌长期得不到改变，群众生活长期得不到明显提高，那就没有体现我国社会主义制度的优越性，那也不是社会主义。"[3] 十八大之后，中国共产党就从体现社会主义的优越性出发，把解决贫困问题摆在了突出位置，在"五位一体"和"四个全面"的战略布局中，强调脱贫攻坚的重要性，把解决贫困问题提升到国家战略高度。党的十九大之后，以习近平同志为核心的党中央高度重视脱贫攻坚工作。党的

---

① 《十八大以来重要文献选编》下，中央文献出版社 2018 年版，第 52—53 页。

② 《邓小平年谱（1975—1997）》下，中央文献出版社 2004 年版，第 1014 页。

③ 《习近平扶贫论述摘编》，中央文献出版社 2018 年版，第 5 页。

十九大报告指出，要"深入开展脱贫攻坚，保证全体人民在共建共享发展中有更多获得感，不断促进人的全面发展、全体人民共同富裕。"①

精准扶贫是打赢脱贫攻坚的关键一招。早在 20 世纪 90 年代，习近平在《摆脱贫困》一书中，就对精准扶贫进行了探讨。习近平认为，中国各地区的经济发展水平、社会历史条件、人民生活习惯都不一样，因此，在扶贫时，应结合实际情况制定实施扶贫策略，即精准扶贫。习近平指出，"要使弱鸟先飞，飞得快，飞得高，必须探讨一条因地制宜发展经济的路子，……无论是种植、养殖还是加工业，都要推广'一村一品'"。②进入新时代以来，习近平和党中央非常重视扶贫工作，在党中央的部署下，把扶贫工作上升为国家战略，全面开展脱贫攻坚工作。在新时代，如何提升国家扶贫工作水平，使脱贫攻坚能够真正起到作用，达成"扶真贫、真扶贫"的目标。习近平反复强调："不搞大水漫灌，不搞'手榴弹炸跳蚤'，因村因户因人施策，对症下药、精准滴灌、靶向治疗，扶贫扶到点上扶到根上。"③在精准扶贫思想的指引下，国家扶贫工作迈进了新阶段，各项扶贫工作有序开展，取得重大成效。

精准扶贫，关键是要精准施策。习近平指出："空喊口号、好大喜功、胸中无数、盲目蛮干不行，搞大水漫灌、走马观花、大而化之、手榴弹炸跳蚤也不行，必须在精准施策上出实招、在精准推进上下实功、在精准落地上见实效。"④也就是说，在精准扶贫中，要坚持精准施策的方针。首先，要把需要扶贫的对象精准识别出来，不能让一些人混进扶贫对象队伍中，本身条件还不错，不愿意劳动，只想享受国家的扶贫政策、扶贫基金，这样会造成

---

① 《中国共产党第十九次代表大会文件汇编》，人民出版社 2017 年版，第 19 页。
② 习近平：《摆脱贫困》，福建人民出版社 1992 年版，第 4—6 页。
③ 《十九大以来重要文献选编》上，中央文献出版社 2019 年版，第 225 页。
④ 《十八大以来重要文献选编》下，中央文献出版社 2018 年版，第 38 页。

扶贫工作量的扩大和扶贫资源的浪费，也不利于扶贫目标的实现。此外，还要精准识别出扶贫对象贫困的原因，是因病致贫、因灾致贫，还是因为没有就业渠道、没有产业方向致贫，只有精准识别致贫的具体原因，才能精准施策。其次，要精准制策。即是说在精准扶贫过程中，要根据扶贫对象的具体情况和致贫的具体原因，制定符合扶贫对象各方面条件的扶贫策略。第三，要精准施策。即要根据具体情况、产业需求、地区情况等有序推进扶贫策略。正如习近平所说的："精准施策要深入推进，按照因地制宜、因村因户因人施策的要求，扎实做好产业扶贫、易地扶贫搬迁、就业扶贫、危房改造、教育扶贫、健康扶贫、生态扶贫等精准扶贫重点工作。"[1]

在国家脱贫攻坚战略的指引下，各级部门和扶贫工作人员的共同努力下，到 2020 年年底，中国脱贫攻坚工作取得全面胜利，7000 多万贫困人口实现了全面脱贫，这为全面建成小康社会奠定了坚实的基础。正如习近平在全国脱贫攻坚总结表彰大会上所指出的："农村贫困人口全部脱贫，为实现全面建成小康社会目标任务作出了关键性贡献。"[2]

（四）全面建成小康社会，推动了人类社会文明的进步

习近平指出："全面建成小康社会，实现第一个百年奋斗目标，在中国共产党奋斗史、新中国发展史、中华民族文明史上都具有里程碑意义。同时，我们必须认识到，这只是我们迈向中华民族伟大复兴的关键一步。"[3] 从本质上看，小康社会是一个动态发展的社会形态，小康社会是社会经济政治文化不断发展进程中的阶段性特征。因而，我们可以说，全面建成小康社会也是中国社会历史进程中的某一特殊时刻的特征和社会形态。全面小康社会是人类社会历史发展的普遍性（不断向前发展）和特殊性（某一历史时刻的

---

[1] 《十九大以来重要文献选编》上，中央文献出版社 2019 年版，第 232 页。
[2] 习近平：《在全国脱贫攻坚总结表彰大会上的讲话》，《人民日报》2021 年 2 月 26 日。
[3] 习近平：《在二○二一年春节团拜会上的讲话》，《人民日报》2021 年 2 月 11 日。

社会形态）的统一，我们既要深刻认识全面小康社会的历史价值、现实意义，也要认识到全面小康社会并非中国特色社会主义的终极阶段，需要进一步推进社会发展进程，在更高更广更深的层面推动社会的发展，实现人民的幸福。

全面建成小康社会使现代化不再是资本主义社会的标签，而成为社会主义社会的特征。马克思指出："无论哪一个社会形态，在它所能容纳的全部生产力发挥出来以前，是决不会灭亡的；而新的更高的生产关系，在它的物质存在条件在旧社会的胎胞里成熟以前，是决不会出现的。"[①] 一直以来，由于资本主义率先在欧洲发端，资本主义制度通过先发优势和第一次工业革命、第二次工业革命，创造了比以往历史生产力总和还多的生产力，实现了人类社会由封建社会向资本主义社会的转变。因而，资本主义总是以"现代化"自居，认为是资本主义产生了现代化，但是，随着资本主义制度的发展，资本主义及其带来的现代化的弊端在当代社会暴露无遗。如，资本家对无产阶级残酷的剥削问题、资本主义社会严重的贫富分化问题、资本主义社会道德极端败坏问题等。正如马克思、恩格斯批判资本主义时所指出的那样，在资本主义社会，"一切等级的和固定的东西都烟消云散了，一切神圣的东西都被亵渎了。人们终于不得不用冷静的眼光来看他们的生活地位、他们的相互关系"。[②]

新中国成立以来，中国历届领导人始终把推进社会主义现代化建设、提升人民生活水平作为工作的重心。改革开放以后，党中央在坚持四项基本原则的基础上，以经济建设为中心，先后经历解决人民温饱问题、初步实现小康、实现总体小康及全面建成小康社会等阶段，扎实推进中国特色社会主义

① 《马克思恩格斯选集》第 2 卷，人民出版社 2012 年版，第 3 页。
② 《马克思恩格斯选集》第 1 卷，人民出版社 2012 年版，第 403—404 页。

的现代化进程。特别是进入新时代以来，以习近平同志为核心的党中央坚持协同推进"五位一体"总体布局和"四个全面"战略布局，坚持新发展理念，通过脱贫攻坚、生态文明建设等途径，使中国取得了全面建成小康社会的决定性胜利，打破了资本主义所谓的只有资本主义制度才能实现社会发展的"现代化"的神话，实现了社会主义与现代化的有机统一。

全面建成小康社会，使科学社会主义焕发出新的生机和活力。曾几何时，西方学者以"历史终结论"沾沾自喜，认为人类社会历史的未来只有一条路，就是资本主义道路。然而，经过几代中国共产党人的努力，中国特色社会主义在新时代取得了举世瞩目的成就，中国共产党在十几亿的人口大国中实现了全面建成小康社会。中国共产党不仅成功地把科学社会主义推到了新的历史发展阶段，还在解决十几亿人口温饱问题的基础上更进一步，实现了中华民族从富起来到强起来的历史性飞跃。正如习近平所讲："在中国这样一个有着5000多年文明史、13亿多人口的大国推进改革发展，没有可以奉为金科玉律的教科书，也没有可以对中国人民颐指气使的教师爷。"①

全面建成小康社会，使人类社会的明天更加灿烂。马克思和恩格斯早在100多年前，就批判了资产阶级文明的虚伪和狭隘："半野蛮人坚持道德原则，而文明人却以自私自利的原则与之对抗。"②意指世界文明之间，没有所谓的"先进"与"落后"。近代西方一直以"先进文明""文明中心"自居，却干着侵略其他国家、掠夺资源、肆意烧杀他国人民的野蛮勾当。美国学者塞缪尔·亨廷顿提出不同文明之间冲突是世界各国之间矛盾的根源的观点，实际上承认了西方所谓"先进文明"的狭隘本质。即西方文明总是以"先进""优越""至上"自居，认为世界其他文明都应该从属于或者说依附于西

---

① 《习近平谈治国理政》第3卷，外文出版社2020年版，第184页。
② 《马克思恩格斯选集》第1卷，人民出版社1995版，第716页。

方文明。这样的文明形态和其中蕴含的价值观念显然是狭隘和片面的，不利于世界文明多样性的发展。习近平坚持"每一历史时代的经济生产以及必然由此产生的社会结构，是该时代政治的和精神的历史的基础"①的观点，指出由于经济社会发展阶段的差异和历史传统习惯的不同，世界各地存在着不同的文明形态。要推动世界文明的进步，不是用强制的手段"兜售"所谓的"先进文明"，而要在尊重各民族文明的基础上，增进各民族文明的包容性，积极吸收他国文明的有益成分，实现世界各民族文明的共同进步。全面建成小康社会，正是用实践证明了世界文明的发展并非只有资本主义文明一条路可走，而是有许多更好、更新的路可以走，可以引导人类社会走向更加美好的明天。

二、积极推进社会治理体系和治理能力现代化

《中国共产党第十九届中央委员会第六次全体会议公报》指出："党的十八大以来……人民生活全方位改善，社会治理社会化、法治化、智能化、专业化水平大幅提升，……续写了社会长期稳定奇迹。"②在中国特色社会主义进入新时代之际，如何根据社会发展的变化，持续推进社会文明建设，是党面临的一项重大课题。面对国内外形势的新变化，党中央坚持马克思主义唯物史观，准确把握中国社会发展的规律和特点，创造性地提出了要积极推进社会治理体系和治理能力现代化的战略部署，极大丰富了中国式现代化的内涵，推动了人类社会文明的持续进步。

（一）坚持党的领导是社会治理体系和治理能力现代化的核心

有效推进社会治理体系和治理能力的现代化，核心在于坚持党的领导。

---

① 马克思、恩格斯：《共产党宣言》，中央编译出版社 2018 年版，第 21 页。

② 《中国共产党第十九届中央委员会第六次全体会议公报》，人民出版社 2021 年版，第 11—13 页。

纵观世界范围内已经实现了现代化的国家的现代化进程，政党在社会治理中起着重要的组织功能。对于中国共产党而言，推进新时代社会治理体系和治理能力现代化，除了要不断加强自身建设之外，还要不断提高自身在群众中的"四项能力"，即政治领导力、思想引领力、群众组织力和社会号召力。

首先，中国共产党是推进社会治理体系与治理能力现代化的主体。习近平指出："办好中国的事情，关键在党。中华民族近代以来180多年的历史、中国共产党成立以来100年的历史、中华人民共和国成立以来70多年的历史都充分证明，没有中国共产党，就没有新中国，就没有中华民族伟大复兴。"① 历史和实践证明，没有共产党，就没有新中国；没有共产党的领导，就没有中国特色社会主义。近代以来，正是在中国共产党的领导下，中国人民经历了艰苦卓绝的斗争，才取得了民族独立。在党的领导下，又经历了社会主义建设的艰苦探索、改革开放等，才把中国特色社会主义推向新时代，实现了从"站起来"到"富起来"，再到"强起来"的历史性转变。进入新时代以来，中国共产党在以习近平同志为核心的党中央的带领下，实施了加强和创新社会治理的战略，重点在三个领域开展了一系列工作，取得了丰硕的成果。

一是正确处理人民内部矛盾。党在《关于坚持和完善中国特色社会主义制度　推进国家治理体系和治理能力现代化若干重大问题的决定》中明确提出，要"完善正确处理新形势下人民内部矛盾有效机制"。从认识论上看，党中央认识到进入新时代以来，我国社会主要矛盾的转化及许多新情况、新问题的出现，需要重新认识如何处理人民内部矛盾这一问题；从方法论上看，新时代人民内部矛盾的新情况，需要在解决这些矛盾时，坚持党解决人

---

① 习近平：《在庆祝中国共产党成立100周年大会上的讲话》，《人民日报》2021年7月2日。

民内部矛盾的传统优势的基础上进行方法创新，以新方法解决新问题，充分体现了中国共产党坚持马克思主义唯物史观的科学世界观和方法论。二是加强社区治理体系建设。在党中央的决策部署下，加强治理重心下移，以基层党组织建设为抓手，坚持"横向到边、纵向到底"的社区治理思路，把志愿服务、居民服务等全部纳入社区治理范围，统筹兼顾、发挥协同功能，使社区治理呈现出欣欣向荣的新样态。三是健全公共安全体系。公共安全是社会和谐稳定的基础，党中央高度重视公共安全体系建设。在经济领域，强调安全发展，确保发展问题是在维护人民群众的根本利益基础上的发展。在社会领域，强调安全制度建设，增强社会重大安全事件的预防预警能力。

其次，中国共产党在推进社会治理体系和治理能力现代化的进程中不断提升自身的治理水平。推进社会治理体系和治理能力现代化，关键在党。没有党的坚强领导和大力推进，社会治理体系和治理能力现代化的目标很难实现。从逻辑上看，中国共产党在推进社会治理体系和治理能力现代化的进程中，自身必须具备较强的治理能力和治理水平。进入新时代以来，以习近平同志为核心的党中央非常重视自身建设，以刀刃向内的决心和勇气，进行自我革命，提升自身能力。党中央提升自身的治理能力，主要是从党的政治建设着手的。坚持以政治建设为统领。旗帜鲜明地讲政治是党进行政治建设的前提。恩格斯曾指出："绝对放弃政治是不可能的……问题只在于怎样从事政治和从事什么样的政治。"① 可以说，在党的建设中，政治建设是根本性、方向性的问题，政治建设决定了党的建设的方向。只有旗帜鲜明地讲政治，才能使党沿着正确的方向前进，也才能使党不断增强自身的社会治理能力。政治建设的核心是维护党中央权威和集中统一领导。为最广大的人民群众谋福利，代表最广大人民群众的根本利益，是中国共产党所坚持的价值宗旨。

---

① 《马克思恩格斯选集》第 3 卷，人民出版社 2012 年版，第 169 页。

要实现这一价值目标，党的团结和一致显得尤为重要，因此，在党的政治建设中，必须维护党中央的权威和集中统一领导。只有心往一处想，劲往一处使，才能最大限度发挥党的各项优势，才能把各项社会问题解决好，不断提升自身的治理能力。提高党员干部的政治能力是政治建设的关键步骤。党的各项方针政策、党的制度文件等，最终需要依靠广大党员干部推进落实。党员干部的政治能力怎么样，将直接影响党的政治建设的质量。因此，提升党的治理能力，就是要提高广大党员干部的政治能力，让党员干部在推动社会治理的过程中，能够从大局出发、从长远出发，解决各种社会矛盾，维护最广大人民群众的根本利益。

最后，要不断提高党的"四项能力"。政治领导力、思想引领力、群众组织力和社会号召力是党领导社会治理的根本能力，在实践中，要不断提高党的上述四项能力，为社会治理体系和治理能力现代化奠定基础。政治领导力可以确保社会治理沿着正确的政治方向前进，使社会治理始终在中国特色社会主义的前提下开展，避免在推进社会治理的过程中出现方向性问题。思想引领力能够保证社会治理的价值遵循，即坚持人民至上的社会治理价值目标，在社会治理过程中，以解决人民群众急盼愁难问题为突破口，全方位提升人民群众的幸福感、获得感。群众组织力则体现了党的根本工作路线和工作方法，即坚持从群众中来到群众中去，依靠群众而不脱离群众，坚持人民群众是社会历史发展的主体的思想，让人民群众在社会治理体系和治理能力现代化过程中充分发挥自身的积极性、创造性，推动社会的不断进步。社会号召力是党团结一切可以团结的力量进行社会治理的根本能力。社会治理不仅仅需要党员干部、人民群众的参与，还需要社会组织、企事业单位、无党派人士及其他一切支持中国特色社会主义事业的爱国者的参与。只有动员社会各界广泛参与，才能在进行社会治理的过程中，治理目标的确定、治理决策的决定、治理进程的推进等具有最广泛的群众支持，也才能实现社会治理体系和治理能力现代化的目标。坚持党的领导，就是要在社会治理过程中，不断提高党的上述四项能力，使党能够真正领导、真正引领、真正组织社会治理过程的开展，推进社会治理体系和治理能力不断发展。

（二）政府治理创新是社会治理体系和治理能力现代化的关键

在推进社会治理体系和治理能力现代化的进程中，政府治理创新是关键一环。因为任何社会治理行为及其背后的治理制度，都是党领导下的政府推动和实施的，可以说，政府在社会治理中扮演着组织者、实施者和监督者的多重角色。在社会治理过程中，政府往往通过多层次的治理创新，推动社会治理体系和治理能力的现代化。

首先，政府决策制度创新。政府在推进社会治理的过程中，关键的一环就是相关政策的制定和执行，这就要求政府必须创新决策制度，使政府的治理决策适应社会治理现代化的需求。一是科学决策。科学决策要求政府在进行决策时，要有大局意识、长远眼光，尤其是基层政府在进行治理决策时，应以党中央、上级政府的文件为准绳，切不可只顾眼前利益、局部利益，最后却牺牲了国家利益、民族利益。科学决策还要结合现实需求，政府在治理决策时，切不可拍脑袋、形式主义，应根据实际情况、实际需求进行决策，决策能真正体现老百姓的需求，符合老百姓的根本利益。科学决策还应该在实践中检验决策的真理性，要强化政策实施的跟踪反馈机制，及时对决策实施的结果进行反馈和修正，不断完善决策内容。二是民主决策。在新时代，政府治理的民主决策，要体现在对全面深化改革过程中复杂社会问题的解决过程中。即在决策时，要真正弄清楚人民群众的根本利益是什么，人民群众的根本诉求是什么，人民群众对政府的决策内容是否满意，人民群众对政府的决策程序是否认可等。只有这样，才能广泛听取人民群众的意见和呼声，政府的决策才能反映人民群众的心声，得到人民群众的支持。三是依法决策。党中央十分重视重大决策的合法性问题，先后多次在重要报告中提出要完善重大决策合法性审查机制，要求未经合法性审查或者审查不合法的重大决策，不能提交讨论。因而，在政府进行治理决策时，应严格按照党中央要求，遵守重大决策相关制度文件，依法依规进行决策，使政府决策合乎规范，从而提升决策的质量和水平。

其次，推进法治政府建设。习近平指出："我们抓住法治体系建设这个总抓手，坚持党的领导、人民当家作主、依法治国有机统一，坚持依法治国、依法执政、依法行政共同推进，坚持法治国家、法治政府、法治社会一体建设，全面深化法治领域改革，统筹推进法律规范体系、法治实施体系、法治监督体系、法治保障体系和党内法规体系建设，推动中国特色社会主义法治体系建设取得历史性成就。"① 中国共产党领导下的法治政府建设，主要从两个方面展开。

一是出台法治政府建设实施纲要。2021 年 8 月，中共中央、国务院印发了《法治政府建设实施纲要（2021—2025）》。此前，2015 年 12 月，中共中央、国务院印发了《法治政府建设实施纲要（2015—2020）》。在上述两份纲要中，对法治政府建设的总体要求、主要任务、实施步骤、组织保障、落实机制等进行了详细的阐述。如，2015 年的《纲要》中提出，法治政府建设的总体目标是："经过坚持不懈的努力，到 2020 年基本建成职能科学、权责法定、执法严明、公开公正、廉洁高效、守法诚信的法治政府。"2021 年的《纲要》中，法治政府建设的总体目标为："到 2025 年，政府行为全面纳入法治轨道，职责明确、依法行政的政府治理体系日益健全，行政执法体制机制基本完善，行政执法质量和效能大幅提升，突发事件应对能力显著增强，

---

① 习近平：《坚持走中国特色社会主义法治道路　更好推进中国特色社会主义法治体系建设》，《求是》2022 年第 4 期。

各地区各层级法治政府建设协调并进，更多地区实现率先突破，为到2035年基本建成法治国家、法治政府、法治社会奠定坚实基础。"二是实施常态化督查工作。通过国务院的督查工作，找出社会治理中的痛点问题，并予以及时解决。如，2021年国务院的督查工作中发现部分地方政府扩内需保就业民生仍有许多问题。在保就业工作中，河北、山东部分地区没有严格执行国务院的政策要求，存在就业保障乱收费的问题等。在教育收费工作中，仍有部分地区存在教育乱收费问题等。通过常态化的督查工作，推动了法治政府的建设步伐。

最后，政府治理方式创新。政府在坚持传统治理方式的基础上，进行了治理模式的创新探索，其中较为典型的为数字政府建设。数字政府建设，就是政府在开展社会治理的过程中，运用大数据技术，对治理对象进行数字采集、存储和处理，在治理决策、治理过程中充分使用数字信息，发挥数字信息的最大效能。数字政府建设主要包括以下三方面内容。一是数据库建设。政府依托高科技企业，构建起符合政府治理需要的大数据库。数据库是数字政府的基座，政府在治理决策时，拥有的数据越多，决策就越精准、越具有科学性。二是数字平台搭建。政府通过搭建数字平台，为群众提供公共服务。如，上海的"一网通办"，打通了政府各部门之间的壁垒，使老百姓只用操作一个平台，即可以办理所有自己想办的事情。三是数字决策机制的实施。在数字政府中，社会治理的决策不再是传统的集体决策、人为决策，而是由数据说话、由数据决策。政府通过人工智能、大数据等技术，可以精准识别社会治理领域的重大、急难问题，通过大数据技术对这些问题的原因进行分析，最后由数字决策平台提出解决的方案。

（三）社会稳定和谐是社会治理体系和治理能力现代化的体现

党的十九届六中全会的《中共中央关于党的百年奋斗重大成就和历史经验的决议》指出，新的历史条件下，我国社会建设的目标是"加强和创新社会治理，使人民获得感、幸福感、安全感更加充实、更有保障、更可持续。"①中央大力推进社会治理体系和治理能力现代化，根本目标就是推进社会稳定和谐，使人民群众过上好日子。目前，社会治理体系和治理能力现代化在推进社会稳定和谐方面，已经体现出其强大的功能。

首先，中国已经构建起世界上规模最大的社会保障体系，并进一步推进健康中国建设。中国地区之间发展不平衡、人口多、人员流动大，以及人口老龄化、就业方式多样化等问题的存在，使得社会保障体系建设困难重重。新时代以来，党中央着力解决社会保障体系建设中的突出问题，取得了不俗的成就。一是探索符合中国社会发展阶段的社会保障模式。习近平指出：中国的社会保障体系建设，要"坚持实事求是，既尽力而为又量力而行，把提高社会保障水平建立在经济和财力可持续增长的基础之上，不脱离实际、超越阶段。"②二是不断推进社会保障改革创新。以问题为导向，以改革为动力，为满足人民群众在新时代的社会保障需求为目标，通过破解人民群众关心的难题，实现社会保障的全覆盖。三是加强社会保障的精细化管理。针对人员流动快、就业岗位更换快及保障对象如何精准识别等问题，各级政府充分使用人工智能技术手段，为人民群众提供更加精细、更加贴心的服务，使社会保障体系与经济社会发展同向而行。截至 2021 年底，参加基本医疗保险的人数达 13.6 亿，参加基本养老保险的人数达 10.3 亿，可以说，中国已经构建起世界上规模最大的社会保障体系。

此外，以健康促进人民生活水平提高也被提上日程。2016 年 10 月 25 日，中共中央、国务院印发了《"健康中国 2030"规划纲要》，其中指出："健康是促进人的全面发展的必然要求，是经济社会发展的基础条件。实现国民

---

① 《中共中央关于党的百年奋斗重大成就和历史经验的决议》，人民出版社 2021 年版，第47 页。

② 习近平：《促进我国社会保障事业高质量发展、可持续发展》，《求是》2022 年第 8 期。

健康长寿，是国家富强、民族振兴的重要标志，也是全国各族人民的共同愿望。"通过加强健康教育、塑造自主自律的健康行为、提高全民身体素质、公共卫生服务全覆盖等途径，培养了人民群众的健康意识和健康习惯，人民群众的身体健康状况显著提高。

其次，教育强国战略稳步推进。党中央把教育工作作为头等大事，专门召开全国教育大会，对教育的根本任务、国家人才培养目标、教育公平、教育城乡一体化发展等进行了全面部署。一是明确教育的根本任务是立德树人、根本目标是培养德智体美劳全面发展的社会主义建设者和接班人。习近平指出："我国高等教育肩负着培养德智体美全面发展的社会主义事业建设者和接班人的重大任务，必须坚持正确政治方向。高校立身之本在于立德树人。"① 二是持续推进教育公平和高质量发展。统计数据显示，到 2021 年，我国共有各类学校 52.93 万所、在校生 2.91 亿人、专任教师 1844.37 万人，较 2012 年有较大幅度的增加。在基础教育上，做好了常住人口教育需求满足，把学校打造为教育的主阵地，科学规范了校外教育培训机构，减轻了学生负担。在教师队伍建设上，大幅提升了教师工资待遇和社会地位，把优秀的人才留在了教师队伍之中。三是持续扩大优质教育资源供给。政府不断扩大教育投入，把更多更优的资源向教育领域倾斜，在学前教育、职业教育、农村教育等领域加大投入，扩大优质教育资源的供给。四是推动高等教育内涵式发展。通过"破五唯"、为科研经费使用"松绑"、积极推进"双一流学科建设"等多种方式，改革阻碍高等教育发展的体制机制性障碍，最大程度激发高等教育发展的内生动力，使中国高等教育不断迈向新台阶。

除了社会保障体系、教育领域，中国在收入分配制度、高质量就业、优

---

① 习近平：《把思想政治工作贯穿教育教学全过程　开创我国高等教育事业发展新局面》，《人民日报》2016 年 12 月 9 日。

化生育政策、注重家庭家教家风建设等方面，全方位推进，使社会治理能力和水平不断优化升级，社会更加稳定、更加和谐，人民生活水平和生活质量不断提高，形成了"人人有责、人人尽责、人人享有的社会治理共同体"①，社会治理体系和治理能力现代化程度得到显著提升。

三、在推进共同富裕道路上实现美好生活追求

共同富裕是中国式现代化的重要特征。中国式现代化道路的推进，需要在社会领域推进共同富裕。习近平指出，"共同富裕本身就是社会主义现代化的一个重要目标"②，中国式现代化是"人口规模巨大的现代化，是全体人民共同富裕的现代化，是物质文明和精神文明相协调的现代化，是人与自然和谐共生的现代化，是走和平发展道路的现代化"③。因而，中国式现代化在新时代的突出体现就是追求共同富裕。

（一）共同富裕是中国式现代化的显著特征

近代以来，由于工业革命率先在欧美国家发端，欧美国家凭借着先发优势，在现代化进程中占据着绝对的话语权和主导权。这表现为，西方国家把现代化道路等同于资本主义经济发展，认为只要发展起"大社会小政府"的社会形态，充分发展物质生产，就可以实现现代化。《新教伦理与资本主义精神》的作者马克斯·韦伯认为："在现代经济秩序中，只要干得合法，赚钱就是职业美德和能力的结果与表现。"④客观地看，资本主义的兴起和全球

---

① 《中共中央关于党的百年奋斗重大成就和历史经验的决议》，人民出版社 2021 年版，第50 页。

② 习近平：《完整准确全面贯彻新发展理念　确保"十四五"时期我国发展开好局起好步》，《人民日报》2021 年 1 月 30 日。

③ 本书编写组：《中华人民共和国简史》，人民出版社 2021 年版，第 457 页。

④ ［德］马克斯·韦伯：《新教伦理与资本主义精神》，彭强、黄晓京译，陕西师范大学出版社 2002 年版，第 26 页。

扩张，确实在一定程度上推动了世界各国的现代化进程，"不断扩大产品销路的需要，驱使资产阶级奔走于全球各地。它必须到处落户，到处开发，到处建立联系。资产阶级，由于开拓了世界市场，使一切国家的生产和消费都成为世界性的了"。① 因此，近代以来关于现代化的相关理论，总是和资本主义制度、资本主义生产方式息息相关，认为只有资本主义制度和生产方式才能推动现代化的发展。

然而，正如马克思、恩格斯所批判的那样，资本主义生产方式的确促进了社会生产力的发展，但是，资本主义具有天然的缺陷。资本主义崇尚利益至上，追求工具理性，缺乏价值理性。缺乏价值理性，能够使西方国家在现代化进程中没有历史包袱，可以随心所欲地掠夺他国资源用于自身发展；同时，没有价值理性，也使得西方国家形成了"强权即真理"的思维模式。这样的思维模式运用在国际关系中，必然造成国际秩序的混乱和矛盾冲突。亨廷顿对此论述到："15 世纪结束时摩尔人最终重新征服了伊比利亚半岛，葡萄牙人开始了对亚洲的渗透，西班牙人开始了对美洲的渗透。在其后的 250年间，整个西半球和亚洲重要部分被置于欧洲的统治和控制之下。"② 到 19 世纪末，西方国家通过强权、武力征服了世界。然而，西方世界关于现代化的理论和实践，因其天然缺陷，很难使世人真正信服。

中国共产党共同富裕思想的提出和实践，超越了西方国家基于强权、武力、贫富不均的现代化发展模式，走出了一条工具理性与价值理性协调发展的现代化发展之路。中国的现代化最初是"外源性"的。19 世纪中叶，英法等西方国家用坚船利炮打开了中国的大门，迫使清政府签订一系列不平等条约，中国被迫开始了现代化之路。要救国，只有维新，要维新，只有学外

① 《马克思恩格斯选集》第 1 卷，人民出版社 2012 年版，第 404 页。
② ［美］塞缪尔·亨廷顿：《文明的冲突与世界秩序的重建》，周琪等译，新华出版社 2002年版，第 36 页。

国。中国开始了学习西方，进而希望超越西方的现代化发展探索。然而，由于主客观条件的局限，中国近代的现代化探索并不成功。主观上，晚清政府为了维护自身的统治地位，并没有实现现代化的内在动力；客观上，当时的中国社会不具备进行现代化的物质条件、生产力条件和工业基础等。在经历了洋务运动、戊戌变法、君主立宪以及五四运动等一系列现代化尝试，中国仍然没有摆脱落后挨打的命运，深陷半殖民地半封建社会的泥沼而不能自拔。

新中国成立后，经过社会主义改造确立了社会主义制度，以及 20 余年的社会主义现代化建设的探索，中国为自己的现代化发展奠定了坚实的政治经济文化基础。在党的领导下，中国现代化由"外源性"向"内源性"转变。十一届三中全会以来实施的改革开放，即是要从中国社会内部、自身找寻现代化发展的动力。即通过改革开放，破除了阻碍社会主义社会生产力发展的体制机制，激发了人民群众参与社会建设的积极性和创造性。经过 40 余年的改革创新和持续发展，中国共产党带领中国人民走出了一条符合自身特点的现代化发展道路。在中国式现代化发展进程中，一个最显著的特征就是追求共同富裕。邓小平早在 1985 年就指出："社会主义与资本主义不同的特点就是共同富裕，不搞两极分化。创造的财富，第一归国家，第二归人民，不会产生新的资产阶级。国家拿的这一部分，也是为了人民，搞点国防，更大部分是用来发展经济，发展教育和科学，改善人民生活，提高人民文化水平。"[1] 显然，在中国，现代化进程与追求共同富裕是辩证统一的。中国现代化发展的目标是为了实现共同富裕，即现代化发展要让全体人民共同参与，全体人民共享现代化发展的成果，全体人民自身都得到发展。共同富裕的实现过程也是推进现代化发展的过程，也就是说，共同富裕是全体人民

---

[1]　《邓小平文选》第 3 卷，人民出版社 1993 年版，第 123 页。

的生活水平达到一个新的高度，人民的幸福指数、发展指数、贡献指数都更高了，那么，也意味着中国现代化的发展更深入了。

（二）共同富裕是国家富裕与人民富裕的辩证统一

中国共产党领导人民所追求的共同富裕，是国家富裕与人民富裕的统一。也就是说，我们所追求的共同富裕不是单纯的国家富裕，也不是单纯的人民富裕，而是国家与人民内在统一基础上的共同富裕。

中国古代就有诸多学者讨论国家富裕与人民富裕之间的关系。古人认为，只有人民富裕了，国家才能够富裕和强盛。《管子》有语："凡治国之道，必先富民。"① 管子的意思是说，一个国家如果能够先让老百姓富裕起来，那么老百姓就会遵守既有的社会规范，支持国家法度的执行和行动的实施。如果一个国家的老百姓长期处于动荡不安、贫困潦倒之中，他们既不会遵纪守法，也难以支持国家各项活动的实施。因此，国家富强的前提是老百姓富裕。孟子关于实行仁政的著述中，也持同样的观点。孟子曰："无恒产而有恒心者，惟士为能。若民，则无恒产，因无恒心。"② 在这里，孟子强调的是物质生活条件的重要性。也就是说，在具备一定物质生活条件的前提下，老百姓对国家的"恒心"才有可能，国家也因此才能够富强起来。显然，孟子关于"恒产""恒心"的观点与马克思主义理论的"物质基础""上层建筑"的论述有异曲同工之妙。

需要对中国古代人们关于国家富裕与人民富裕之间关系的观点进行辩证地看的是，中国古代实行的是一种中央集权的政治体制，国家的物质财富都掌握在贵族或者是地主手里。这样的结果是："仓廪实"，实的是地主家的粮仓；"有恒产"，有的是地主家的恒产。因此，其并不能真正实现全体人民富

---

① 黎翔凤：《管子校注》，中华书局 2004 年版，第 924 页。
② 杨伯峻：《孟子译注》，中华书局 1960 年版，第 71 页。

裕与国家富裕的同向而行。中国共产党领导人民所追求的国家富裕与人民富裕，是二者内在统一的共同富裕，主要体现两个方面。

一是国家富强为人民富裕奠定了基础、提供了保障。从中国近现代史的脉络看，人民富裕是要在国家富强的基础上才能实现的。1840年鸦片战争伊始，中国逐渐沦为半殖民地半封建社会，英美日等帝国主义列强在中国各地划分势力范围、攫取自然资源、剥削压迫人民群众，成为中国人民贫穷落后的直接原因。在这样的社会条件下，无论是晚清政府，还是民国政府，都没有办法完全摆脱帝国主义列强的剥削和压迫。因此，在这一时期的中国，追求民族独立的"站起来"成为普通民众向往幸福生活的目标追求。新中国成立之后，面对满目疮痍的现状，中国共产党领导人民开启了艰难的社会主义建设和探索，经过一个时期的摸索，终于找到了改革开放这个能够通往幸福之路的正确方向。在中国共产党的领导下，全国各族人民克服困难，积极引入资金、技术，发挥自身的能动性和创造性，坚持以经济建设为中心搞建设。经过几十年的努力奋斗，改革开放取得了巨大成就。在这一时期，追求国家富裕的"富起来"成为人民群众追求的奋斗目标。进入新时代，在改革开放几十年发展的基础上，中国共产党领导人民在全面深化改革、全面建成小康社会、推进国家治理体系和治理能力现代化、科技创新发展等多个方面协同推进，经过不懈的努力，中国实现了从"富起来"到"强起来"的历史性转变。

中国共产党领导人民从"站起来"到"富起来"，再到"强起来"的历史表明，国家富强是人民富裕的基础和保障。那是因为，我国是社会主义国家，实行的是生产资料公有制，坚持的是按劳分配的原则。也就是说，国家的富强能够通过提供公共产品、再次分配、第三次分配等，为人民的富裕提供载体和条件，推动人民群众走上富裕之路。2015年以来实施的脱贫攻坚和乡村振兴战略充分说明了这一点：国家通过强大的物质力量和制度优势，推动落后地区、贫苦群众尽快实现脱贫，走向更加美好的生活。

二是人民富裕是国家富裕的体现和追求。从个体层面看，人民富裕是国家富裕的题中之义。在我国，国家富裕的指向是人民的幸福，国家发展的目标就是为人民提供更为优质的生活条件、更为广阔的发展空间。党的十九大报告指出："中国特色社会主义进入新时代，我国社会主要矛盾已经转化为人民日益增长的美好生活需要和不平衡不充分的发展之间的矛盾。"[①] 中国共产党认识到社会主要矛盾的变化，并以此为依据开展社会建设，表明了党以人民为中心的价值取向。党的二十大报告指出："我们深入贯彻以人民为中心的发展思想，在幼有所育、学有所教、劳有所得、病有所医、老有所养、住有所居、弱有所扶上持续用力，人民生活全方位改善。"[②] 从党的十九大报告中指出社会主要矛盾转化，应该把国家富强的着力点放在满足人民美好生活需要上，到党的二十大报告中，从教育、医疗、住房、工资等人民美好生活实现的具体事项进行论述，表明了过去的十年间，在国家经济社会不断发展的情况下，人民生活水平得到了全方位的提升。从这里可以看出，人民富裕是国家发展、国家富强、国家富裕的具体体现。因此，在我国，国家富裕与人民富裕共同统一在党和人民所追求的共同富裕的目标之下。

（三）共同富裕是物质富裕与精神富裕的辩证统一

马克思、恩格斯指出，"人们首先必须吃、喝、住、穿，然后才能从事政治、科学、艺术、宗教等等"。[③] 中国古代也有这样的观点。如，管子有"仓廪实而知礼节，衣食足而知荣辱"[④] 的论断。在这里，马克思、恩格斯与

---

① 《中国共产党第十九次全国代表大会文件汇编》，人民出版社 2017 年版，第 9 页。

② 习近平：《高举中国特色社会主义伟大旗帜　为全面建设社会主义现代化国家而团结奋斗——在中国共产党第二十次全国代表大会上的报告》，人民出版社 2022 年版，第 10 页。

③ 《马克思恩格斯选集》第 3 卷，人民出版社 2012 年版，第 1002 页。

④ 《管子》，李山、轩新丽译注，中华书局 2019 年版，第 1046 页。

管子实际上持同样的观点，就是说人们只有在物质生活条件达到一定程度的前提下，才会追求精神上的满足，只有物质生活和精神生活都达到一定的高度，这个社会才会称之为理想的社会，这个国家才能称之为理想的国度。中国共产党所追求的共同富裕，不仅是物质生活的富裕，还包括精神生活的富裕，是物质富裕与精神富裕的辩证统一。

物质富裕是精神富裕的基础。马克思、恩格斯在《共产党宣言》中指出："每一历史时代的经济生产以及必然由此产生的社会结构，是该时代政治的和精神的历史的基础。"[1] 在这里，马克思、恩格斯明确指出了物质财富、物质生产对于社会文明发展的作用。即在一定的历史条件下，一个社会的文明发展程度，取决于这个社会的生产力发展水平、物质资料的丰富程度等。在这里，需要辨明一种错误认识，即物质富裕是精神富裕的基础，并不是追求单一的"唯物质论"。一直以来，部分人把马克思主义的物质第一、精神第二的观点误认为是"唯物质论"，是"唯利是图"，结果造成部分人的思想扭曲、价值观错误，只追求物质利益，把利益第一、金钱至上作为自己的人生追求。显然，这种观点是错误的。那是因为，"唯物论不是要抹煞精神……不是轻视精神的作用，精神对于物质的反作用，唯物论也是非常重视的"。[2]

中国共产党正是在准确把握物质与精神之间辩证关系的基础上，推进共同富裕的。早在改革开放之初，邓小平就意识到要推进社会主义现代化建设，必须大力发展生产力。对此，他指出，"社会主义的本质，是解放生产力，发展生产力，消灭剥削，消除两极分化，最终达到共同富裕"[3]。即是说，社会主义要发挥自己的优越性，不断调整生产关系，使之能够始终适应生产

---

[1]　马克思、恩格斯：《共产党宣言》，人民出版社2018年版，第7页。

[2]　艾思奇：《艾思奇全书》第2卷，人民出版社2006年版，第312页。

[3]　《邓小平年谱（1975—1997）》下，中央文献出版社2004年版，第1343页。

力发展的需要，从而促进社会生产力的发展。只有在生产力不断发展的基础上，才能推动社会物质财富和精神财富达到一定的高度，从而实现共同富裕的社会主义社会发展目标。邓小平提出的"两手都要抓、两手都要硬"，"两手都要抓"就是物质文明和精神文明都要发展、都要进步；"两手都要硬"是指物质文明和精神文明是社会主义社会发展的主要内容。二者缺一不可，需要同步发展才能推进社会文明进步。

改革开放以来，中国共产党领导人民先后解决了温饱问题、小康问题，正在朝着共同富裕的目标迈进。这一过程在某种程度上表现为追求物质富裕的过程。中国共产党通过改革开放，不断解放和发展社会主义社会的生产力，激发经济社会发展的内生动力，使中国经济长期保持高速稳定发展，在一定程度上实现了"物质富裕"。在追求物质富裕的同时，党中央十分重视对精神富裕的追求。从改革开放初期邓小平提出的要物质文明、精神文明一起抓，到江泽民提出中国共产党要始终代表先进文化的前进方向，再到胡锦涛提出构建和谐社会的社会发展目标。这些都体现了中国共产党领导人民对社会精神文明发展的追求。进入新时代，习近平更是把精神财富作为具体的社会发展目标列入国家的发展战略之中。习近平指出，"实现中华民族伟大复兴的中国梦，物质财富要极大丰富，精神财富也要极大丰富"。[1] 新时代以来，国家加大了高质量、高水平文化产品的供给，通过培育和践行社会主义核心价值观、注重文化建设与社会建设、生态建设相契合等渠道，不断满足人民日益增长的美好精神文化生活需要，"中华优秀传统文化得到创造性转化、创新性发展，文化事业日益繁荣"[2]，实现了物质富裕与精神富裕的协同发展。

---

① 《习近平谈治国理政》第 2 卷，外文出版社 2017 年版，第 323 页。

② 习近平：《高举中国特色社会主义伟大旗帜　为全面建设社会主义现代化国家而团结奋斗——在中国共产党第二十次全国代表大会上的报告》，人民出版社 2022 年版，第 10 页。

纵观中国共产党领导人民推进共同富裕的历程可以发现，党在坚持马克思主义唯物论的基础上，注重发挥人民群众、社会文化等对社会历史发展的推动作用。坚持在改革实践过程中不断推进物质财富的增加和理论的创新发展，进而推进社会文明的进步。中国共产党准确把握住物质文明发展与精神文明进步之间的辩证关系，在推进物质富裕的同时，大力推进精神富裕，实现了物质富裕与精神富裕之间的相互促进、相互发展。

（四）共同富裕是普遍富裕与适度差距的辩证统一

中国共产党所追求的共同富裕，不是平均主义，也不是绝对的同步富裕、同时富裕。早在新中国成立之初，毛泽东就提出了"共同富裕"的概念，指出社会主义社会的发展目标就是为了实现共同富裕。在这一时期，党和人民对共同富裕的认识还不够深刻，未能真正把握马克思主义共同富裕理论的精髓。改革开放之后，邓小平提出了共同富裕的概念，并对这一概念进行了深入的阐释。针对共同富裕是否就是平均主义、是否就是同步富裕的问题，邓小平明确指出："不同地区总会有一定的差距。这种差距太小不行，太大也不行。"[1] 这里的意思是说，在追求共同富裕的过程中，要保持一定的差异性和多样性，不能搞一刀切，更不能搞平均主义，要尊重现实与社会发展规律，在各地社会现实条件的前提上推动发展，不能盲目地、不顾当地实际地推进共同富裕，而是在不断做大富裕的"蛋糕"的基础上，保持人与人之间富裕程度上适度的差距。

共同富裕的根本目标是普遍富裕，即中国的社会经济文化水平达到较高的水准，人民物质文化生活水平普遍提高。习近平指出，"共同富裕道路上，一个不能掉队"。[2] 但是，共同富裕并不是让一部分人不劳而获地富裕，而是

---

[1] 《邓小平年谱（1975—1997）》下，中央文献出版社 2004 年版，第 1356 页。

[2] 习近平：《新时代要有新气象更要有新作为　中国人民生活一定会一年更比一年好》，《人民日报》2017 年 10 月 26 日。

要让所有的人都可以通过诚实劳动、艰苦奋斗实现富裕。其一，社会主义初级阶段的国情决定了，我们所追求的共同富裕不是同时富裕，而是逐步实现共同富裕。由于人与人之间的禀赋有差异、所从事的工作有差异及社会贡献度有差异，在按劳分配的条件下，一部分人会先富起来，先富带动后富，才能最终达到共同富裕。其二，中国是一个大国，由于历史原因、各地区自然条件不一样，这就会造成部分地区先发展起来，率先达到富裕水平，带动后富地区，最终达到共同富裕。其三，共同富裕是靠诚实劳动实现的。共同富裕需要人们具有一定的劳动技能，能够通过劳动创造财富，这样的富裕才会是根本性的富裕。如果一个人不具备劳动技能，没有创造财富和管理财富的能力，即使他／她一时富裕了，也很难维持。因此，共同富裕是在追求普遍富裕目标的基础上，保持适度的差距，从而激发人们的积极性、创造性，为社会创造出更多的财富。

共同富裕的战略路径是通过不断的改革开放，理顺体制机制的矛盾，为人们追求共同富裕创造良好的社会环境和制度条件。一是继续发展和完善中国特色社会主义市场经济体制。党的二十大报告指出，未来的工作目标是"构建高水平社会主义市场经济体制"。[①]构建高水平社会主义市场经济体制，目标是破除社会主义市场经济发展中的各种桎梏，完善各项体制机制，最大限度发挥社会主义市场经济的功能，使各种市场主体能够平等、公平地参与市场竞争，通过合法经营、合法劳动实现收益增长。二是破除不平衡不充分发展的问题。各地区之间的发展不平衡、不充分是阻碍普遍富裕的难点问题。因此，要尽快解决这一问题，以推动社会普遍富裕程度的提高。如，城乡差距问题。目前，中国城乡发展差距仍然较大，城市是资源、人才、资金

---

① 习近平：《高举中国特色社会主义伟大旗帜　为全面建设社会主义现代化国家而团结奋斗——在中国共产党第二十次全国代表大会上的报告》，人民出版社 2022 年版，第 29 页。

的聚集地，而广大农村由于缺乏资源和人才，发展比较缓慢。要解决这一问题，就是要通过制度设计、机制创新等途径，"坚持农业农村优先发展，坚持城乡融合发展，畅通城乡要素流动"。①推动资源、人才向农村流动，为乡村振兴赋能。三是要破解社会利益分配失衡问题。共同富裕的目标是鼓励人们通过自身的勤奋劳动、诚实劳动实现致富的目标。然而，当前的利益分配机制存在这样那样的问题，导致一部分劳动者无法通过勤奋劳动实现富裕的目标。习近平指出，要"努力推动居民收入增长和经济增长同步、劳动报酬提高和劳动生产率提高同步"②。习近平在这里指出了当前社会利益分配中的一个突出问题，即在分配时，资本对利益分配的比例过高，劳动者的劳动在分配中比例较低，打击了劳动者的劳动积极性。这也是近年来社会上出现"躺平""佛系"等现象的深层次原因之一。因此，需要破除社会利益分配中的不公平、不公正问题，通过多种途径，解决这一问题，为人们通过自身劳动追求富裕畅通渠道。

共同富裕是普遍富裕与适度差距的辩证统一。如前所述，追求共同富裕的社会发展目标，前提是整个社会物质财富、精神财富的极大发展、极大丰富，能够满足人民群众对于美好生活的向往和追求。同时，共同富裕不是同步富裕，也不是平均主义，更不是不劳而获，而是在不断完善社会制度、创新体制机制的基础上，为所有公民提供公平、公正、合理的竞争平台和制度规范，让每一位热爱劳动、辛勤劳动的劳动者都能够通过自己的劳动实现财富目标和人生价值。

（五）共同富裕引领中国人民追求美好生活

中国共产党把中国特色社会主义的发展目标确定为，到 21 世纪中叶把

---

① 习近平:《高举中国特色社会主义伟大旗帜　为全面建设社会主义现代化国家而团结奋斗——在中国共产党第二十次全国代表大会上的报告》，人民出版社 2022 年版，第 31 页。

② 习近平:《不断开拓当代中国马克思主义政治经济学新境界》，《求是》2020 年第 16 期。

我国建设成为社会主义现代化强国。"到那时，我国物质文明、政治文明、精神文明、社会文明、生态文明将全面提升，实现国家治理体系和治理能力现代化，成为综合国力和国际影响力领先的国家，全体人民共同富裕基本实现，我国人民将享有更加幸福安康的生活，中华民族将以更加昂扬的姿态屹立于世界民族之林。"[①] 党关于社会主义现代化强国的发展目标昭示着，到 21 世纪中叶，共同富裕的社会发展目标会逐步实现，人民对于美好生活的向往也会得到满足。

共同富裕是人民追求美好生活的价值内核。共同富裕不仅表现为一种社会发展目标、发展方向，在根本上体现为中国共产党对于社会发展的价值取向。作为一种价值取向、价值规范，共同富裕在人民追求美好生活的过程中，起着价值引导、价值规范和价值判断的作用。共同富裕对于人民美好生活的向往，首先表现为价值导向作用。什么是人民美好生活，是部分人物质生活极大丰富，过着骄奢淫逸的生活；还是人们的物质生活、精神生活水平普遍较高，社会发展达到"每个人的自由发展是一切人的自由发展的条件"。[②] 显然，在共同富裕这一价值目标的导向下，"人民美好生活"所追求的是一种人人都能享有发展成果、人人都有幸福生活的社会状态。共同富裕对人民美好生活的作用，还体现为价值规范作用。在人们追求美好生活时，由于个体的家庭背景、教育环境、工作岗位不同，人们对于美好生活的认识也会不同，这就会造成人们在追求美好生活时，对美好生活有多种不同的解释，甚至是偏离正确的轨道。共同富裕通过价值引领、价值规范及国家政策的调控，会引导、规范人们在追求美好生活时，保持在正确的前进道路上。

人民美好生活是共同富裕的具体体现。人们在追求美好生活的过程中，

---

① 《中共中央关于党的百年奋斗重大成就和历史经验的决议》，人民出版社 2021 年版，第 71—72 页。

② 马克思、恩格斯：《共产党宣言》，人民出版社 2018 年版，第 51 页。

"共同富裕"所蕴含的价值目标、价值判断会得以不断实现，因而，美好生活成为共同富裕的现实载体和具体体现。如，人们对于美好生态环境的追求。近年来，"绿水青山就是金山银山"的生态观念被社会大众所接受，国家通过碳达峰碳中和、长江禁渔、退耕还林、沙漠治理等多项战略措施，推动生态环境逐步优化，人们享受到了生态美带来的生活美。在这一过程中，人们对美好生态环境的追求，是实现共同富裕的重要体现，在实践的过程中，把共同富裕中蕴含的价值观念、价值取向在现实中实现出来，推动了社会文明的进步。

共同富裕和人民美好生活是中国式现代化的重要支撑力量。共同富裕的提出和进一步推进，明确了党在社会领域追求的价值目标，能够进一步凝聚社会共识，积聚社会力量，使更多的人积极投身到社会主义现代化建设中，为实现共同富裕贡献自己的力量。以共同富裕为价值内核的人民美好生活，则从实践层面，在社会物质生活、精神生活、文化生活等不同领域，推动中国社会快速向前发展，满足人们在新的历史阶段的新的诉求。可以说，共同富裕和人民美好生活是一个问题的两个方面，二者从不同角度、不同层面解决了中国共产党所提出的社会文明的发展目标，为中国式现代化的推进打牢了根基。

第六章
中国式现代化对人类生态文明的伟大贡献

中国共产党人在百年探索之中，带领中国人民取得了举世瞩目的伟大成就与彪炳千秋的历史功绩，在坚持与发展中国特色社会主义的过程中，探索了中国式现代化新道路。中国式现代化不仅包括经济、政治、文化与社会领域的创新，也包括生态文明领域的创造。生态兴则文明兴，生态衰则文明衰。党的十八大以来，习近平总书记多次提出"既要金山银山，又要绿水青山"，"绿水青山就是金山银山"。作为中国式现代化在生态领域的逻辑延伸，生态文明建设硕果累累，不仅完善了人类生态文明建设的理论成果，而且在实践探索中国式现代化生态文明建设的过程中，创造了绿水青山的田园风光，改变了人民群众的生活方式与生产方式，形成了生态文明建设的中国方案，也在共谋全球生态治理的过程中为人类生态文明建设贡献了中国智慧。

一、中国式现代化完善了人类生态文明的理论建构

（一）理论基础：马克思自然生产力理论

生产力与生产关系互动是马克思历史唯物主义的重要内容，自然生产力是生产力范畴中的重要概念。作为生产力系统中不可缺失的重要一环，自然生产力在人类社会发展中有着重要的作用。一方面，作为客观生产条件的自

然生产力是社会产生和发展的前提，为人类社会发展提供了最初的生产和生活资料。另一方面，作为潜在生产要素的自然生产力是生产力实体性要素的基础，在生产过程中承担着劳动主体、劳动对象与劳动工具的重要意涵。正确把握自然生产力的含义，一方面要从其与社会生产力的关系入手，另一方面又要明确自然生产力概念内部诸要素的关系。首先，自然生产力与社会生产力都是生产力系统中不可或缺的一部分，二者不能分割，对于两者的分别论述只是缘于对二者特殊性的理论区分，正确认识二者关系不能割裂人与自然的有机联系，夸大生产的社会性，突出"人的能力"的叙事方式而遮蔽人的主观能动性，过分强调自然环境因素也会造成对生产力的狭隘理解。在现实生产中，社会生产力与自然生产力总是相互渗透、相互促进的，通过人的劳动，自然生产力得以挖掘、转化与提升为社会生产力，自然生产力与社会生产力统一于生产力系统的整体之中。其次，就自然生产力系统内部而言，各种自然物并非孤立存在的，它们统一在自然系统之中，互相影响，彼此制约，一种自然物被纳入到生产环节中，必然会对别的自然物产生不同程度的影响。当然，暂未被纳入到生产过程中的自然物也会影响已经纳入到生产过程中的自然物。也就是说，自然生产力不仅内在地包括那些已经被纳入生产过程中的部分，也包括尚未开发或暂时没有被纳入生产过程的部分。在这个意义上，不仅包括存在于整个自然界的客观力量、自然资源，也包括自然条件，整个自然环境都是自然生产力。

马克思自然力理论揭示了自然生产力的重要作用，对于我们正确认识人与自然的关系，并在此基础上展开和谐共生的可持续发展的中国式现代化，具有重要的理论与现实意义。首先，马克思自然生产力理论启示我们，自然作为有机体中的重要部分，为人类社会提供着物质支撑，是人类社会得以存在与发展的基础和前提，人类社会的发展过程也是与自然互动的过程。其次，马克思自然生产力理论提示我们，人类社会迈向现代化的进程与改造自然、适应自然的过程是同步的，进入现代社会以来，随着人类改造自然能力的增强，在与自然的互动中，主体性不断增强，社会与自然之间的交互不断生成，自然生态系统被深深嵌入社会机体中。

中国式现代化以马克思自然力理论为基础，以实现人与自然和谐共生为生态目标推进现代化发展。党的二十大报告提出，"中国式现代化是人与自然和谐共生的现代化"，[①] 便是从生态文明的角度对现代化建设提出全新要求。尊重、顺应与保护自然，是全面建设社会主义现代化国家的内在要求。[②] 在新的时代背景下，为了满足人民日益增长的美好生活需要，实现建设生态宜居的美丽中国的需要，中国式现代化强调在创造更多物质财富与精神财富的同时，也要为人民提供更多、更好的生态产品，站在人与自然和谐共生的高度谋求发展，将建设生态文明作为国家战略目标加以贯彻执行。

（二）理论探索：可持续发展理念

中国共产党成立以来，党的历届中央领导集体在执政过程中，不断提高治理能力，改革治理体系，在复兴经济和实现现代化的进程中，不断加强对环境问题的关注。在马克思主义生态理论的指导下，从国内外的实际情况出发，以推动经济社会发展、促进人与自然和谐相处为目标，对环境保护与生态治理贡献了兼具科学性与实践性的智慧，对推动生态文明建设意义重大。随着现代化进程的不断加快，人口资源矛盾更加凸显，环境保护与生态治理在国家与社会事务中的地位也不断提高，党和国家对于可持续发展的认识也逐渐深入。

---

① 习近平：《高举中国特色社会主义伟大旗帜　为全面建设社会主义现代化国家而团结奋斗——在中国共产党第二十次全国代表大会上的报告》，人民出版社 2022 年版，第 23 页。

② 习近平：《高举中国特色社会主义伟大旗帜　为全面建设社会主义现代化国家而团结奋斗——在中国共产党第二十次全国代表大会上的报告》，人民出版社 2022 年版，第 49—50 页。

作为一个具有多层次的复杂概念，可持续发展理念的科学性首先体现在其对代际正义的认识。根据世界环境与发展委员会在 1987 年发布的《布伦特兰报告》对可持续发展的诠释——可持续发展在考虑当代人需要的基础上，不损害后代人发展。这一定义明确指出了代际问题的存在，以及可持续发展对于解决代际矛盾的意义，明确了当代和后代两类代际主体，并肯定了不同代际满足自身生存与发展需要的权利与能力，同时也规定了代际主体的责任。可持续发展内在地将"社会—生态—人—自然"系统视为一种具有复杂适应性的系统，这一系统因为代际责任的存在与延续获得弹性，能够对抗内部和外部的风险与威胁，因此是可持续的。其次，可持续发展理念的价值性体现在环境可持续发展、经济可持续发展与人的可持续发展的协调统一之中。其中，环境可持续发展强调人类经济与社会发展与资源环境的适配，要求在自然承载能力范围内开展改造自然的活动，通过生态环保、资源节约与绿色循环，最大限度地提高资源的利用效率，同时减少对环境的破坏与污染，实现经济系统生态化；经济可持续发展意味着经济的高质量发展，依靠质量的提升而不是资源的消耗与浪费促进经济增长，在整个经济发展的过程中，通过不断调整产业结构升级，使经济发展不以环境的牺牲为代价，倡导绿色发展、循环发展的生态经济；人的可持续发展指向人与自然的和谐共生、人与环境的和谐相处，搭建环境友好型社会，在完善生活与居住设施的过程中减少或消除对环境的破坏，通过对节能环保的倡导以及对成熟完备的绿色生活配套体系的搭建来实现生活环境的无污染化。

可持续发展理念的核心要义在于其与时俱进的发展性与面向未来的前瞻性。启示我们在建设生态文明的过程中，首先要改变"应急式""救火式"的工作方式，摒除"先污染再治理"的滞后型生态发展观，强调经济社会发展的协调性、连续性、主动性与继承性。在理论向度上，可持续发展理念强调了人的主观能动性，其本质是"以人为中心的发展"，人不仅是可持续发展的目的，也是可持续发展的手段。在实践向度上，可持续发展的目的是满足人的生存与发展需要。经济、社会、生态的平衡发展归根结底是由人决定的，社会发展与自然保护之间的不平衡、不协调，其实质是人的不持续、不协调发展观念的反映与表现。因此，要实现可持续发展的理想目标，必须充分发挥人的主观能动性，促进社会成员主体意识的觉醒，充分发挥个体在经济发展与环境保护中的主动性、自觉性与实践性，从而使可持续发展成为人与社会发展的更高层次的需要，成为人的主体性需要、发展的需要，以及社会发展的良好状态与目标。

自党的十四届五中全会上江泽民首次提出可持续发展的战略构想以来，可持续发展理念便成为解决社会面临的经济发展与人口资源危机的矛盾的重要方针，为平衡经济发展与自然保护发挥着重要的协调作用，使经济社会发展不仅指向当前，更指向未来。可持续发展所倡导的社会文明观，是物质文明、精神文明、政治文明、生态文明与社会文明的统一，作为一种持续的、长远的发展观与创新观，可持续发展理念对于"五个文明"建设具有保障与服务功能，同时也是"五个文明"协同发展的重要动力。面对经济社会发展在城乡、区域上的不平衡、不协调问题，可持续发展理念致力于从整体上、全局上推动经济、政治、文化、社会与生态的持续发展。党和国家在不断探索中国特色社会主义道路的同时，不断推进可持续发展理念的深入。胡锦涛提出"科学发展观"是实现可持续发展的重要理论，进一步加强了对资源节约型、环境友好型社会的期待，始终以实现人的全面可持续发展为目标，推动经济、政治、文化、社会与生态的可持续发展。

（三）理论创新：生态文明的思想

生态文明的思想的产生既符合党和国家事业发展的战略需要，也契合人民对美好生活的期望。在继承马克思自然生产力思想及中国共产党历届领导人生态文明理念的基础上，习近平生态文明思想将生态文明的意义创造性地提升到新的高度，在坚持人与自然和谐共生的基础上，将生态文明建设纳入中国特色社会主义事业总体布局中，倡导"既要金山银山，也要绿水青山"的发展理念与发展方式。习近平生态文明思想是我国环境保护与生态建设历史上具有里程碑意义的重要理论成果，为新时代创新社会发展战略、改革环境治理提供了思想指引、价值指南与行动方略。

首先，习近平生态文明思想是继承性与创新性的统一。中国自古以来就有天人合一、道法自然的文化传统，中国哲学中一直蕴涵着丰富的生态智慧，如对天人关系的探讨中就饱含着对人与自然关系的认识，民胞物与、天人合一的思想区别于西方哲学中主客二分的思维模式，强调人与自然的和谐统一，奠基了尊崇自然、顺应自然的思想基础，而提倡尊重自然、敬畏自然，以及倡导人与自然和谐相处正是中国传统生态文化的精髓。习近平生态文明思想在充分汲取中国传统生态智慧的基础上，创造性地继承与发展马克思主义生态自然观，从自然辩证法的角度完善了生态文明思想的哲学基础。"人与自然的生命共同体"是习近平生态文明思想的主要价值遵循，正是出于对人类与自然关系的科学、合理认识，习近平生态文明思想始终强调在尊重自然、顺应自然、保护自然的基础上推动经济社会发展，在人与自然和谐相处的过程中创造美好生活。

其次，习近平生态文明思想是生态治理观与生态全球观的统一。习近平生态文明思想在国内主要指向对自然环境进行生态治理与环境保护，通过大力推动中国特色社会主义生态文明建设，解决社会发展与资源紧缺的矛盾、人口增长与生态破坏的矛盾，在实践中逐渐解决生态环境难题，在追求经济社会进步与自然环境改善的同向进步中，实现人与自然的和谐、社会与自然的共生。习近平生态文明思想在国外主要指向对世界经济社会转型的重要指引作用，通过积极推动本国生态治理与环境保护，为全球生态治理与环境保护提供参考样板，贡献中国方案与智慧。无论国内生态治理政策还是国际生态治理方案，习近平生态文明思想始终以人民利益为核心，不仅体现了对本国人民群众生态利益的关切，更是放眼全球，将世界人民的整体命运与自然生态系统相连接，其内在逻辑具有持续性、一致性，不仅体现了中国特色，而且顺应国际形势与时代潮流，彰显了人民情怀与大国担当。

最后，习近平生态文明思想是生态发展观与生态民生观的统一。绿色、低碳、循环、可持续不仅是经济社会发展的方向，也是人民生产生活的理想方式，习近平生态文明思想顺应了我国社会主要矛盾转变的现实，顺应了人民对美好生活的期待。一方面，习近平生态文明思想是实现高质量发展的思想武器，随着经济社会发展进步，粗放式的经济发展方式有违可持续发展理念，转变绿色发展模式是时代发展潮流与大势所趋，生态文明建设程度决定了中国式现代化的高度与厚度，因此，必须遵循人与自然和谐共生的发展规律。另一方面，习近平生态文明思想是解决民生问题、满足人民美好生活需要的理论依据。进入新时代，人民美好生活的需要更加广泛，对于居住环境、工作环境等要求更高，清新的空气、干净的水源、安全的食品与优美的环境等已经成为美好生活愿景的必然构成。习近平生态文明思想在以人民为主体的精神指引下，从人人都可共享的生态财富入手，维护人民利益，满足人民期待，实现了生态发展观与民生观的协调统一。

二、中国式现代化探索了人类生态文明建设的特色之路

在不同的历史时期，中国共产党所肩负的历史使命不同、工作重心不同，因此，对环境保护及生态治理的认识与观念也有所不同。随着对生态治理与环境保护问题的不断重视，党的生态文明观念经历了由单一到多样，由简单到丰富的发展过程。在新民主主义革命时期，对生态文明的关注较为有限，新中国成立之后，特别是改革开放以来，环境问题不断凸显，党对生态环境问题的关注视角也随之不断更新。党的十八大以后，对生态环境的认知、重

视和定位都上升到了新的历史高度，逐步形成较为完善的生态文明观念。

一是在对人与自然关系的认识上，经历了从征服自然到顺应自然，从开发利用自然到重视保护自然，追求人与自然不断和谐的过程。在新民主主义革命时期，党面临的主要任务是解决部队和根据地群众迫在眉睫的生存难题，这一阶段，人与自然的关系主要表现出对立的一面，发挥艰苦奋斗的决心与毅力，利用与改造恶劣的自然条件是解决问题的唯一选择，对自然进行合乎生存与战斗需要的改造，是特殊时期党对自然的主要认知。新中国成立后，党和国家对自然环境采取了不同程度的保护措施，但其目的还是为了更好地服务于经济建设。改革开放以来，随着经济建设的不断加快，对生态环境的破坏也日益加重，人与自然的矛盾在现代化建设的进程中逐渐浮现，人的价值与主体性地位被重新评估，党对自然的认识不断加深，更加注重在经济发展的同时注重协调资源、人口与环境之间的关系，提出保护环境的基本国策。党的十八大以来，党和国家更加深刻地认识到人与自然同属于一个共同体的客观事实，在尊重自然、保护自然的基础上，持续探索经济发展模式，坚持可持续发展理念，实施绿色发展、低碳发展、循环发展与可持续发展，在实践中不断促进人与自然的和谐共生。

二是在对生态文明建设目的的认识上，经历了"以我为主"到"美美与共"，从注重国内经济社会效益的发展到关注全球生态文明共同体建构的过程。从新民主主义革命时期到社会主义革命与建设时期，再到改革开放及步入新时代以来，在推进生态文明建设的过程中，党和国家逐渐意识到生态环境问题不仅关乎人与自然的关系，也是关系经济发展、政治改革、社会进步与国家安全的重大问题，不仅与国内发展密切相关，也与世界各国发展与人类整体利益紧密联系。从国内发展出发，随着社会主要矛盾的更替变化，人民群众对生活环境、生态景观等自然环境关注更多、要求更高，对生态文明的认知变化也逐步更新，不仅关注自身所处的生产生活环境，也更加关注世界各地生态问题。因此，加强国内生态文明建设，改善人民群众生活环境，提高生产生活质量，是党坚持以人民为中心的初心体现。同时，随着全球化进程的不断加快，世界各国的联系不断增强，现代化带来的交通技术的进步不仅突破了时间空间的限制，也打破了自然环境与资源分布的封闭状态，各国发展的资源互动更加频繁、生态依赖更加紧密，在复杂的国际生存环境中谋求自身的发展必须考量世界范围内的生态危机，关注全人类共同面对的生态问题。因此，中国在大力实施国内环境保护与生态治理，推行绿色可持续发展的同时，积极参与全球生态治理，倡导构建全球生态文明共同体。

（一）新民主主义革命时期生态文明观念的萌芽

在新民主主义革命时期，中国共产党坚守初心，牢记使命，面对残酷的革命战争环境，在革命战略上与国民党反动派分庭抗礼，在军事上也进行着持续斗争，同时，在经济、资源等方面也时时与国民党反动派进行较量，于艰难困苦的武装斗争中走出了一条中国式的革命道路。在尚未成功夺取全国政权的情势下，革命根据地的经济活动开展十分困难，严重影响了根据地部队与群众的生存与生活问题。根据地恶劣的自然环境严重影响了生产活动的推进，以陕甘宁边区为例，该地地处黄土高原，环境破碎，生态脆弱，常年的水土流失使得当地的农业生产举步维艰，不仅部队供给困难，连当地百姓的基本生活都难以保障。中国共产党在该地建立红色政权后，采取了一系列生态文明建设措施，在兴修水利、保持水土及保护森林、保护植被的过程中，党的生态文明观念逐渐萌芽并走向实践。

首先是重视对水利与林木资源的保护，成立专门的山林水利局，并颁布相关条例保障水利林木资源。陕甘宁边区位置偏僻，不仅经济社会状况落后，自然条件也十分贫瘠。促进边区发展，保障根据地部队与群众生存，必须克服恶劣的自然条件限制，在顺应自然规律的前提下对边区生态环境进行维护与改造。中华苏维埃政府从土地入手，于1931年颁布《中华苏维埃共和国土地法》，对包括山林水草湖田的不同土地类型进行合理分配与有效管理，从生产上制定了一系列改良农业生产要素的政策，大力推广开荒、造林和水利灌溉等举措。此后，中华苏维埃政府又颁布了中共党史上第一部关于保护山林的法规《山林保护条例》，加强对山地、林地的资源环境保护。① 其次是更加关注自然资源、农业自然环境，尤其是对森林保护和水土保持的重视程度不断提高。中华苏维埃政府于 1937 年组建了负责改良耕地、兴修水利、植树护林等农林牧事项的建设厅，同时发布了有关植树造林、禁止滥砍滥伐、进行森林保护的通知、办法与条例，重视对森林植被的保护，倡导林木建设，号召军民积极开展防护林、防风林建设及植树造林活动，严惩滥伐、破坏森林的行为。此外，陕甘宁边区政府还建立了农场、林场、苗圃，并组织队伍大范围调研森林资源，采取一系列有利举措保持水土，实现了南泥湾到"好江南"的生态转变，创造了新民主主义革命时期生态治理的伟大奇迹。

然而，在新民主主义革命时期，对生态环境的关注主要是建立在农业生产基础之上的，各种自然资源保护措施都是与农业发展密切相关的，同时，受限于当时的生产条件与时代因素，尤其是战争对人口、资源与环境的影响使一些环境保护与生态治理的措施遭受了不可抗拒的冲击，并且，国民党反动派一直对红色根据地采取实质上敌视和孤立的政策，经济上进行严酷的封锁，此时所采取的一系列生产自救活动主要是为了摆脱红色根据地的物质经济困境，这在一定程度上加剧了对边区自然环境的破坏，也对下阶段党和国家生态文明建设提出了新的挑战。

（二）社会主义革命和建设时期生态文明建设初步奠基

新中国成立初期，党和国家面临着解决近 5 亿人口温饱问题、摆脱贫穷

---

① 屈彩云：《建党以来党对环境保护问题的认知定位变迁》，《西南民族大学学报（人文社会科学版）》2021 年第 1 期。

落后面貌的内部困境，大力发展生产力、全面进行经济建设，成了摆在党和国家面前的首要问题。"三大改造"完成后，我国从新民主主义社会过渡到社会主义社会，经济实力和生产力水平有了很大提高，然而以国家计划为主导的、着重发展重工业的经济发展模式虽然使我国的工业建设快速起步，却在另一方面造成了较为严重的生态环境问题，此外，鼓励生育政策带来的人口激增，也恶化了城市环境与卫生问题。新中国成立以来至十年"文革"时期，对环境保护虽有一些举措，但对环境污染缺乏足够认识，甚至错误以为环境问题只是资本主义国家特有的。同一时期的西方发达国家在迎来经济发展的黄金时期之后已经开始关注由此带来的严重的生态问题，各地不间断地开展了保护生态环境的运动，保护环境的呼声逐渐强烈，环境问题首次成为世界的核心议题，以 1972 年联合国召开了第一次人类环境会议为标志的环保浪潮也为当时还未深刻意识到环境问题的中国提供了重要启示。

首先，出台以林业保护和工业污染防治为主的政策。新中国成立初期，优先发展重工业战略给部分城市造成了不同程度的工业污染，为此，国家出台相关政策加强了对工业污染的系列防治工作，1956 年国务院颁布的《防止厂矿企业中矽尘危害的决定》，明确规定厂矿车间或工作地点空气中含游离二氧化矽达到 10% 以上的粉尘必须降到每立方米 2 毫克以下，这是我国控制职业病危害源头的职业卫生标准的雏形。[①] 同时，国家在 1956 年制定《工业企业设计暂行卫生标准》和《饮用水水质标准》，1957 年出台《注意处理工矿企业排出有毒废水、废气问题的通知》，加强对工业污染的系列防止工作，1960 年初，国务院还批准颁发一系列工业生产卫生防护条例。同时，建立在重视农业生产基础之上的对农林保护的措施也在不断加强。1949 年，《中

---

① 张敏、鲁洋、吴宗之、刘晓延：《〈工业企业设计卫生标准〉历史沿革及展望》，《劳动保护》2016 年第 7 期。

国人民政治协商会议共同纲领》以临时宪法的性质提出了新中国在农林渔牧业方面的基本政策。其中蕴含着丰富的环境保护意识和生态文明建设思想，提到了包括兴修水利、防洪防旱、保护森林等一系列涵盖农、林、牧、副、渔等领域的资源环境保护措施，1950年颁布的《中华人民共和国土地法》进一步提到严禁滥伐树木、荒废土地、破坏水利等行为，对自然资源进行新的合理分配和管理。农业方面，在黄土高原等水土流失严重的地区，相关部门应该相互配合，形成合理方案，集中整治水土流失问题。在新开垦土地时，应科学合理高效，防止因为新开垦土地造成新的水土流失。林业生态环境保护方面，提出保护森林、禁止乱砍滥伐，采取有效措施恢复已经破坏的树林；开展植树造林增绿行动，结合实际情况绿化荒山，营造水土保持林、防风林、防沙林和海防林，推进林业生态治理规模化。[①]1958年，在毛泽东提出"绿化祖国""实现大地园林化"的伟大号召下，我国大规模植树造林、开垦荒地活动得以快速开展，逐步加快绿化祖国和各项林业建设进程。

其次，环境保护成为国家议事日程的重要内容。一是第一次全国环境保护会议的召开。1973年8月，在"文化大革命"之际，首次召开的"环境保护会议"直面国内已经出现的各类生态环境问题，提出要对生态环境问题进行全面规划，通过合理布局与综合利用，转化危害因素，依靠群众力量，号召人民群众共同保护环境，成为分析国家环境保护现状、确定环境保护工作方向的基本方针。至此，"环境保护"成为党和国家在制定大政方针时着重考虑的一个重要维度，为后来的环境保护工作提出了重要的指导方向。二是环境保护行政管理体系初建。随着环境保护在党和国家工作比重中的不断提高，环境问题逐渐纳入到国家行政管理体系之中，成立于1974年的国务院环境保护领导小组，成为中国环境保护行政管理体系的基础，在国务院的领

---

① 《1956年到1967年全国农业发展纲要》，人民出版社1956年版，第9—17页。

导协调下，环境保护的相关方针、政策与规定能够权责清晰地得到落实，环境保护工作的系统性、全局性不断加强，环境保护工作向更科学合理的方向迈进。

最后，环境保护法制化起步。1973 年召开的"环境保护会议"通过了中国第一个关于环境保护的综合性法规《关于保护和改善环境的若干规定》(试行草案)，1978 年通过的《中华人民共和国宪法》明确规定："国家保护环境和自然资源，防治污染和其他公害。"首次以宪法的形式明确了环境保护的基本国策，将环境保护写入我国的根本大法，为环境保护和生态文明建设提供了宪制基础。同年 12 月，《中共中央关于加快农业发展若干问题的决定》(草案)对农业发展方向做出指示，强调农业发展必须"切实按照经济规律和自然规律办事"。[1] 明确提出了有关环境保护的具体措施，包括兴修水利，提高抗击自然灾害的能力，限制垦荒和围海造田对生态平衡的影响，禁止对森林、草原和水产资源的破坏，以及植树造林、保护森林，严禁乱砍滥伐和严防森林火灾等，[2] 为环境保护法的出台奠定了基础。

(三)改革开放新时期生态文明制度的开创发展

党的十一届三中全会实行改革开放以来，随着经济建设的不断推进，社会物质财富极大增长，然而，迅速发展带来的环境代价与生态问题也日益突出，逐渐成为桎梏经济社会发展的重要因素，生态环境保护工作面临新的挑战。环境议题被提升至国家管理议程中，加快了环境保护法制进程，开启了以环境保护为主体、以宏观视角认知环境问题的生态文明建设征程。这一阶段，面对工业污染与生态破坏总体恶化的趋势，以及由此带来的环境经济的损失，生态环境保护工作的主要任务是解决赶超型的工业化进程与粗放型的

---

[1] 《中共中央关于加快农业发展若干问题的决定(草案)》，《新疆林业》1979 年第 S1 期。
[2] 《中共中央关于加快农业发展若干问题的决定(草案)》，《新疆林业》1979 年第 S1 期。

经济发展方式之间的矛盾以及自然恢复与生态治理之间的矛盾。一方面，党和国家在国内政府发展理念上，更加重视资源环境与经济发展之间的协调，加大生态环境治理力度；另一方面，"可持续发展"理念已经成为国际环境与发展的潮流，党和国家借鉴全球环境治理经验，以可持续发展为核心构建新的发展战略，为化解经济发展与环境保护之间的矛盾提供了重要的思想依据。

　　首先，制定环境保护的法律法规，完善立法与加强执法相结合。改革开放后，生态环境问题在国家社会经济发展全局中更加凸显，生态治理与环境保护的重要性进一步提升。1978年2月，"消除污染，保护环境"被写入《政府工作报告》，同时，国家法制建设进入新征程，邓小平提出，要做到"有法可依，有法必依，执法必严，违法必究"。[①] 此后，全国人大和国务院及时跟进，颁布了一系列保护环境的法律法规。在1978年宪法提出的环境保护相关内容基础上，中国环境保护由一般性号召和政策规定逐渐走向法制化、规范化，1979年颁布的《中华人民共和国环境保护法（试行）》，成为新中国成立以来第一部专门保护生态环境的基本法，该法不仅规定了包括保护自然环境、防治污染公害、开展环境研究和宣传教育等在内的一系列具体环境保护措施，还立法建立了一系列环境保护机构，明确规定，从国务院到省、市、县，各企业单位都应设立相应的环保部门和机构，从体制机制上确保环境保护得以常态化。该法案以立法的形式确立了我国一系列环境保护的体制机制，是对"七八宪法"中环境保护条文的一次立法落实，为我国环境保护的具体举措和司法实践提供了部门法基础。

　　在这一阶段，社会主义市场经济体制与可持续发展战略的确立对我国生态环境保护的法律制度体系提出了新的要求，为适应经济社会发展新形势，

---

　　① 《邓小平文选》第2卷，人民出版社1994年版，第146—147页。

《全国环境保护工作纲要（1993—1998）》提出，要抓紧对已有环境保护相关法律法规的更新，做好清理和整理工作，特别是对生态建设法律法规或规章制度中与社会主义市场经济建设不适应、不配套的内容进行废除、修改或补充。① 为此，1993 年，全国人大成立了环境保护委员会，加快推动环境保护的相关立法和修订工作，于 1993 年至 2002 年期间对一系列环境法律进行了立法和修订。其中 1997 年《刑法》以专节形式规定了"破坏环境资源保护罪"，对污染环境、非法处置进口的固体废料、擅自进口固体废物、非法捕捞水产品、非法狩猎、破坏性采矿、非法采伐盗伐滥伐等犯罪行为作出了明确的刑事惩罚规定。环境刑事立法取得大的进展，转变了以往在环境保护与资源调控中主要依据行政手段的处理方式，进一步加强了对环境保护的法律保障。同时，通过制定环境保护执法检查制度，打造强有力的执法队伍，提高环境执法力度，强化环境执法成效。

其次，完善环境保护管理体制与政策体系，经济手段与行政手段相结合。环境管理机构的设置是生态文明制度建设的重要内容，随着改革开放的不断深化，生态环境问题的表现与生态治理的侧重也有所不同，围绕不同阶段突出的环境问题，生态环境管理体制也不断进行着调整与升级，10 年左右就实现一次管理体制改革的"大跨跃"。② 在 1974 年成立的临时性机构——环境保护领导小组及其办公室的基础上，为加强对全国环境管理工作的统一领导与部署，1982 年，环境保护领导小组改组为城乡建设保护部，内设环境保护局，环境保护行政管理体系进一步得到完善。1988 年，环境保护局升级为独立的国家环保局，环境保护管理体制从中央层面得到进一步重视，环境

① 刘建伟：《新中国成立以后中国共产党认识和解决环境问题研究》，人民出版社 2017 年版，第 202 页。

② 解振华：《中国改革开放 40 年生态环境保护的历史变革——从"三废"治理走向生态文明建设》，《中国环境管理》2019 年第 4 期。

保护得以更有利地推行。

党的十四大确定建立社会主义市场经济体制的目标之后，如何实现行政手段与经济手段的结合，更好地保障生态环境建设，成为生态环境领域的重要议题。一方面，实践证明经济手段是优化配置环境资源的有效手段。《全国环境保护工作纲要（1993—1998）》明确提出运用环境保护经济手段，拓宽环境保护资金渠道，要求制定有利于环境保护的金融与财政政策，探索环保企业发展及企业治污的融资、投资与收费政策。另一方面，强制性、控制型的行政手段也在不断加强。环境与发展综合决策机制、环境目标责任制度及环保问责制度在探索中不断优化，同时，在治理工业污染方面也逐渐建立起更加完善的环境标志制度、环境影响报告制度，以及污染集中控制制度等。经济手段与行政手段在基于市场考察的基础上相互补充、相互配合，使生态文明制度更加合理化、现代化。

最后，环境保护成为基本国策。1981年2月24日颁布的《国务院关于在国民经济调整时期加强环境保护工作的决定》再次强调了保护自然资源与生态平衡的重要性，面对严重的环境污染与生态破坏对国民经济与社会发展的影响，环境保护日益成为政府工作的重要内容。1982年，党的十二大报告中提出开发能源的同时应减少消耗和节约能源，1987年，党的十三大报告提出，在发展经济的过程中注重生态环境问题，加强环境保护与污染治理，协调好经济效益、社会效益和环境效益的关系，将生态环境问题视为关乎经济与社会发展全局的重要问题。1983年，环境保护成为新时期中国的基本国策，将建设环境友好型社会作为生态文明建设的基本目标。生态环境议题在党和国家事务中更加重要，环境保护事业不断发展，环境保护与生态治理的必要性与紧迫性愈加凸显，也反映出党治理环境污染、保护自然生态的决心。

（四）新时代生态文明建设体系的成熟完善

进入新时代以来，从国内发展来看，经济社会发展与生态环境之间的矛盾依旧显著，资源紧缺、环境污染及生态退化等问题不仅影响人与自然的和谐，也使经济社会发展陷入困境，生态文明建设面临新的挑战与考验。从国际背景来看，生态环境问题已经成为各国发展不可回避的重要议题，生态话语权的争夺成为国际竞争中的重要部分，中国作为最大的发展中国家，不断面临着"环境威胁论"的指控，增强生态影响力不仅事关国家治理体系与治理能力的现代化，也关乎中国国际地位与国际形象的展现。这一时期，生态文明建设在国家总体战略布局中的地位不断攀升，生态文明治理面对国内新矛盾、新要求不断深化发展，形成了基于治理过程的生态环境保护体系及基于治理主体的生态环境治理体系。

首先，生态文明建设成为国家战略布局的重要构成。党的十八大以来，生态文明建设的意义与价值被一提再提，生态文明建设同政治、经济、文化与社会建设一样被置于"五位一体"的国家总体布局之中，提升至国家整体性、全局性战略总体布局的高度。党的十九大强调生态文明建设的重要性和紧迫性，对生态文明建设作出了全局性、历史性的战略部署。党的二十大进一步提出必须"坚持绿水青山就是金山银山的理念，坚持山水林田湖草沙一体化保护和系统治理，全方位、全地域、全过程加强生态环境保护"。① "五位一体"战略布局更加丰富了"中国式现代化"的理论体系，生态文明建设是经济、政治、文化与社会建设的基础，只有坚持"五位一体"协同推进、共同发展，才能实现富强民主文明和谐美丽的社会主义现代化建设目标。

其次，生态文明建设写入党章与宪法，生态文明建设的政策与方针、理念与意识以及工作重点与发展方向得到明确阐释。党的十九大在修改党章时，将"绿水青山就是金山银山"写入其中，并明确昭示，要"实行最严格

---

① 习近平：《高举中国特色社会主义伟大旗帜　为全面建设社会主义现代化国家而团结奋斗——在中国共产党第二十次全国代表大会上的报告》，人民出版社 2022 年版，第 11 页。

的生态环保制度"，充分显示了生态文明建设的重要性及新时代进行中国式现代化生态文明建设的使命担当。此外，生态文明于 2018 年首次被写入宪法序言，进一步体现了党和国家对生态治理与环境保护的重视，以及对生态文明建设的决心。党的十八大以来，党和国家在宪法基础上，不断推进生态文明法治建设，开展领域更广、程度更深的生态文明体制改革，以严格制度形式规范环境保护部门执法与督查力度，规范公众参与监督，为实现建设美丽中国不断努力。

最后，环境保护在政府工作五年规划纲要中的比重增加。2011 年，"十二五"规划纲要将推进环境保护作为国家战略重要内容，同时也是政府职能的重要表现。针对日益严重的自然灾害、气候环境等问题，政府提出了积极应对的方略、政策与措施。2016 年，在"十三五"规划纲要中，进一步提出了更为成熟的生态理念与发展举措，加快生态环境保护与治理战略布局的形成。2021 年，"十四五"规划和 2035 年远景目标纲要鲜明提出推动绿色发展，促进人与自然和谐共生。环境保护在政府工作五年规划纲要中的比重增加，充分展现了生态环境保护的执行力，表明了政府对生态环境的重视及推进生态文明建设的决心。

三、中国式现代化形成了生态文明建设的中国方案

（一）新时代中国生态文明建设的逻辑理路

1. 理念遵循：人与自然和谐共生

人与自然的关系是生态文明建设中的重要尺度，人类总是通过不断地改变自然、适应自然来实现与自然的互动。一方面，人类社会与自然密不可分，相互依赖，自然提供的资源、能源与环境等为人类的生存发展提供了必要的物质前提。另一方面，自然界以其特有的规律影响和制约着人类生产生活活动的开展，人类改造世界的行动必须建立在遵循自然规律的基础上，否

则将会自食其果，遭到自然界的报复。党的十八大以来，人与自然和谐共生始终是党和国家生态文明建设的价值追求与原则指向，彰显着中国式现代化发展的价值性与发展性、科学性与持续性。

首先，从中国式现代化的价值取向来看，人与自然和谐共生不仅充分考虑人的主体性地位，从人类社会可持续发展的角度重视对自然资源与生态环境的保护，也从尊重自然的角度出发考虑对环境利益的强调，认可自然本身的价值。人与自然和谐共生的价值取向意味着经济社会发展与自然演化联系更加密切，在从事经济活动的同时，必须考量环境利益所具有的基础性与先在性地位，坚持人与自然和谐共生，不仅是促进经济社会发展的基础，也是破解新时代中国社会主要矛盾、满足人民美好生活需要的有效方略。其次，从中国式现代化的系统取向来看，人与自然的关系映射了经济系统与生态系统的关系，即二者的不可分离与相互影响。一方面，中国式现代化的推进过程是集经济、政治、文化、社会与生态等领域建设的协调统筹与有机配合的过程，各个领域统一于"五位一体"战略布局中，融入在现代化发展的进程中，对于国家社会发展缺一不可。另一方面，习近平指出："山水林田湖是一个生命共同体。"[①] 人、田、水、山、土、树命脉相连，不容割裂，生态系统中的各要素也是紧密相连的"生命共同体"。现代化建设在生态环境方面，首先要肯定自然的基础性价值，承认生态系统内部的规律与法则。只有尊重自然，科学认识山水林田湖草等资源之间的密切联系，才能正确把握资源的合理配置与统筹优化，在此基础上发挥生态系统对于推进经济社会发展的重要意义。最后，从中国式现代化的发展取向来看，人与自然和谐共生是转变经济社会发展方式、追求高质量发展的必然。在经济社会可持续发展的生态

---

① 习近平：《关于〈中共中央关于全面深化改革若干重大问题的决定〉的说明》，《求是》2013 年第 22 期。

文明史观的观照下，绿色可持续是高质量发展的重要关切，实现经济、政治、文化、社会与生态协调发展是高质量发展的要求。同时，高质量发展具有动态性、持续性特征，在发展过程中，必须不断调整优化产业升级，使资源要素配置更加高效，不断提高劳动、资本、土地、资源等利用效率，拓展绿色经济、低碳经济、循环经济发展的新空间，在总体改善生态环境质量的同时，推动经济发展向更高效率、更高质量迈进。

2. 原则遵循：节约优先、保护优先、自然恢复为主

党的十八大报告指出，推进生态文明建设，必须坚持节约优先、保护优先、自然恢复为主的方针。首先，节约优先是资源有限的必然要求。资源约束的现状是由我国基本国情、发展阶段及资源特性决定的。严峻的资源形势要求我国在考虑国家发展全局战略时，在意识上要将节约放在首位，通过提高资源利用率与生产率，高效开发、科学使用能源资源，降低生产消耗，优化完善经济结构，推进重点领域与关键环节节能减排，杜绝资源浪费，缓解经济社会发展与资源约束的矛盾。其次，保护优先是避免"先污染，后治理"模式后果的必然选择。工业化早期，由于对生态环境重要性的认识不足，生产模式较为粗放，对环境造成的负面影响，给生态治理造成了治理难度大、治理周期长的困境。实践证明，末端治理措施不仅对技术资金要求更高，而且往往事倍功半，治理成本高、效果差。因此，无论是从环境污染和生态治理的现状和趋势、公众身体健康与生活幸福指数、资源的供给能力与发展成本，还是从治理成本和国际社会约束来看，坚持保护优先都是生态治理的必然选择。最后，自然恢复是生态建设的重要途径。以自然恢复为主，就是要在生态建设中充分发挥自然系统自身的净化与恢复作用，在加大生态保护和修复力度的同时，减少不必要的人工干预。人工治理与修护受限于自然系统的复杂性与人类认知与技术的有限性，很难使受损的生态系统恢复到自然状态，具有很多的局限，因此，生态建设要充分利用自然本身具有自我调节功能，尊重自然规律，在环境保护与生态治理实践中降低成本、提高效率，取得更好的效果。

3. 路径遵循：经济社会发展全面绿色转型

生态文明建设被纳入国家发展顶层规划以来，生态治理与环境保护在理论、制度、队伍与行动上都得到了更充分的保障，生态环境问题得到显著改善。然而受到发展不平衡不充分的限制，生态文明建设依然面临着诸多压力，包括资源消耗型产业结构与能源结构转型的压力、重污染行业复苏与能源资源消耗的压力、城乡生态治理差异及乡村振兴中生态宜居建设的压力等，在这种背景下，如何突破生态治理困境，建设生态文明的行动策略与实现路径，成为时代赋予的新命题，党的十九届五中全会为此给出了"经济社会发展全面绿色转型"的创造性回答。

经济社会发展全面绿色转型在理论创新方面，开创了深刻把握人类社会实践规律、识别经济社会发展趋向、全面实现高质量发展、破解中国经济转型困境的现代化发展新视角。首先，"绿色"是推动经济转型、提高发展质量的关键要素，是高质量发展的鲜明底色，坚持绿色发展、生态优先，是贯彻落实习近平生态文明思想的关键。一方面，用绿色发展带动经济转型升级，坚持走生产发展、生活富裕与生态良好的文明发展道路，提高发展质量；另一方面，用绿色发展倒逼经济社会转型升级，改变原有"大量生产、大量消耗、大量排放"的生产与消费模式，解决好经济社会发展与生态环境滞后的矛盾，提供更多更好的优质生态产品，不断满足人民对生态宜居的环境需要。其次，还需要牢牢把握"全面"这个关键词，强调绿色发展在领域上的横向扩展及在深度上的纵向延伸。创新以绿色发展理念为指导的经济发展状态，涉及生产分配、流通、消费各个经济生活环节，以及政治生活、社会生活和精神生活整个过程。

经济社会发展全面绿色转型在实践探索方面，意味着优化经济社会结构和提升资源配置效率。在生产领域，通过鼓励绿色创新，打造低碳产业，采用绿色科技实现高质量发展，同时最大限度地节约与利用资源，控制污染、杜绝浪费的发展方针，以创新和环保理念重塑产业发展，走绿色农业、绿色工业和绿色服务业发展之路。在消费领域，践行绿色生活方式，推动绿色消费是经济社会发展全面绿色转型的重要动力，从日常生活的衣食住行等方面入手，注重节约优先，形成节约自觉，主张环境友好型消费，通过开展各种特色的绿色创建活动，如推广绿色服饰、倡导绿色饮食、鼓励绿色出行等，在全社会范围内形成节约光荣、环保光荣的绿色风尚，反对和抵制各种形式的浪费，形成推进经济社会发展全面绿色转型的社会氛围。

（二）新时代中国生态文明建设的观念建构

1. 生态文明民生观

党的十八大以来，生态文明建设的重要性进一步凸显，生态环境成为人民追求美好幸福生活的重要内容。生态文明建设事关人民群众的根本利益，做好生态建设与环境保护工作是保障人民群众生活基础的重要举措。习近平强调"环境就是民生"[①]，"良好生态环境是最公平的公共产品，是最普惠的民生福祉"[②]，进行生态文明建设，既顺应人民群众追求生态美好生活的需要，又是解决当前社会发展问题，实现经济社会可持续发展的必然。

新时代生态文明建设创造性地将生态建设与民生建设结合起来，注重生态文明与人民生计的联系，既在生态建设中关心民生问题，又在民生建设中注重对生态环境的保护与建设，坚固经济社会发展与生态环境建设之间的关系。一方面，新时代生态文明建设从与人民关系最直接、与人民生活息息相关的大气污染、水污染、土地污染及固体污染等问题出发，着力破解当前生

---

① 《习近平关于社会主义生态文明建设论述摘编》，中央文献出版社 2017 年版，第 12 页。
② 《习近平关于社会主义生态文明建设论述摘编》，中央文献出版社 2017 年版，第 4 页。

态环境难题、有效破解社会民生矛盾。另一方面，新时代生态文明建设将生态提高到与生命等量齐观的地位，强调人类生命与生态环境的紧密关联性，指认与人类发生对象性、功能性关系的自然生态，超越对自然的工具性认识，将自然当作是能呼吸的生命存在。在这个意义上，自然的重要意义更加凸显，自然对经济社会活动的影响与制约更加细微而深刻。启示我们要坚决摒弃以往粗放式的生产方式与生态治理方式，以一种更谨慎的、牵一发而动全身的保护思维与治理思维看待自然、建设生态。

生态环境的社会价值重点体现在其普惠性与共享性。无论是什么性别、年纪、职业与身份的人都能平等地享受大自然提供的空气、天空、环境等，而当生态环境遭到污染与破坏，所有人又都会同样难逃大自然的惩罚。正是在这个意义上，生态环境确实是"最公平的公共产品"，打造良好的生态环境事关人民群众"最普惠的民生福祉"。因此，中国式现代化生态文明建设内在地蕴含着民生福祉，强调人民群众对生态文明建设的认同感。习近平强调，在发展过程中要面对经济利益与环境利益的取舍，从民生出发是解决两难问题的关键，经济社会发展要立足发展为了人民的初心，老百姓满不满意、答不答应是生态环境建设的重点，也是改善民生的关键。[①]中国式现代化生态文明建设是对人民获得更高质量的生活的直接回应，关心人民食品卫生安全问题、生态宜居的居住环境质量问题等与个体生命成长直接相关的话题，体现了对人民利益的关注，是中国共产党人生态民生观的直接体现。

2. 生态文明法治观

生态文明法治观是生态文明与法治理念在新时代背景下的有机结合。一方面，生态文明法治观意味着生态学与生态价值对法律体系的影响和渗透，是人与自然和谐共生理念在法治建设领域的具体实现；另一方面，生态文明

---

① 《习近平关于社会主义生态文明建设论述摘编》，中央文献出版社 2017 年版，第 83 页。

法治观意味着法治理念在环境保护与生态治理领域的贯彻与落实，是借助法治手段对人与自然、经济发展与生态利益关系进行调节的过程。因此，生态文明法治观是中国式现代化在生态治理过程中法治生态化与生态法治化的双向联动。

"只有实行最严格的制度、最严明的法治，才能为生态文明建设提供可靠保障。"[①] 在生态文明建设的探索过程中，党和国家高度重视生态法治建设，先后出台了一系列生态环境保护法律法规，为生态保护和环境治理提供法治保障。改革开放以来，经过立法、修订的不断探索，我国已经初步形成了以宪法为根本，其他环保法和相关法律法规为支撑的生态文明法治体系。同时，生态文明法治观是一个系统结构，包括生态文明法治理念、环境立法、环境司法、环境执法、环境守法和环境法律监督等方面。因此，必须要持续完善生态环境法律法规，构建源头严防、过程严管、后果严惩的制度体系，让法律与制度成为生态文明建设的坚固红线。同时，生态文明法治要求各行政机关在立法、司法、执法过程中要充分考量生态利益，要求生态治理各主体严格按照法律要求保护环境，要求全体社会成员遵守环境法，践行生态观，自觉维护生态环境安全，自觉投身到建设美丽家园的行动中。

3. 生态文明实践观

生态文明不是停留在抽象层面的空洞理论探讨，而是落实到现代化建设中的切实行动。党的十八大以来，如"生态环境是关系党的使命宗旨的重大政治问题，也是关系民生的重大社会问题"等关于环境保护的政治话语频频出现，彰显了生态文明建设在国家发展战略中的重要地位。同时，在工业化进程加快、生态环境问题凸显的背景下，党和国家号召全体社会成员深度参与到生态治理与环境保护的过程中，实现学思用贯通、知信行统一，以实

---

① 《习近平关于社会主义生态文明建设论述摘编》，中央文献出版社 2017 年版，第 106 页。

际行动助力生态治理体系变革，推动构建人与自然和谐共生的高质量发展体系，是生态文明实践观的重要体现。

生态文明实践观的行动关键是实现经济发展与环境保护双赢，改变粗放式的经济发展方式，提高绿色产业发展在产业链与价值链的地位，提升总体经济实力，调整产业结构，使主导产业竞争优势彰显，以自主创新带动生态与发展之间的协调共进、协同增效。对此，党的二十大报告提出："我们要推进美丽中国建设，坚持山水林田湖草沙一体化保护和系统治理，统筹产业结构调整、污染治理、生态保护、应对气候变化，协同推进降碳、减污、扩绿、增长，推进生态优先、节约集约、绿色低碳发展。"[①] 在规划经济发展方式及管理社会运行模式的过程中，贯穿生态优先的观念，将资源与环境保护工作纳入其中，在推动经济发展的同时，注重规范污染排放、严格污染治理。在社会生活中，落实生态文明实践观，将保护资源环境融入真实生活的方方面面。

（三）新时代中国生态文明建设的体系建构

1. 形成了基于治理主体的生态文明治理体系

生态文明建设是一项系统性、全局性的工程，涉及内容广、实施难度大，需要整合各方力量，打造以政府、企业、社会组织、公众共治的环境治理主体体系，共同推进生态文明治理现代化。其中，政府作为生态立法、生态执法的主体，在生态治理中承担重要作用。在生态文明建设过程中，必须强调政府责任，并将这种责任内化于政府系统内各个真实、具体的个人之中，要求政府公职人员主动承担起制定国家生态法律与政策的职责，模范地遵守和执行相关法律政策，在职务行为与日常生活中切实履行义务，为人民

① 习近平：《高举中国特色社会主义伟大旗帜　为全面建设社会主义现代化国家而团结奋斗——在中国共产党第二十次全国代表大会上的报告》，人民出版社 2022 年版，第 50 页。

群众发挥正面的、积极的示范作用，树立生态文明建设"从我做起、从现在做起、从点滴做起"的典范。经过长期的生态建设，我国在生态立法方面已经形成了较为健全的生态治理法律规范体系，在生态执法方面建立了较为完备的生态文明建设目标评价考核制度、党政同责制度、中央环保督察制度及生态环境责任终身追究等制度，使政府的主体作用充分彰显。同时，在社会层面，在环保部门的推动下，环境保护、生态治理等内容进入到公众的工作、学习、教育与宣传中，越来越多的企业、社会组织加入环境保护与生态治理的队伍中，积极调动各方主体，让生态治理与环境保护贴近百姓，走进每个社会成员的生活中，从而增强公众的环保意识与生态素养，进而在自己的实践行动中宣传并践行环保知识、传播生态文明。总之，积极调动各治理主体参与环境治理，为推进生态文明建设提供了坚实的制度保障，同时也实现了将国家生态文明制度优势变成生态治理优势，推动了生态环境治理能力现代化转型。

2. 形成了基于治理过程的生态文明保护体系

生态文明建设是一项系统性工程，关系到政府、企业及公众等各个市场主体行为，也关系到法律法规、方针政策、生产章程及社会道德规范等制度性安排。在探索中国式现代化发展的过程中，党和国家愈加重视生态治理与环境保护，逐渐完善生态环境保护体系的建构。

2013 年，党的十八届三中全会通过的《中共中央关于全面深化改革若干重大问题的决定》强调建立系统完整的生态文明制度体系对于生态文明建设的重要意义，对生态治理过程进行原则性的规定，提出"实行最严格的源头保护制度、损害赔偿制度、责任追究制度，完善环境治理和生态修复制度"。[①]2015 年中共中央、国务院通过的《关于加快推进生态文明建设的意

---

① 《中共中央关于全面深化改革若干重大问题的决定》，《人民日报》2013 年 11 月 16 日。

见》将"基本形成源头预防、过程控制、损害赔偿、责任追究"的生态文明制度体系作为生态文明建设的主要目标之一。随后，进一步对生态文明制度体系的指导思想、价值理念、执行原则与实施保障等进行具体的论证与阐述，以顶层谋划的形式提出要在 2020 年构建起包括八项制度的生态文明制度体系的目标，进一步推动了环境保护制度改革。2019 年，党的十九届四中全会将生态文明制度体系纳入中国特色社会主义制度体系的重要组成部分，成为国家治理体系和治理能力的重要体现。同时，《决定》按照生态环境治理的基本过程，提出了"源头保护—过程严控—后果严惩"三阶段紧密衔接的实施原则，使生态文明建设的顶层设计在行动方略上更加成熟完备。此外，生态环境统计工作也不断完善，2022 年 12 月 30 日，生态环境部通过《生态环境统计管理办法》，根据相关法律法规，制定生态环境管理制度，保证生态环境统计资料的真实性、准确性、完整性与及时性，以便精准把握生态环境质量、环境污染及其防治、生态保护、气候变化等现状，科学管理生态环境。

3. 形成了基于治理实践的生态文明建设成效

长期以来，我国生态环境建设存在人民群众对生产生活的生态需要与生态环境的现实条件不能满足人民需要的矛盾，资源环境问题与美丽中国的理想愿景还存在着较大的差距，提高生态环境综合治理成效是为人民服务、对人民负责的重要体现。党的十八大以来，党和国家以空前的规模和力度对生态环境治理进行全局规划，在各方面加快生态文明建设制度化、体系化、科学化与常态化，坚持贯彻节约资源与保护环境的基本国策，着眼于可持续发展的长远利益，展望美丽中国的美好未来，通过制定一系列延续性与创造性并举的方针政策，采取大量持续性与开创性共存的行动举措，推动我国生态环境治理与环境保护取得了突破性的进展，为进一步建设美丽中国、满足人民对优美的生态环境需求，奠定了坚实基础。

在生态环境法治建设方面，党的十八大以来，党和国家高度重视法治建设在国家社会事务中的总体推进，在生态文明建设领域不断加快法治体系与制度体系的建立，强调法律对生态建设行为的约束作用，利用法律的强制性与约束力引导经济社会的绿色发展、循环发展与低碳发展，强调"生态红线"的存在及意义，正确引导与处理经济社会发展与生态环境保护之间的关系。相继出台了有关推进生态文明建设、生态文明制度改革的意见、方案，对生态文明建设起到了全局性、指导性的意义。同时，先后制定了40余项有关生态文明建设的改革方案，涉及大气污染防治、水污染防治及土壤污染防治等13部法律和17部行政法规，为在全社会范围内打响蓝天保卫战、碧水保卫战、净土保卫战及生物多样性保护战提供了法律支撑与制度支持。此外，面对长期以来资源过度消耗与环境破坏的严重恶果，相关部门对触碰环境污染和生态破坏"红线"的行为加大惩治力度，通过建立严格完善的生态环境责任追查制度，规定了生态环境保护的底线，即"生态红线"，针对违背生态规律而对自然造成严重后果的事件予以追责，坚决遏制一切违反"生态红线"规定的行为。开展连续性、常态化的生态环境领域执法检查成为全国人大常委会的重要工作，以严格的行动进一步强化行政执法与刑事司法的衔接，在全社会形成生态环境保护的高压态势。

在生态环境状况改善方面，党的十八大以来，党和国家全方位推进环境保护与治理，实现生态环境状况历史性转折。在节能减排、环境污染防治、城市环境质量改善及农村环境综合整治取得了突出成效。一是加大节能减排力度。单位国内生产总值二氧化碳排放量累计下降百分之三十以上，风电、光伏发电等绿色电力装机总量和新能源汽车产销量世界第一，全国生产能耗比不断下降。二是增大环境污染防治力度。推进蓝天、碧水、净土保卫战，加大对大气污染、水污染、土地污染的排查、监测与整治力度。三是进一步改善城市环境质量。城市优良天数比例显著上升，城市生活垃圾无害化处理率与污水日处理能力不断提高。四是加强农村环境整治力度，推动基层生态治理法治化，建设美丽乡村。

以 2021 年为例，根据中华人民共和国生态环境部《2021 年中国生态环境状况公报》，2021 年，中共中央、国务院印发了《关于完整准确全面贯彻新发展理念做好碳达峰碳中和工作的意见》《关于深入打好污染防治攻坚战的意见》《"十四五"节能减排综合工作方案》等文件，制定了 9 个重点领域专项和 9 个污染防治攻坚专项行动方案。一是扎实推进蓝天保卫战、碧水保卫战与净土保卫战，开展夏季臭氧治理攻坚与重点区域秋冬季大气污染综合治理攻坚，发现并推动解决各类涉气环境问题 1.6 万余个；研究建立长江流域水生态考核机制，各地整治污水直排、乱排污口 7000 多个；完成重点行业企业用地土壤污染状况调查，稳步推进"无废城市"建设。二是大力推进绿色低碳发展，碳达峰、碳中和和"1+N"政策体系陆续出台，低碳试点不断深化。三是加强生态系统保护与修复监管，保护生物多样性，开展"绿盾2021"自然保护地强化监督，同时建立以自动监控为核心的远程监控体系，提升生态环境执法效能。四是做好生态环境风险防控和事件应急处置，以及严格核与辐射安全监管，避免了恶性生态破坏事件的发生。[1]

在生态环境教育宣传方面，党的十八大以来，环保系统教育工作在制度安排与实践活动上都做出了大量卓有成效的工作。出台了《关于做好新形势下环境宣传教育工作的意见》等文件，对于指导和推动生态环境教育宣传工作的开展发挥了重要作用。在宣传内容上，开展了丰富多彩、人民群众喜闻乐见的宣传活动，如千名青年环境友好使者行动等；在宣传方式上，不断拓展传播渠道，利用大众传媒技术，积极引导舆论；在宣传手段上，各部门协

---

[1] 黄润秋：《国务院关于 2021 年度环境状况和环境保护目标完成情况的报告》，《环境保护》2022 年第 8 期。

调配合，打组合拳、整体仗，形成了关于生态环境保护教育的整体效应。通过不断加强环保教育与环保宣传，在全社会形成了参与生态治理与环境保护的良好氛围，公民的环境保护法律意识大幅提高，环境治理成效进一步显现，生态环境质量整体明显改善，生态文明建设取得阶段性成果，迈入新的发展阶段。

四、中国式现代化共谋人类生态文明建设的全球生态治理模式

生态环境问题是全人类的共同挑战。应对生态破坏与环境污染，事关中华民族永续发展，也事关全人类前途命运。作为世界上最大的发展中国家，中国在寻求现代化建设与发展中，也探索了多样化的全球生态治理方案，在推动本国经济社会全面发展的同时，也为其他国家发展绿色经济提供了路径参考。进入新时代以来，中国将应对生态环境问题摆在国家治理更加突出的位置上，实施积极应对战略，推动共建人类命运共同体。人类命运共同体的倡导与实践突破了狭隘的国家和地区生态利益，使生态文明建设由国家层面延伸至全人类层面，为全球生态治理给出了中国方案与中国智慧，只有在人类命运共同体的理念指导下，以共商共享共建的原则，遵循合作共赢的全球生态治理路径，才有可能从根源上破解全球生态难题，建立和谐共生、开放包容的生态治理体系。

（一）以人类命运共同体为基础理念构建全球生态治理观

当前，生态环境问题给人类生存发展带来严峻挑战，生态环境建设在全球治理中的地位不断提升，推动绿色发展、低碳发展是全球潮流所向，也是人类社会发展大势所趋。党的十八大以来，中国开展了一系列领导人气候外交，从中国和世界的共同利益、中国人民与世界人民的共同福祉出发，提出了一系列具有中国特色、引领时代潮流的新思想新举措。以人类命运共同体为核心，全面阐释了中国式现代化在生态文明建设中的理念、主张与行动，

彰显中国作为全球生态治理重要参与者、贡献者、引领者的历史担当，充分体现了中国式现代化的世界视野与全球情怀。

人类命运共同体是生态全球治理理念的基础与前提，在生态文明建设上发挥着重要的价值指引与行动指南作用。伴随着"中国方案"与"中国智慧"的实践与成效，"人类命运共同体"逐渐成为国际社会的广泛认同。人类命运共同体内在地包括了自然共同体、人与自然和谐共生的共同体及人与人之间的命运共同体。"共同"即整体，三个共同体贯穿整体主义思路，在生态文明建设过程中不断推进，以"整体的力量"推进现代生态文明建设之路。中国式现代化对人类命运共同体在经济、政治、文化、社会等不同领域都作出了具体的阐述与要求，其中，将人类命运共同体思想与生态环境治理理论相结合，倡导突破地域与政治的限制，构造一个以全人类共同利益为核心的、追求人与自然的和谐共生的美丽世界。

首先，绿色发展是人类命运共同体的生态向度。坚持绿色发展就是要坚持节约资源、保护环境，坚持人与自然和谐共生，从源头上为经济社会发展突破资源环境制约找到突破口与关键点。党的十九大报告指出，"构建人类命运共同体，建设持久和平、普遍安全、共同繁荣、开放包容、清洁美丽的世界"，同时，强调中国在全球生态治理中的定位和角色是"始终做世界和平的建设者、全球发展的贡献者、国际秩序的维护者"。[①] 党的二十大报告进一步强调"推动绿色发展，促进人与自然和谐共生"[②]。倡导尊崇自然、与自然和谐共生的"绿色发展"是中国式现代化的关键词，构建绿色低碳循环发展的可持续经济体系，是生态文明建设的重要成果，也是中国为全球生态治理贡献的方案与智慧。

[①] 习近平：《决胜全面建成小康社会　夺取新时代中国特色社会主义伟大胜利在中国共产党第十九次全国代表大会上的报告》，《人民日报》2017年10月28日。

[②] 习近平：《高举中国特色社会主义伟大旗帜　为全面建设社会主义现代化国家而团结奋斗——在中国共产党第二十次全国代表大会上的报告》，人民出版社2022年版，第49页。

　　其次，人类生态命运共同体建立在尊重客观规律的基础之上。一方面，大自然是一切生物赖以生存的摇篮，是人类社会得以发展进步的基本条件。人类文明建立的过程也是人类改造与利用大自然的过程，唯有尊重大自然客观规律，才能保障人类文明的持续性，对自然生态与环境的破坏最终都会伤及人类自身。自工业文明以来，经济社会迅速发展的同时，对自然资源的过分攫取，打破了地球生态的循环与平衡，生态环境问题愈加凸显。要实现全球经济社会可持续发展，必须尊重自然、顺应自然、保护自然，推动人与自然和谐共生，共同构建人与自然生命共同体。另一方面，不同国家、不同民族、不同地区之间由于自然环境、社会发展等限制，对于生态环境问题的认知与行动存在差异，也是客观存在的事实。为此，人类命运共同体从客观规律出发，推动全球治理体系变革，号召呼吁全球各民族国家共同打造更加公正、合理的国际社会新秩序。在历史唯物主义的指导下，人类命运共同体思想在肯定全球利益的同时，也看见了不同民族国家之间国情存在差异化、生态矛盾存在复杂性的客观现实。因此，中国式现代化在生态命运共同体的构建中，摒弃二元对立思维，倡导遵循共商共建共享的原则方针，采取包容、对话等非对抗方式来处理人与人、人与自然之间的矛盾冲突。通过分享中国生态智慧、搭建生态问题交流的全球平台，以权责统一的原则推动解决全球生态问题，优化全球生态治理，构建生态利益共同体与责任共同体。

　　最后，人类命运共同体思想是国内发展理念在国际战略中的创新与延伸。从国内发展来看，解决生态环境破坏对经济社会发展的桎梏，是全面建设社会主义现代化国家的必然选择，建设中国式现代化生态文明，是实现中华民族永续发展的历史使命；从国际形势来看，贯彻可持续发展理念，坚持绿色低碳经济发展模式，是中国式现代化对构建人类命运共同体的庄严承诺。中国式现代化全球生态治理观的内核与创新、协调、绿色、开放、共享五大发展理念相契合，是着眼于人类命运共同体建构的实际要求，对国内发展理念进行创造性发挥与创新性实践，是国内发展理念在国际战略中的反映。因此，人类生态命运共同体与生态治理全球观在理论上具有一致性，在实践上具有延续性。一方面要求确立和维护人与自然和谐共生的协调关系，另一方面需要人类社会在生态环境保护方面达成普遍性的合作。同时，人类命运共同体还强调发展的共生性、共享性、持续性，内在地蕴含着与世界各国的相互倚赖关系。习近平多次在生态与环境国际会议上强调世界发展离不开中国、中国发展离不开世界的共赢理念，在国际社会得到了承认与赞赏。以人类命运共同体为基础的生态治理方案，既是汲取全球生态治理经验的中国方案，也是实现全球环境正义的中国智慧。

（二）以共商共享共建为基本原则搭建全球生态治理路径

良好的生态环境是人类社会得以存在和发展的自然基础，面对全球性的生态危机与环境问题，各国是休戚相关的命运共同体，人类只有携手并进，共同尊崇自然、保护生态，共筑生态文明之基，同走绿色发展之路，才能实现人类社会文明的可持续发展。党的十九大报告指出，"世界命运应该由各国共同掌握，国际规则应该由各国共同书写，全球事务应该由各国共同治理，发展成果应该由各国共同分享"。[①] 随着世界范围内环境污染、生物多样性减少、气候变化等议题的凸显，全球生态领域互动更加复杂，各个国家、民族、地区之间的生态命运关联空前紧密，寻求生态治理的全球性解决方案逐渐成为现实背景下的迫切行动。作为全球性生态环境危机下国家及其他主体对生态环境事务处理的共同行动，由于主体之间的经济发展、政治策略、文化背景等存在较大差异，全球生态治理必须秉持共商共建共享原则。同时，全球范围内生态发展的不平衡、不充分依然是制约生态共同体建构的重要因素，发达国家与发展中国家在生产力上的差距导致了对绿色发展认识

---

① 《习近平谈治国理政》第 2 卷，外文出版社 2017 年版，第 540 页。

的差距，因此，寻求公正、合理与有效的生态环境问题解决方案必须依托于不同国家与民族对生态问题的共同重视与共负责任。中国式现代化立足全球化背景下国家间利益互动与命运依存更加凸显的现实，在全球生态治理中承担更多国际责任，以共商共建共享原则促进了全球生态合作主体缺位、责权关系不明确等问题的解决。

共商共建共享的原则必须落实到生态治理的实践与行动上，共商共建共享指向全球生态环境的提升与环境正义的实现，即共赢的生态治理成效。全球生态作为一张具有普遍联系与相互制约的"自然—社会—人"所组成的网络，其内在的优化与完善必然是建立在生态问题的普遍改善之上的，因此，人类命运共同体的建立与全球生态治理共商共建共享是一个问题的两个方面，二者紧密联系。在人类命运共同体理念指引下，以实现全球范围内人与自然的和谐共生为价值追求，坚持绿色发展的共享性、包容性与可持续性，是全球发展的必然之路。同时，人类命运共同体的建构必须在共商共建共享的行动方针的指引下，利用观念更新、技术创新等手段，充分发挥各国家和地区的优势，聚合生态智慧，采取有效的国际分工与合作，通过协商民主、互帮互助、技术互补的方式在国际生态环境问题上形成治理合力，共同解决与应对全球性的环境污染问题，提升全球生态治理效能，从而在全球生态文明建设中实现观念与实践的良性互动。

（三）以合作共赢为重要方案优化全球生态建设战略

在推动国内生态治理的同时，中国主动承担历史使命与大国担当，积极参与国际生态治理合作与交流，在认真严格履行生态环境相关国际公约的同时，创造性地提出"一带一路"绿色发展国际联盟，与世界各国开展环保交流合作，为全球生态治理作出积极贡献，以实际行动践行共商共建共享的原则。在人类生态命运共同体理念指导下，中国深度参与全球生态治理，切实推动《2030年可持续发展议程》的落实，积极促进环境领域的国际合作，做全球生态文明的实践者与引领者，不断探索全球生态文明建设目标、内容、方案等，以合作共赢为重要行动方案优化全球生态文明建设战略。

首先，中国式现代化生态治理合作共赢方案以奉行多边主义为主张。作为《巴黎协定》的坚定支持者和捍卫者，中国将落实《巴黎协定》与《2030年议程》作为全球治理的重要举措，一方面，持续推进绿色"一带一路"建设，继续为提升沿线国家和地区绿色发展水平发挥积极的作用，另一方面，积极促进南南环境合作，充分彰显开放包容、合作共赢的价值理念及同舟共济、权责共担的命运共同体意识，进一步体现维护多边主义和建立新型国际关系的总体战略。合作共赢的全球生态治理方案以一种开放共治的系统理念，在环境问题中，呼吁构架多层次的政策沟通机制、设施联通机制、贸易畅通与资金融通机制，倡导多边合作，广泛构建多种合作伙伴关系，以应对共同的全球生态挑战。绿色"一带一路"倡议下的南南环境合作恰好体现了多边主义的开放、包容与共享理念，为加快区域合作和一体化进程，落实议程目标积累了有利条件。

其次，中国式现代化生态治理合作共赢方案以解决全球生态环境问题为重要目标。面对全球生态形势空前严峻的现实，保护环境、维护能源资源安全成为全球面临的共同挑战。由于生态系统本身所具有的整体性以及人类活动的互相影响，世界各国既无法独自解决全球性生态困境，也不可能在危机面前独善其身。因此，寻求环境问题的解决方案，达成生态治理的国际共识，成为全球治理的重要议题。近年来，虽然国际社会经过多次协商先后通过了《京都议定书》《巴黎协定》等有关全球生态治理的国际性协议或决议，但是由于各国国情的差别及相关利益勾连，全球性的生态环境问题依然没有得到根本缓解。在这样的背景之下，中国将解决全球生态治理问题置于重要地位，做全球生态环境治理的积极参与者、重要贡献者与价值引领者。通过参与全球生态治理国际合作，倡导多边主义治理模式，搭建"一带一路"等形式的生态治理合作平台，将生态治理的合作作为外交互动的重要内容，投身于推广绿色发展技术的实践中，造福参与共建"一带一路"的各国人民，为落实 2030 年可持续发展目标注入中国动力。

最后，中国式现代化生态治理合作共赢方案倡导多元治理、公平合理的国际治理机制。合作共赢的要义是共同协商办事、共同掌握命运。全球生态治理是包容的、开放的，同时也是共生与共享的，是不具有排他性质的，所有的行为主体都在生态治理中发挥作用，没有意识形态与国力地位的区分。世界各国虽然在发展阶段上存在差异，但都作为全球治理的平等主体，都可以成为生态环境治理的参与者、贡献者与受益者，都可以平等地进入全球生态治理共商共建共享的平台，这是生态正义与社会公平的体现。同时，经济发展水平带来的生态治理能力的差距，使各国在权责共担的基础上，针对自身发展现状与资源现实，在具体的责任承担上表现出适应性与灵活性，促进全球生态治理进程中公平合理的秩序搭建，以共享性和包容性发展促进全球环境治理高效化。

结　语

　　现代化肇始于人类社会从传统农业社会向现代工业社会的转变时期，现代化的重要标志体现于生产力的发展及社会生产方式各方面的变革。在人类文明发展与进步的历程当中，现代化扮演着极为重要的角色，发挥着极为重要的作用。它改变了人类文明发展与进步的方式与形态，加快了人类文明发展与进步的速度，拓展了人类文明发展与进步的空间，因而现代化可谓是人类文明发展与进步的加速器与孵化器。虽然我们尚未发现马克思、恩格斯明确使用过现代化这一概念，但是在其论述资本主义社会形态的过程中蕴含着丰富的现代化思想。在《共产党宣言》中，马克思、恩格斯就曾对资本主义所开启的现代化及其"革命作用"有过深刻的论述。他们指出："资产阶级在它不到一百年的阶级统治中所创造的生产力，比过去一切世代创造的全部生产力还要多，还要大。"[1] 同时，它也大大地改变了生产关系："资产阶级在它已经取得了统治的地方把一切封建的、宗法的和田园诗般的关系都破坏了。它无情地斩断了把人们束缚于天然尊长的形形色色的封建羁绊，它使人和人之间除了赤裸裸的利害关系，除了冷酷无情的'现金交易'，就再也没有任何别的联系了。它把宗教虔诚、骑士热忱、小市民伤感

---

① 《马克思恩格斯选集》第 1 卷，人民出版社 1995 年版，第 277 页。

这些情感的神圣发作，淹没在利己主义打算的冰水之中。它把人的尊严变成了交换价值，用一种没有良心的贸易自由代替了无数特许的和自力挣得的自由。总而言之，它用公开的、无耻的、直接的、露骨的剥削代替了由宗教幻想和政治幻想掩盖着的剥削。"① "资产阶级除非对生产工具，从而对生产关系，从而对全部社会关系不断地进行革命，否则就不能生存下去。……生产的不断变革，一切社会状况不停的动荡，永远的不安定和变动，这就是资产阶级时代不同于过去一切时代的地方。"② 马克思、恩格斯根据工业革命给欧洲带来的巨大变化，深刻阐述了现代化在资本主义早期的特征和表现。

毫无疑问，资本主义现代化对于人类文明的发展和进步有不可磨灭的贡献，也有不可估量的破坏性影响。对其贡献，我们要认真借鉴和吸收；对其不足，我们更要认真评估加以避免。当然，我们应该认识到的是，现代化虽然为资本主义所开启，但是，现代化及其创造的人类文明成果中包含着无产阶级的巨大贡献，是全人类文明成果的一部分。同时，我们还应该认识的是，资本主义的又一大贡献就是锻造了资产阶级的掘墓人——无产阶级，进而为人类进入社会主义社会准备了条件。这也正如马克思和恩格斯在《共产党宣言》中所指出的那样："资产阶级的灭亡和无产阶级的胜利是同样不可避免的。"③

与此同时，我们还应该充分认识到：在人类社会发展史上，现代化也并不只有资本主义现代化这一种实践形态，尽管资本主义现代化是人类社会发展史上首先出现的现代化实践形态，但是，我们并不能因此就把它看作是唯一的、一成不变的模式，并不能把它看作是统摄一切社会形态的现代化模

---

① 《马克思恩格斯选集》第 1 卷，人民出版社 1995 年版，第 274—275 页。
② 《马克思恩格斯选集》第 1 卷，人民出版社 1995 年版，第 275 页。
③ 《马克思恩格斯选集》第 1 卷，人民出版社 1995 年版，第 284 页。

式。在现实的人类社会实践中，尤其是那些后发的广大发展中国家，也的确曾一度出现过不少国家把资本主义现代化模式看作是人类社会实现现代化的唯一道路，并照抄照搬地开展了自己的现代化实践。其最终结果都毫无例外地失败了。我们还应该看到的一个事实是：目前的西方资本主义现代化实践已处于多重的困境之中，并为各式各样的危机所困扰，包括资本主义各国面临的政治危机、经济危机、文化危机、社会危机、生态危机等。就拿它们所面临的政治危机来看，因为其政治制度是建立在工业化的基础上的，如果说这种政治制度在工业化时代还是合宜的制度，那么，到了信息化时代，这种制度模式就变得不合时宜了。因此，西方国家都不同程度地遇到了政治危机，像英美的逆全球化现象、欧洲的民粹化现象等，都可以看作是其面临的政治危机的一个侧面。

中国共产党领导中国革命、建设和改革的进程，一定意义上就是中国共产党领导中国人民开辟社会主义道路、进行社会主义现代化道路探索的进程。值得一提的是，在清末民初的中国，"向何处去"可谓是一个重大的社会政治问题。一大批先进的中国仁人志士在探寻民族和国家出路的过程中，他们开始眼光向外，引进了当时世界上的各种各样的社会思潮，并把它们作为改变民族和国家命运的参考和借鉴。陈旭麓曾对"五四"时期的这种情形有过深刻的描述。他写道："'五四'时期，各色各样的'主义'蜂拥而入中国。在短短的几年之内，从新实在论到尼采主义、国家主义，从柏格森、倭铿、杜里舒以及康德的先验主义到马赫、孔德以及英美经验主义、实验主义，从资产阶级启蒙时代的民主主义、自由主义、个人主义、人文主义到旨在救治资本主义社会弊端的社会主义学说……都曾化为众多中国人的言谈和文章。它们展示了当时世界的各种主要思潮，为中华民族提供了一个比较与选择的机会。"虽然在各种"主义"之间存在着差异甚至对立，"但对于为中国寻求出路的人们来说，它们曾经是同样富有吸引力的救世真义。每一种主义周围，都汇聚过有志于救治世病的知识分子。"① 当然，在各种主义的探索和试验中，只有中国共产党所高举的社会主义学说，才为中国找到了真正的出路，才使中国人民真正站起来了。因此，毛泽东在《论人民民主专政》一文中明确指出："一切别的东西都试过了，都失败了。"② 他早在 1941年 5 月 19 日发表《改造我们的学习》讲话中也曾指出："中国共产党的二十年，就是马克思列宁主义的普遍真理和中国革命的具体实践日益结合的二十年。……但是直到第一次世界大战和俄国十月革命之后，才找到马克思列宁主义这个最好的真理，作为解放我们民族的最好的武器，而中国共产党则是拿起这个武器的倡导者、宣传者和组织者。马克思列宁主义的普遍真理一经和中国革命的具体实践相结合，就使中国革命的面目为之一新。"③

经过 28 年艰苦卓绝的斗争，中国共产党领导中国人民取得了新民主主义革命的胜利。这一胜利，从根本上看，是马克思列宁主义的普遍真理和中国具体国情相结合的产物，是特殊性和普遍性的统一。在新民主主义革命期间，正是以毛泽东同志为代表的中国共产党人摆脱了教条主义的束缚，闯出了一条农村包围城市的新路，才有了新民主主义革命的胜利；在建设和改革开放时期，正是以邓小平同志为代表的中国共产党人汲取了"文化大革命"的惨痛教训，果断放弃了"资本主义等于市场经济、社会主义等于计划经济"的教条僵化观念，创新性地提出了具有鲜明中国特色的"社会主义市场经济"观念，从而开辟了中国特色社会主义道路；中国特色社会主义进入新时代，正是以习近平总书记为代表的中国共产党人，根据我国社会主要矛盾的转换、国际政治经济秩序的巨大变革，坚持把马克思主义的基本原理同中国具体实际相结合、同中华优秀传统文化相结合，同时充分吸收借鉴国外

---

① 陈旭麓：《近代中国社会的新陈代谢》，上海人民出版社 1992 年版，第 399、402 页。
② 《毛泽东选集》第 4 卷，人民出版社 1991 年版，第 1471 页。
③ 《毛泽东选集》第 3 卷，人民出版社 1991 年版，第 795—796 页。

现代化的经验和教训，从而创造性地推进了具有中国特色的现代化发展道路——中国式现代化。

应当说，中国式现代化的实践探索本身的不平凡属性，自然就决定了它的价值所在。也正因为如此，中国式现代化的文明贡献才是巨大的。中国式现代化的文明贡献，不仅仅是对中国自身的——以中国式现代化全面推进中华民族伟大复兴，而且也是对世界的——拓展了发展中国家走向现代化的途径。正如习近平总书记在党的十九大报告中指出的那样："中国特色社会主义进入新时代，意味着近代以来久经磨难的中华民族迎来了从站起来、富起来到强起来的伟大飞跃，迎来了实现中华民族伟大复兴的光明前景；意味着科学社会主义在二十一世纪的中国焕发出强大生机活力，在世界上高高举起了中国特色社会主义伟大旗帜；意味着中国特色社会主义道路、理论、制度、文化不断发展，拓展了发展中国家走向现代化的途径，给世界上那些既希望加快发展又希望保持自身独立性的国家和民族提供了全新选择，为解决人类问题贡献了中国智慧和中国方案。"[1] 在党的二十大上习近平总书记进一步强调指出："中国式现代化为人类实现现代化提供了新的选择"。[2]

基于此，本书在对现代化、中国式现代化等概念解读的基础上，对中国式现代化的文明贡献进行了较为系统的梳理和阐析。本书着重从人类物质文明、人类政治文明、人类精神文明、人类社会文明、人类生态文明等五个方面，对中国式现代化的文明贡献进行了探讨。具体来看，其主要内容为：

关于中国式现代化对人类物质文明的贡献。梳理了中国式现代化推进物质文明发展的历史进程，分析了中国式现代化推动物质文明发展的本质特

---

[1] 习近平：《决胜全面建成小康社会 夺取新时代中国特色社会主义伟大胜利——在中国共产党第十九次全国代表大会上的报告》，《人民日报》2017 年 10 月 28 日。

[2] 习近平：《高举中国特色社会主义伟大旗帜 为全面建设社会主义现代化国家而团结奋斗——在中国共产党第二十次全国代表大会上的报告》，人民出版社 2022 年版，第 16 页。

征，探讨了中国式现代化对人类物质文明的伟大贡献——不仅铸造了人类物质文明发展史上的中国奇迹，开创了人类文明发展的物质新形态，更重要的在于它为第三世界国家发展物质文明提供了中国智慧，进而重塑了人类物质文明发展的世界图景。

关于中国式现代化道路对人类政治文明的贡献。强调了中国式现代化必须坚持中国共产党领导，这是人类政治文明的一项伟大创举；阐明了中国式现代化必须坚持全过程人民民主，这是人类政治文明的一个伟大创新；申明了中国式现代化必须坚持全面依法治国，这是人类政治文明的一个伟大实践。

关于中国式现代化对人类精神文明的贡献。梳理了中国式现代化推进精神文明发展的历史进程，分析了中国式现代化推动精神文明发展的重要特征，探讨了中国式现代化对人类精神文明的伟大贡献——不仅延续和再现了中华文明的新辉煌，贡献了马克思主义中国化最新理论成果，而且创造了人类精神文明新形态，校正了人类精神文明发展的方向。

关于中国式现代化对人类社会文明的贡献。阐述了新时代的中国在脱贫攻坚胜利基础上全面建成了小康社会，推动了人类社会文明的进步；描述了新时代中国推进社会治理体系和治理能力现代化的核心、关键和目标；突出了实现共同富裕是中国式现代化的显著特征。

关于中国式现代化对人类生态文明的贡献。探讨了中国式现代化在完善人类生态文明方面的理论建构，申明了中国式现代化是探索人类生态文明建设的特色之路、是人类生态文明建设的中国方案，强调了中国式现代化是共谋人类生态文明建设的全球生态治理模式。

总之，中国式现代化是中国共产党领导的社会主义现代化，是中国共产党领导中国人民进行长期探索和实践而形成的中国智慧和中国方案。需要指出的是，中国特色社会主义进入新时代以来，以习近平同志为核心的党中央，在中国式现代化的理论和实践领域取得了重大的创新突破，从而成功推进和拓展了中国式现代化的理论和实践体系，进而把人类文明推进到了新的境界。我们相信，在以习近平同志为核心的党中央的坚强领导下，中国式现代化道路的探索一定会为全面推进中华民族的伟大复兴、为人类文明的发展作出更多更大的贡献。

参考文献

著作类:

《马克思恩格斯文集》1—10卷，人民出版社2009年版。

《列宁选集》1—4卷，人民出版社2012年版。

《列宁专题文集》，人民出版社2009年版。

《毛泽东选集》1—4卷，人民出版社1991年版。

《毛泽东文集》1—2卷，人民出版社1993年版。

《毛泽东文集》3—5卷，人民出版社1996年版。

《毛泽东文集》6—8卷，人民出版社1999年版。

《邓小平文选》1—2卷，人民出版社1994年版。

《邓小平文选》3卷，人民出版社1993年版。

《江泽民文选》1—3卷，人民出版社2006年版。

《胡锦涛文选》1—3卷，人民出版社2016年版。

《习近平谈治国理政》，外文出版社2014年版。

《习近平谈治国理政》2卷，外文出版社2017年版。

《习近平谈治国理政》3卷，外文出版社2020年版。

《习近平谈治国理政》4卷，外文出版社2022年版。

《十八大以来重要文献选编》上，中央文献出版社 2014 年版。

《十八大以来重要文献选编》中，中央文献出版社 2016 年版。

《十八大以来重要文献选编》下，中央文献出版社 2018 年版。

《十九大以来重要文献选编》上，中央文献出版社 2019 年版。

《十九大以来重要文献选编》中，中央文献出版社 2021 年版。

杨耕：《东方的崛起：关于中国式现代化的哲学反思》，人民出版社 2022 年版。

刘守英、范欣、刘瑞明：《中国式现代化》，中国人民大学出版社 2022 年版。

蔡昉：《中国式现代化》，中信出版集团 2022 年版。

辛向阳：《中国式现代化》，江西人民出版社 2022 年版。

王可园、张学娟、王子蕲：《中国式现代化新道路》，上海人民出版社 2022 年版。

郝立新：《中国式现代化进程中的价值选择》，中国人民大学出版社 2022 年版。

曹鹏飞：《关于人类文明新形态的答问》，国家行政学院出版社 2022 年版。

颜晓峰：《创造人类文明新形态》，社会科学文献出版社 2022 年版。

杨洪源：《构建命运共同体的人类文明》，社会科学文献出版社 2022 年版。

彭树智：《人类文明交往的历史观念》，西北大学出版社 2022 年版。

人民日报理论部：《中国式现代化》，东方出版社 2021 年版。

周文：《中国道路》，浙江大学出版社 2021 年版。

［美］塔米姆·安萨利：《人类文明史：什么撬动了世界的沙盘》，蒋林译，中国人民大学出版社 2021 年版。

唐爱军：《中国道路与中国话语》，社会科学文献出版社 2020 年版。

郁龙余：《"一带一路"开创人类文明新纪元》，中国社会科学出版社 2019 年版。

曹鹏飞：《中国特色社会主义与人类文明发展道路研究》，人民出版社 2019 年版。

乔兆红：《现代化的中国逻辑》，新华出版社 2019 年版。

赵士发：《中国道路》，湖北人民出版社 2018 年版。

李红军：《中国特色社会主义与人类文明发展道路研究》，中国社会科学出版社 2018 年版。

［日］宫崎正胜：《人类文明史：8000 年来六大人类文明转折》，顾晓琳译，海南出版社 2018 年版。

孙正聿：《人类文明的哲学表征》，中国社会科学出版社 2018 年版。

张以：《人类文明演变史》，经济日报出版社 2017 年版。

李春华：《文化生产力与人类文明的跃迁》，中国社会科学出版社 2016 年版。

毛志锋：《人类文明与可持续发展：三种文明论》，吉林出版集团有限责任公司 2016 年版。

金耀基：《中国文明的现代转型》，广东人民出版社 2016 年版。

［美］约翰·塞尔：《人类文明的结构：社会世界的构造》，文学平、盈俐译，中国人民大学出版社 2015 年版。

洪银兴：《中国式现代化论纲》，江苏人民出版社 2015 年版。

张云飞：《唯物史观视野中的生态文明》，中国人民大学出版社 2014 年版。

李中元：《高危时代与人类文明转型》，中国社会科学出版社 2013 年版。

何爱国：《中国式现代化》，上海财经大学出版社 2011 年版。

严立贤：《现代化模式与近代以来中国历史进程》，九州出版社 2010 年版。

杜艳华：《中国特色社会主义现代化模式研究》，学林出版社 2008 年版。

俞可平：《中国模式与北京共识：超越华盛顿共识》，社会科学文献出版社 2006 年版。

齐世荣：《人类文明的演进》，中国青年出版社 2001 年版。

周振华：《中国式的现代化道路概说》，四川社会科学院出版社 1984 年版。

期刊类：

穆光宗、侯梦舜、郭超、张雅璐：《论人口规模巨大的中国式现代化：机遇、优势、风险与挑战》，《中国农业大学学报（社会科学版）》2023 年第 1 期。

苏星鸿、李夏冰：《人类文明新形态创造视域下的中国文化形态创新》，《思想教育研究》2023 年第 1 期。

邬晓燕：《文明范式变革与社会主义生态文明新形态》，《中州学刊》2023 年第 1 期。

刘先春、张艳霞：《人类文明新形态的生成逻辑、核心内涵和世界意义》，《理论学刊》2023 年第 1 期。

周文、施炫伶：《中国式现代化与人类文明新形态》，《广东社会科学》2023 年第 1 期。

胡长栓：《中国式现代化展现人类文明新形态》，《红旗文稿》2023 年第 1 期。

李丽丽、余祥臻：《构建人类命运共同体与创造人类文明新形态》，《云南社会科学》2023 年第 1 期。

张海鹏：《试论人类文明新形态》,《河北学刊》2023年第1期。

刘伟兵：《马克思对现代化进程的解码与中国式现代化的独特性》,《福建师范大学学报（哲学社会科学版）》2023年第1期。

毕照卿、张占斌：《中国式现代化对资本逻辑的驾驭与超越》,《思想教育研究》2023年第1期。

吴宏政、陈利维：《中国式现代化的"历史辩证性"》,《思想教育研究》2023年第1期。

江畅：《中国式现代化的必然性、合理性与正当性》,《求索》2023年第1期。

叶小文：《中国式现代化的基本逻辑和文化底蕴》,《北京社会科学》2023年第1期。

牛先锋：《以中国式现代化全面推进中华民族伟大复兴》,《人民论坛·学术前沿》2023年第1期。

文丰安：《以中国式现代化扎实推进共同富裕的辩证关系与创新路径研究》,《西南大学学报（社会科学版）》2023年第1期。

丁堡骏：《以唯物史观解读中国式现代化的科学内涵及其本质》,《当代经济研究》2023年第1期。

王永贵：《深刻把握中国式现代化新飞跃的四维向度》,《南京社会科学》2023年第1期。

何自力、王传智：《深刻把握中国式现代化的中国特色及其本质要求》,《经济纵横》2023年第1期。

唐任伍：《人类文明发展视域中的中国式现代化》,《人民论坛》2023年第1期。

何爱国、颜英：《论中国式现代化道路的世界意义》,《理论学刊》2023年第1期。

任剑涛：《从现代化的规范含义理解"中国式现代化"》，《江汉论坛》2023 年第 1 期。

洪晓楠：《中国式现代化理论的系统阐释》，《世界社会主义研究》2023 年第 1 期。

任平：《中国式现代化自主知识体系：创新视域与理论阐释》，《武汉大学学报（哲学社会科学版）》2023 年第 1 期。

杨正权、吴莹：《深刻认识中国式现代化的四重逻辑》，《云南社会科学》2023 年第 1 期。

邱海平：《系统理解中国式现代化理论》，《当代经济研究》2023 年第 1 期。

李双套：《中国式现代化的前提性反思》，《求索》2023 年第 1 期。

卢春龙：《谁之现代化？何种现代路？——兼论中国式现代化的特征》，《理论学刊》2023 年第 1 期。

张亚光、毕悦：《中国式现代化的百年探索与实践经验》，《管理世界》2023 年第 1 期。

韩志伟、陈洁彤：《中国式现代化道路的历史内涵》，《浙江学刊》2023 年第 1 期。

方兰欣、郑永扣：《中国式现代化道路的生成逻辑与学理阐释》，《河南社会科学》2023 年第 1 期。

魏传光：《"中国式现代化观"的理论创新》，《暨南学报（哲学社会科学版）》2022 年第 12 期。

袁红英：《中国式现代化创造人类文明新形态的内在逻辑》，《东岳论丛》2022 年第 12 期。

解超：《中国式现代化对科学社会主义的贡献》，《上海交通大学学报（哲学社会科学版）》2022 年第 6 期。

白茂峰、傅慧芳：《论中国式现代化历史主动性的生成语境、现实基础及实践要求》，《思想教育研究》2022 年第 12 期。

贺来：《中国式现代化的实践智慧品格》，《哲学研究》2022 年第 12 期。

刘少坤：《中国共产党与中国式现代化》，《内蒙古社会科学》2022 年第 6 期。

王骏、李晓光：《论中国式现代化的科学内涵、鲜明特征及其世界意义》，《贵州社会科学》2022 年第 12 期。

李健：《世界历史视野下中国式现代化新道路的演进逻辑》，《北京社会科学》2022 年第 12 期。

马重阳、成龙：《论中国式现代化》，《浙江社会科学》2022 年第 12 期。

黄一兵：《中国共产党与中国式现代化的四次历史性跨越》，《党的文献》2022 年第 6 期。

张瑞才：《马克思主义中国化时代化与中国式现代化》，《学术探索》2022 年第 12 期。

张亚泽、张固宁：《从资本逻辑到人本逻辑：中国式现代化道路的历史性超越》，《社会主义研究》2022 年第 6 期。

庞立生：《大历史观与中国式现代化的三重意蕴》，《思想理论教育》2022 年第 12 期。

孙熙国、陈绍辉：《人类文明新形态的创造与世界意义》，《中国社会科学》2022 年第 12 期。

唐亚林、郝文强：《人类文明新形态视野下中国式现代化的范式建构与路径选择》，《新疆师范大学学报（哲学社会科学版）》2022 年第 6 期。

孙帅：《比较视野下中国式现代化的人类文明新形态价值研究》，《中共中央党校（国家行政学院）学报》2022 年第 6 期。

罗宗毅：《现代化道路的文明坐标——以中国式现代化的本质要求为视

角》,《中国行政管理》2022 年第 11 期。

马振江:《中国式现代化道路的文明渊源及其创新贡献》,《宁夏社会科学》2022 年第 6 期。

陈卫平:《寻求中国现代化道路和思考人类文明新形态——中国近代以来的探索历程》,《华东师范大学学报（哲学社会科学版）》2022 年第 6 期。

陈忠:《世界文明史意蕴下中国式现代化的方法论价值》,《探索与争鸣》2022 年第 11 期。

卢岚:《文明新形态的当代出场：中国式现代化演进逻辑》,《中国矿业大学学报（社会科学版）》2022 年第 6 期。

胡大平:《从近代民族复兴的话语看中国式现代化之新文明追求》,《学术界》2022 年第 11 期。

刘伟:《中国式现代化彰显人类文明新形态的三重禀赋》,《马克思主义理论学科研究》2022 年第 11 期。

王淑芹:《中国式现代化：物质文明与精神文明协调发展的理论根源》,《道德与文明》2022 年第 6 期。

杜飞进:《以中国式现代化道路创造人类文明新形态》,《哈尔滨工业大学学报（社会科学版）》2022 年第 6 期。

白刚:《真理·道义·文明：中国式现代化的三大制高点》,《吉首大学社会科学学报》2022 年第 6 期。

张艳涛、刘金华:《论人类文明新形态视域下中国道路的开创性贡献》,《厦门大学学报（哲学社会科学版）》2022 年第 6 期。

刘怀玉、苏振源:《论中国道路开辟人类文明新形态的历史辩证法意义》,《宁夏社会科学》2022 年第 6 期。

杨光斌:《中国式现代化与人类文明新形态》,《教学与研究》2022 年第 10 期。

田书为：《以物质文明和精神文明相协调推进中国式现代化》，《理论视野》2022 年第 10 期。

程美东：《论中国式现代化道路的文明蕴涵》，《毛泽东邓小平理论研究》2022 年第 9 期。

王伟光：《中国特色社会主义创造"人类文明新形态"和"中国式现代化道路"》，《哲学研究》2022 年第 9 期。

骞真：《从中国式现代化到人类文明新形态——基于马克思恩格斯文明理论的透视》，《贵州社会科学》2022 年第 9 期。

刘梅：《中国式现代化新道路的历史定位与文明逻辑》，《教学与研究》2022 年第 9 期。

张飞岸、肖楚锋：《开创人类文明新形态：中国式现代化道路的三重内涵》，《理论探讨》2022 年第 5 期。

蒋天伦、胡大平：《中国式现代化的文明意蕴》，《理论视野》2022 年第 10 期。

戴木才：《中国式现代化创造新文明》，《道德与文明》2022 年第 6 期。

吴兴德：《国际社会对中国式现代化道路的认知与评价》，《国外社会科学》2022 年第 5 期。

许正中：《以天下胸怀创造人类文明新形态——精准把握党的二十大报告的新担当》，《学术与探索》2022 年第 11 期。

涂良川、向前敏：《中国式现代化文明叙事的"术语革命"》，《华南师范大学学报（社会科学版）》2022 年第 5 期。

谢富胜、匡晓璐：《人类文明新形态与中国特色社会主义》，《中国人民大学学报》2022 年第 5 期。

陶立霞：《论中国式现代化道路彰显的中国现代性文明形态》，《中国社会科学院大学学报》2022 年第 10 期。

张占斌、王海燕、毕照卿：《中国式现代化的战略阶段、文明形态和时代意义》,《当代世界与社会主义》2022 年第 4 期。

马军海、胡海波：《中国特色社会主义文明新形态的思想自觉》,《东北师大学报（哲学社会科学版）》2022 年第 4 期。

裴长洪、刘洪愧：《社会主义发展阶段与中国式现代化文明新形态》,《改革》2022 年第 7 期。

亓光、魏凌云：《习近平关于中国式现代化重要论述的理论阐释》,《行政论坛》2021 年第 6 期。

后　记

　　2021 年 12 月，本人有幸承担上海市"研究阐释党的十九届六中全会精神"专项课题"中国式现代化对人类文明的伟大贡献和世界历史的深刻影响研究"。经过课题组前期反复论证，最终决定将课题研究重点内容集中和聚焦在"中国式现代化的文明贡献"这一论题。因此，本书是"中国式现代化对人类文明的伟大贡献和世界历史的深刻影响研究"的最终研究成果。

　　本书由八部分组成，其中导论部分主要从人类社会发展以及文明演进一般规律的视角来论述中国式现代化的发生、方位与意义；第一章聚焦中国式现代化的发展历程、基本特征、文明价值等内容；第二到六章分别从物质文明、政治文明、精神文明、社会文明、生态文明五个方面来论述中国式现代化对人类文明的伟大贡献；结语部分主要对"中国式现代化的文明贡献"这一论题的主要观点进行总结与归纳。

　　全书由本人拟定写作框架，邀请同济大学、华东师范大学的几位年轻学者参与各章节的撰写。各章节的撰写分工如下：解超（导论、结语）、李成（第一章、统稿）、王海建（第三章、第五章）、赵建波（第二章、第四章）、岳彩（第六章）。除此之外，本书在写作的过程中得到了华东师范大学公共管理学院郝宇青教授、华东师范大学哲学系陈赟教授、华东师范大学历史学系瞿骏教授、华东师范大学马克思主义学院陈红娟教授的帮助和指导，在此一并表示感谢！

感谢上海市习近平新时代中国特色社会主义思想研究中心、上海市委宣传部理论处、上海市哲学社会科学规划办公室的信任和支持，使本人及课题组得以顺利完成"中国式现代化对人类文明的伟大贡献和世界历史的深刻影响研究"这一课题的研究任务及最终书稿的撰写工作。感谢上海人民出版社的领导和编辑为出版本书付出的辛苦！

本书在写作的过程中参阅了中国式现代化、人类文明新形态等相关资料，借鉴和引用了诸多学者的观点，在此一并致谢。鉴于本人学术能力的局限，本书还存在许多不足，还望各位读者批评指正，不吝赐教。

解　超（上海立信会计金融学院教授）

2023 年 3 月 12 日

图书在版编目(CIP)数据

中国式现代化的文明贡献研究/解超等著. —上海:
上海人民出版社,2023
ISBN 978 - 7 - 208 - 18244 - 8

Ⅰ. ①中⋯　Ⅱ. ①解⋯　Ⅲ. ①现代化建设-研究-中
国　Ⅳ. ①D61

中国国家版本馆 CIP 数据核字(2023)第 065330 号

责任编辑　李　莹
装帧设计　今亮后声

中国式现代化的文明贡献研究
解　超　等著

出　　　版　上海人民出版社
　　　　　　（201101　上海市闵行区号景路 159 弄 C 座）
发　　　行　上海人民出版社发行中心
印　　　刷　上海商务联西印刷有限公司
开　　　本　720×1000　1/16
印　　　张　17.5
插　　　页　4
字　　　数　229,000
版　　　次　2023 年 5 月第 1 版
印　　　次　2023 年 5 月第 1 次印刷
ISBN 978 - 7 - 208 - 18244 - 8/D · 4121
定　　　价　78.00 元